SIMPLIFIED PERVERT ROMANCE

6

Zeichnungen: Neg Sekihara
Text: Nanako Semori

TOKYOPOP®

Simplified Pervert Romance Band 6

Neg Sekihara x Nanako Semori

*Dieses Werk ist Fiktion. Es besteht keinerlei Verbindung zu realen Personen, Betrieben oder Ereignissen.

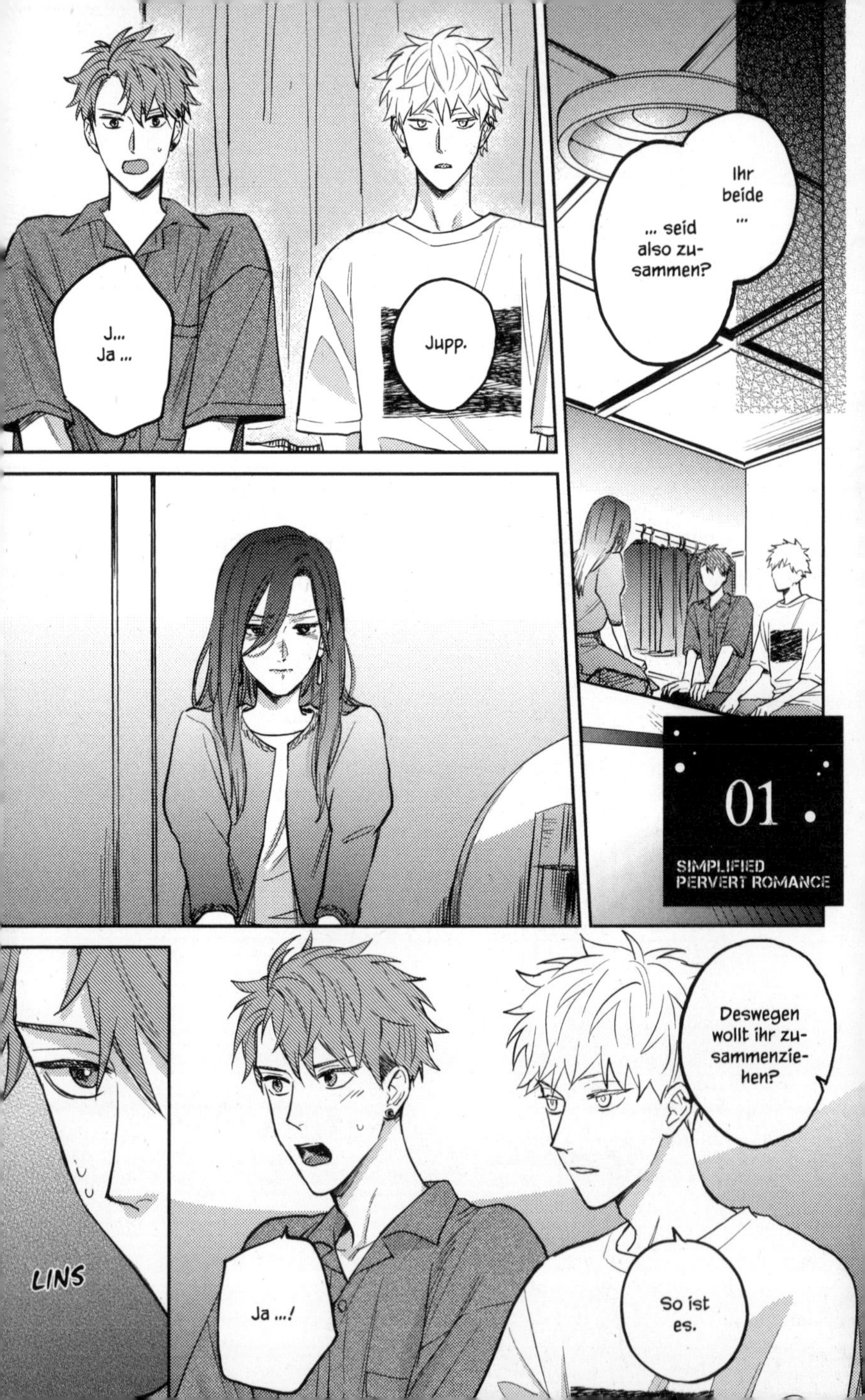
Ihr beide ...
... seid also zusammen?
Jupp.
J... Ja ...
01
SIMPLIFIED PERVERT ROMANCE
Deswegen wollt ihr zusammenziehen?
So ist es.
Ja ...!
LINS

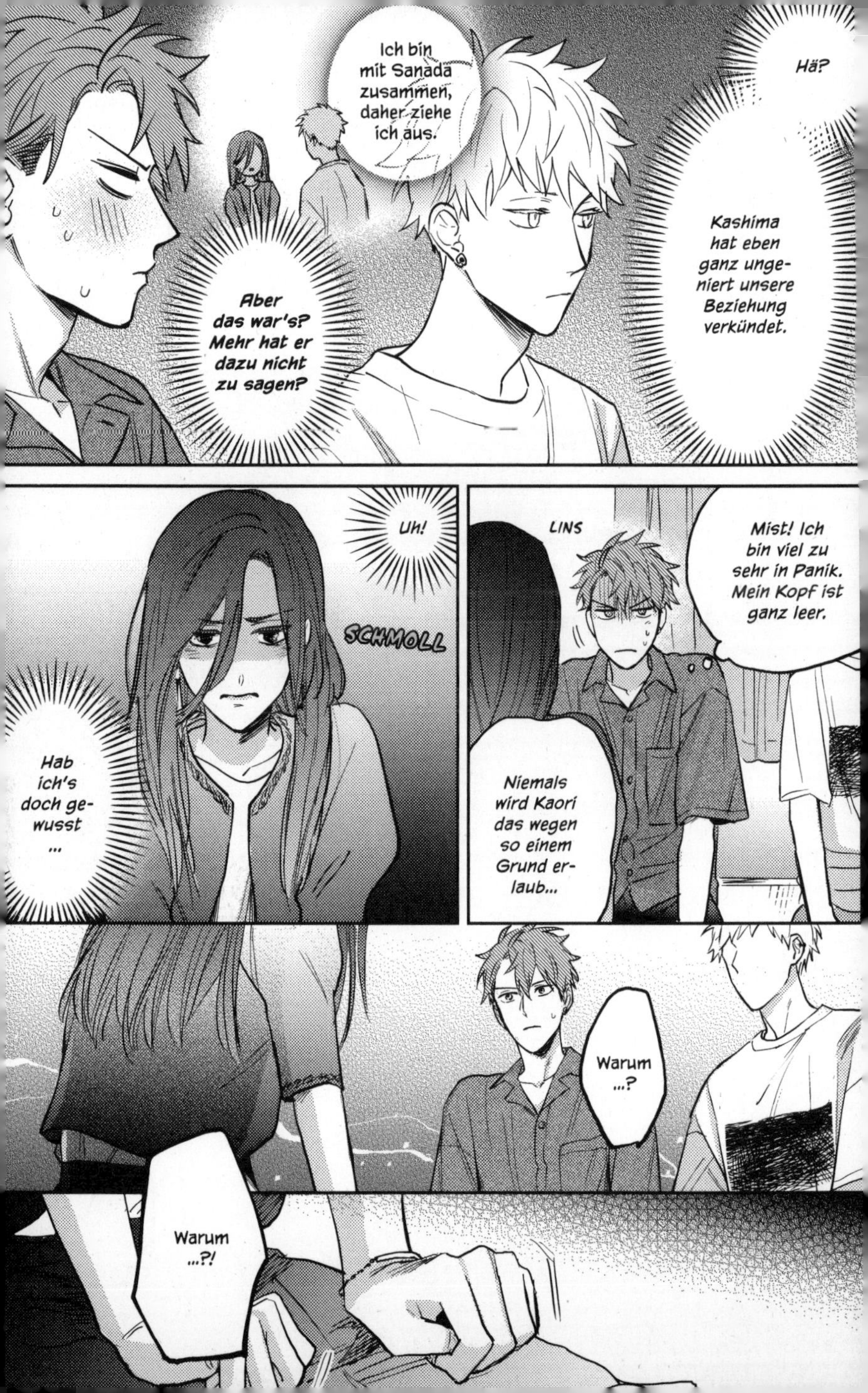
Hä?
Ich bin mit Sanada zusammen, daher ziehe ich aus.
Kashima hat eben ganz ungeniert unsere Beziehung verkündet.
Aber das war's? Mehr hat er dazu nicht zu sagen?
Mist! Ich bin viel zu sehr in Panik. Mein Kopf ist ganz leer.
LINS
Niemals wird Kaori das wegen so einem Grund erlaub...
Uh!
SCHMOLL
Hab ich's doch gewusst ...
Warum ...?
Warum ...?!

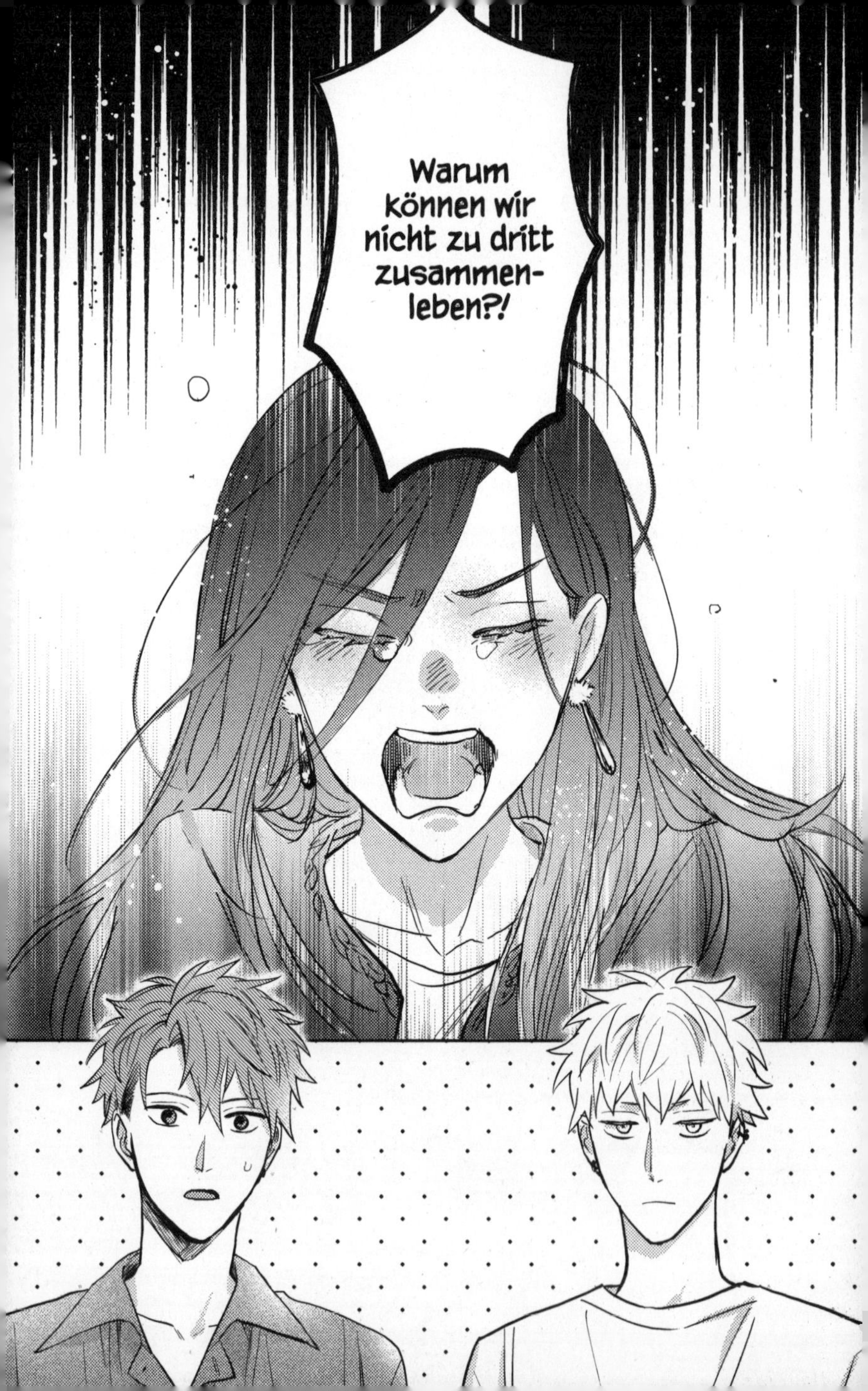
Warum können wir nicht zu dritt zusammenleben?!

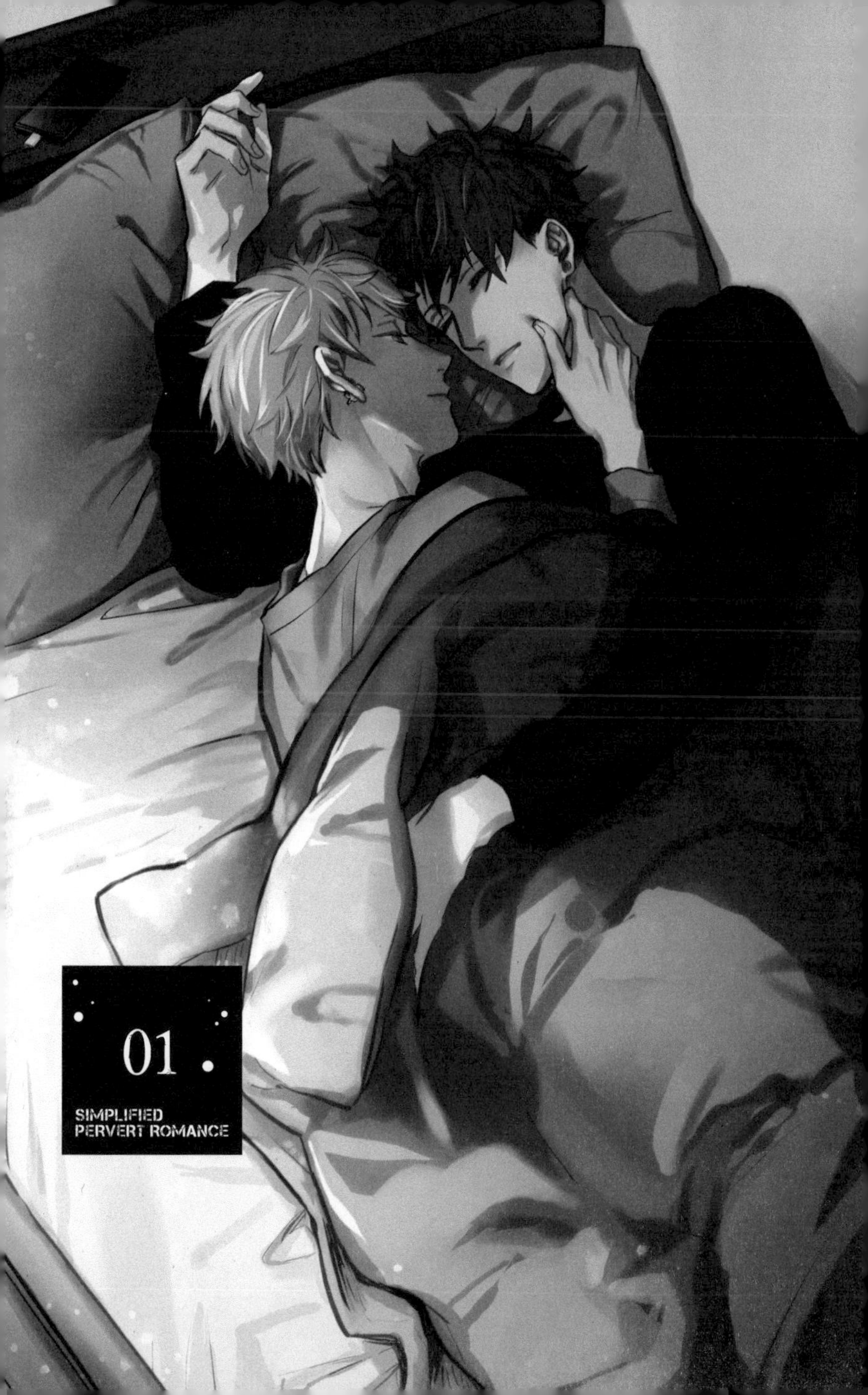
01
SIMPLIFIED
PERVERT ROMANCE

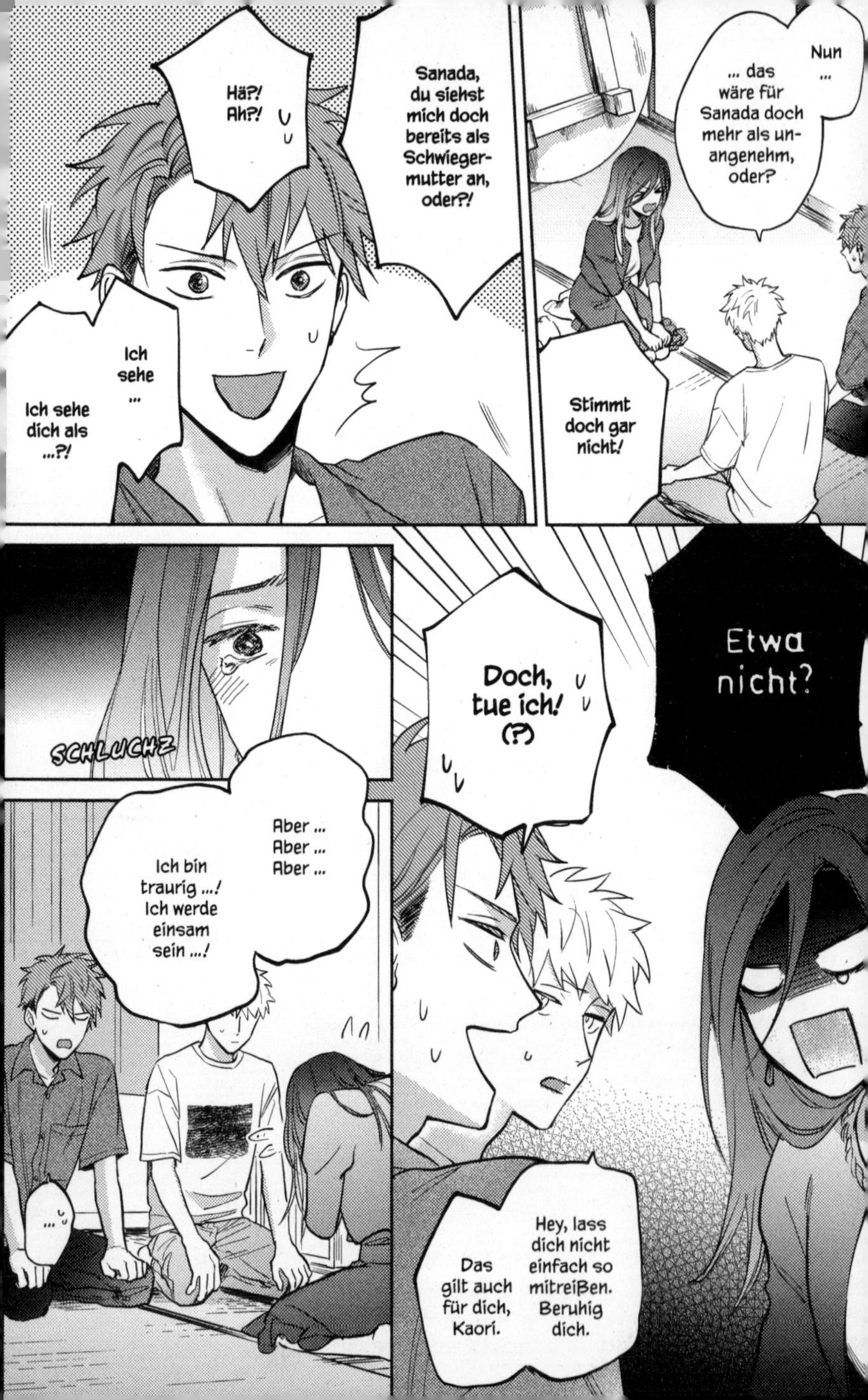
Nun ...
... das wäre für Sanada doch mehr als unangenehm, oder?
Stimmt doch gar nicht!
Sanada, du siehst mich doch bereits als Schwiegermutter an, oder?!
Hä?! Ah?!
Ich sehe ...
Ich sehe dich als ...?!
Etwa nicht?
Doch, tue ich! (?)
Hey, lass dich nicht einfach so mitreißen. Beruhig dich.
Das gilt auch für dich, Kaori.
SCHLUCHZ
Aber ... Aber ... Aber ...
Ich bin traurig ...! Ich werde einsam sein ...!
...

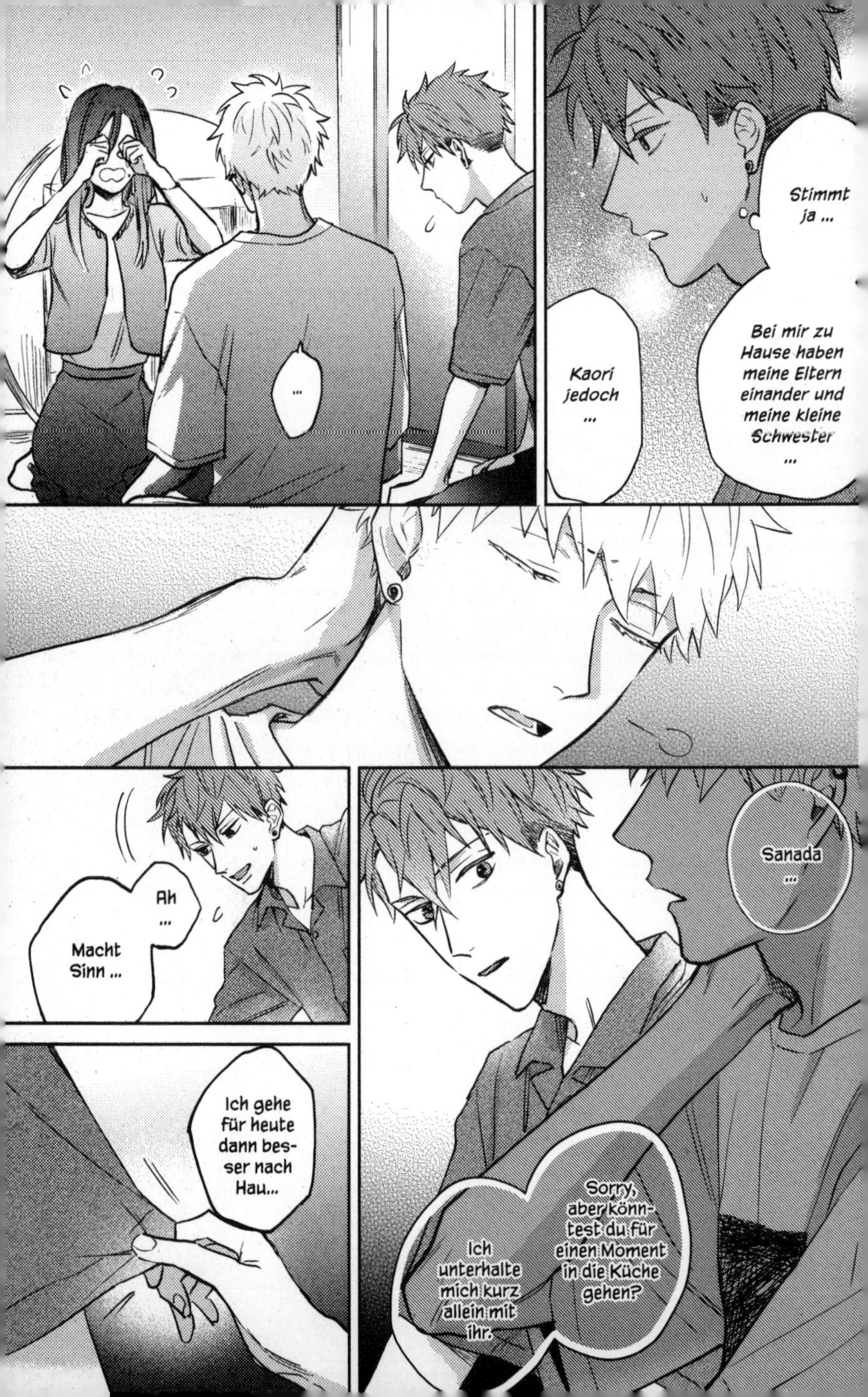
Stimmt ja ...
Bei mir zu Hause haben meine Eltern einander und meine kleine Schwester ...
Kaori jedoch ...
...
Sanada ...
Ah ... Macht Sinn ...
Sorry, aber könntest du für einen Moment in die Küche gehen?
Ich unterhalte mich kurz allein mit ihr.
Ich gehe für heute dann besser nach Hau...

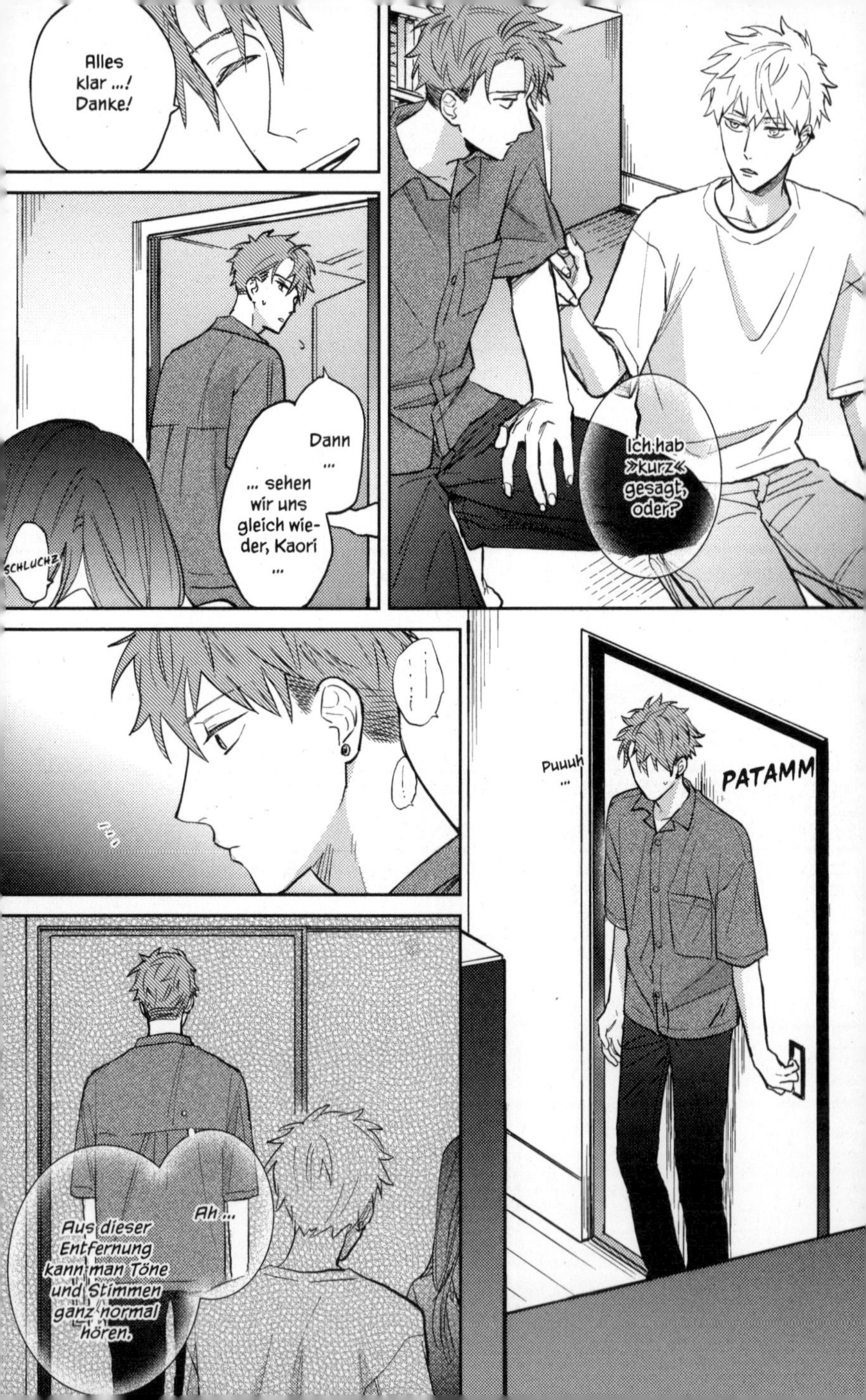
Alles klar ...! Danke!
Ich hab »kurz« gesagt, oder?
Dann ...
... sehen wir uns gleich wieder, Kaori ...
SCHLUCHZ
PATAMM
Puuuh ...
Ah ...
Aus dieser Entfernung kann man Töne und Stimmen ganz normal hören.

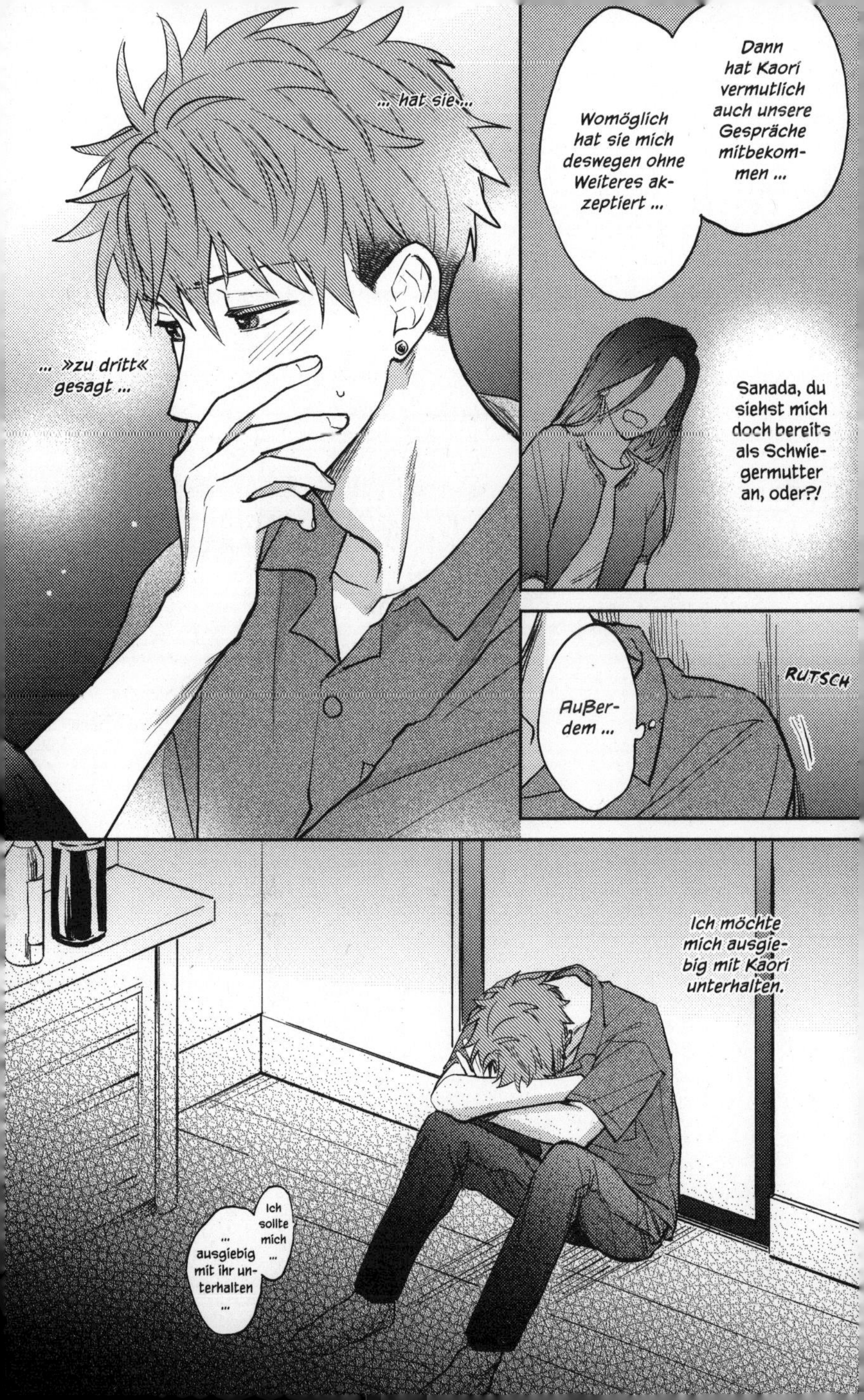
Dann hat Kaori vermutlich auch unsere Gespräche mitbekommen ...
Womöglich hat sie mich deswegen ohne Weiteres akzeptiert ...
... hat sie ...
... »zu dritt« gesagt ...
Sanada, du siehst mich doch bereits als Schwiegermutter an, oder?!
RUTSCH
Außerdem ...
Ich möchte mich ausgiebig mit Kaori unterhalten.
Ich sollte mich ...
... ausgiebig mit ihr unterhalten ...

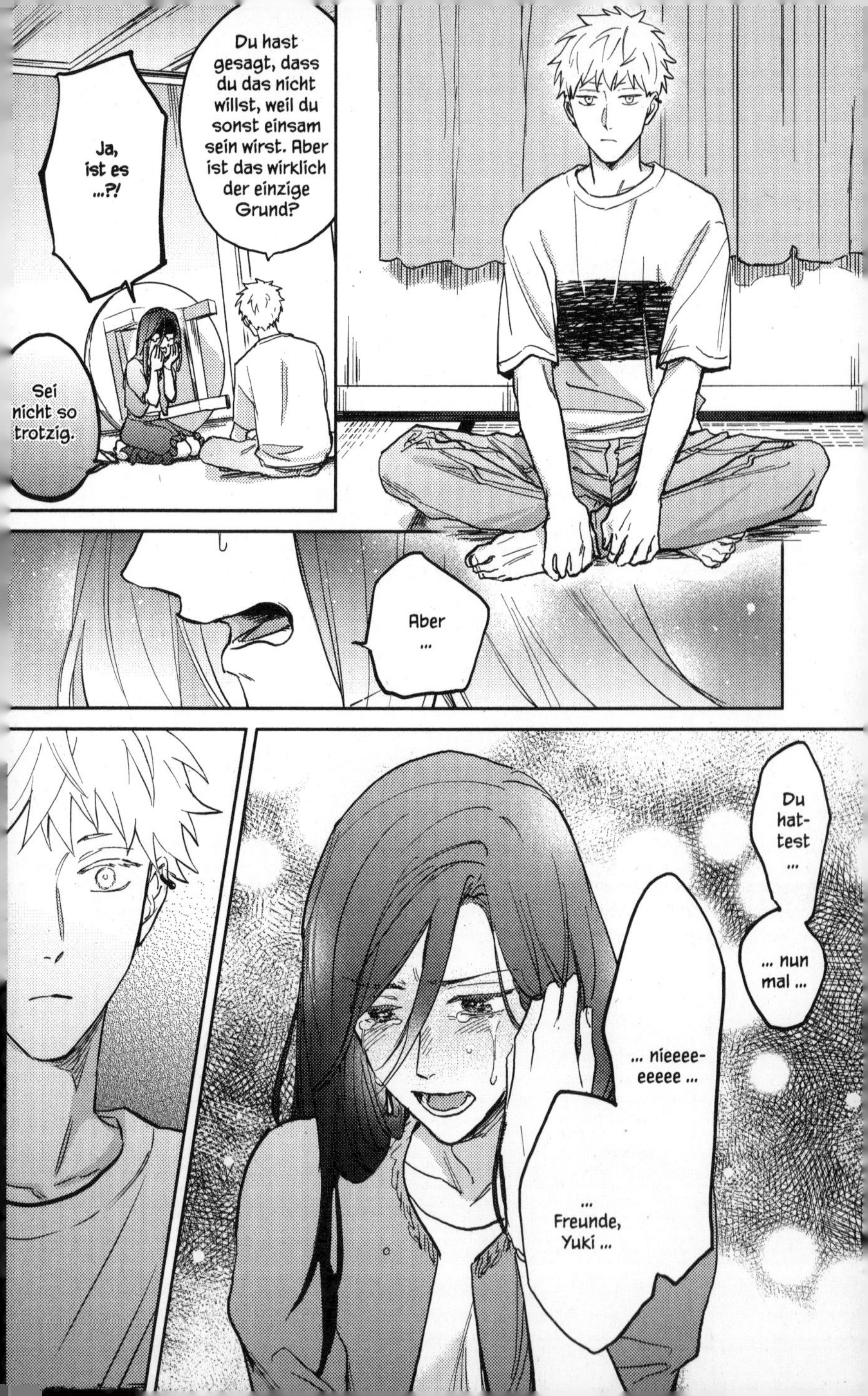
Du hast gesagt, dass du das nicht willst, weil du sonst einsam sein wirst. Aber ist das wirklich der einzige Grund?
Ja, ist es ...?!
Sei nicht so trotzig.
Aber ...
Du hat-test ...
... nun mal ...
... nieeee-eeeee ...
... Freunde, Yuki ...

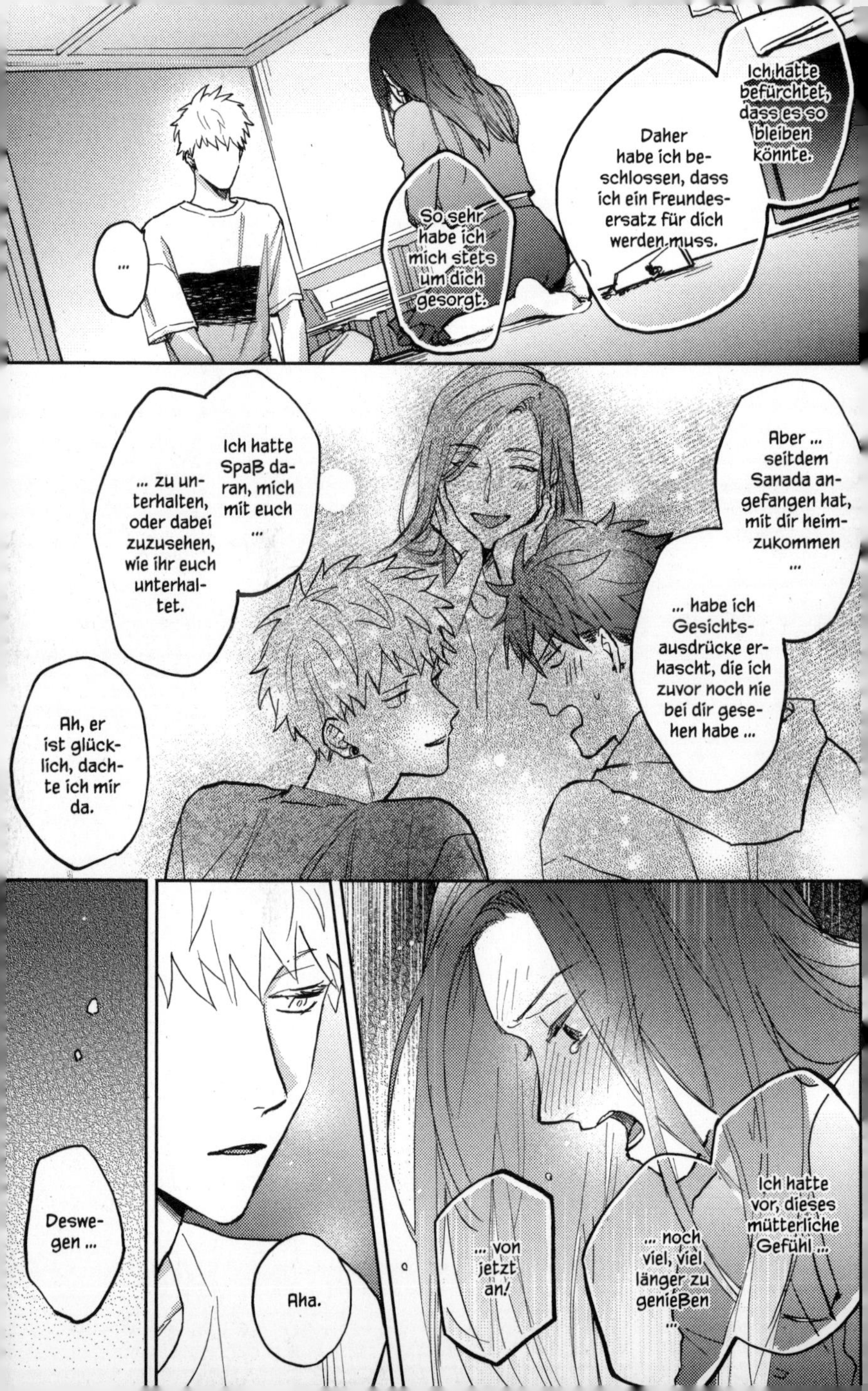
Ich hatte befürchtet, dass es so bleiben könnte.
Daher habe ich beschlossen, dass ich ein Freundesersatz für dich werden muss.
So sehr habe ich mich stets um dich gesorgt.
...
Aber ... seitdem Sanada angefangen hat, mit dir heimzukommen ...
... habe ich Gesichtsausdrücke erhascht, die ich zuvor noch nie bei dir gesehen habe ...
Ich hatte Spaß daran, mich mit euch ...
... zu unterhalten, oder dabei zuzusehen, wie ihr euch unterhaltet.
Ah, er ist glücklich, dachte ich mir da.
Ich hatte vor, dieses mütterliche Gefühl ...
... noch viel, viel länger zu genießen ...
... von jetzt an!
Aha.
Deswegen ...

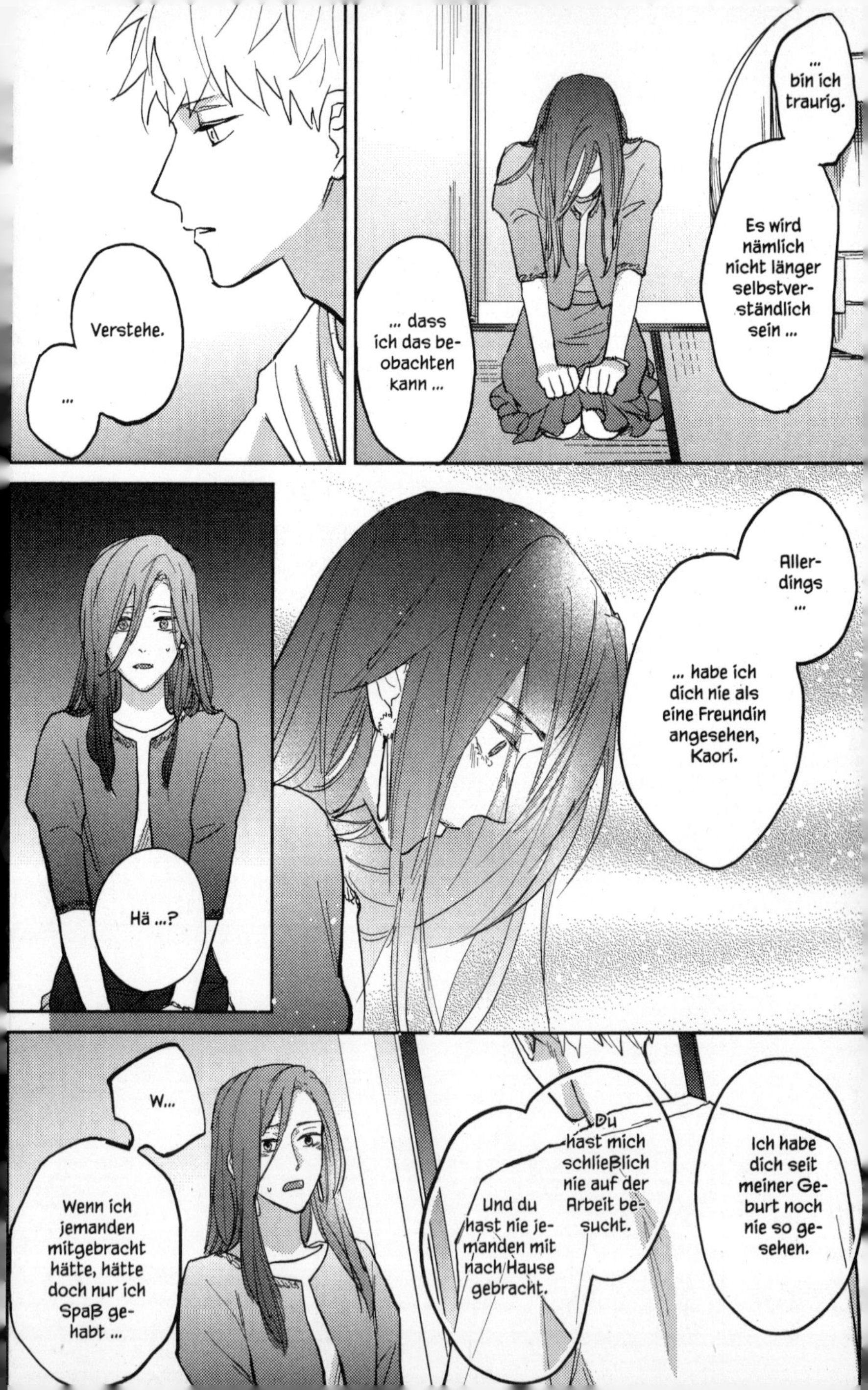
... bin ich traurig.
Es wird nämlich nicht länger selbstverständlich sein ...
... dass ich das beobachten kann ...
Verstehe.
...
Allerdings ...
... habe ich dich nie als eine Freundin angesehen, Kaori.
Hä ...?
Ich habe dich seit meiner Geburt noch nie so gesehen.
Du hast mich schließlich nie auf der Arbeit besucht.
Und du hast nie jemanden mit nach Hause gebracht.
W...
Wenn ich jemanden mitgebracht hätte, hätte doch nur ich Spaß gehabt ...

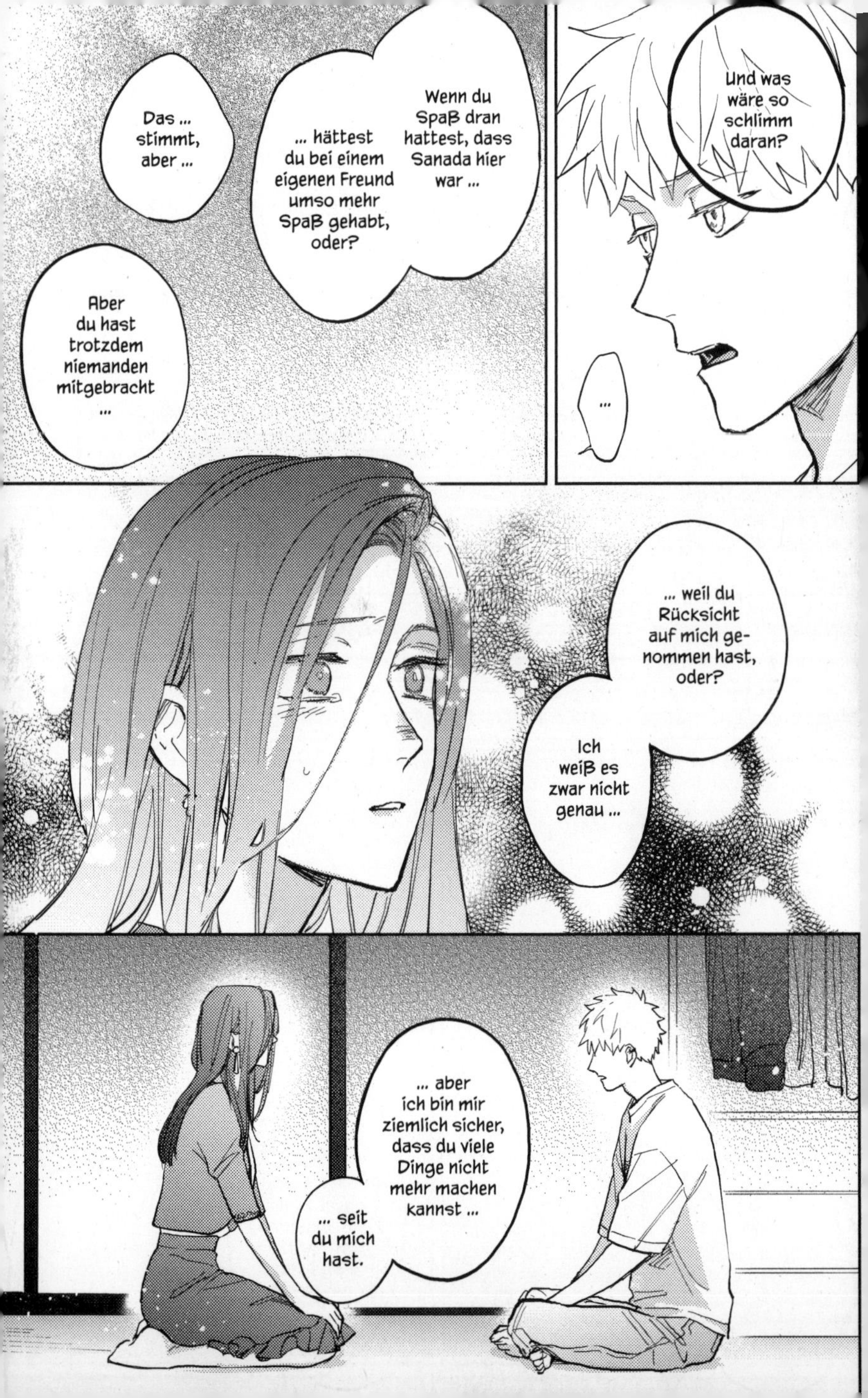
Und was wäre so schlimm daran?
...
Wenn du Spaß dran hattest, dass Sanada hier war ...
... hättest du bei einem eigenen Freund umso mehr Spaß gehabt, oder?
Das ... stimmt, aber ...
Aber du hast trotzdem niemanden mitgebracht ...
Ich weiß es zwar nicht genau ...
... weil du Rücksicht auf mich genommen hast, oder?
... aber ich bin mir ziemlich sicher, dass du viele Dinge nicht mehr machen kannst ...
... seit du mich hast.

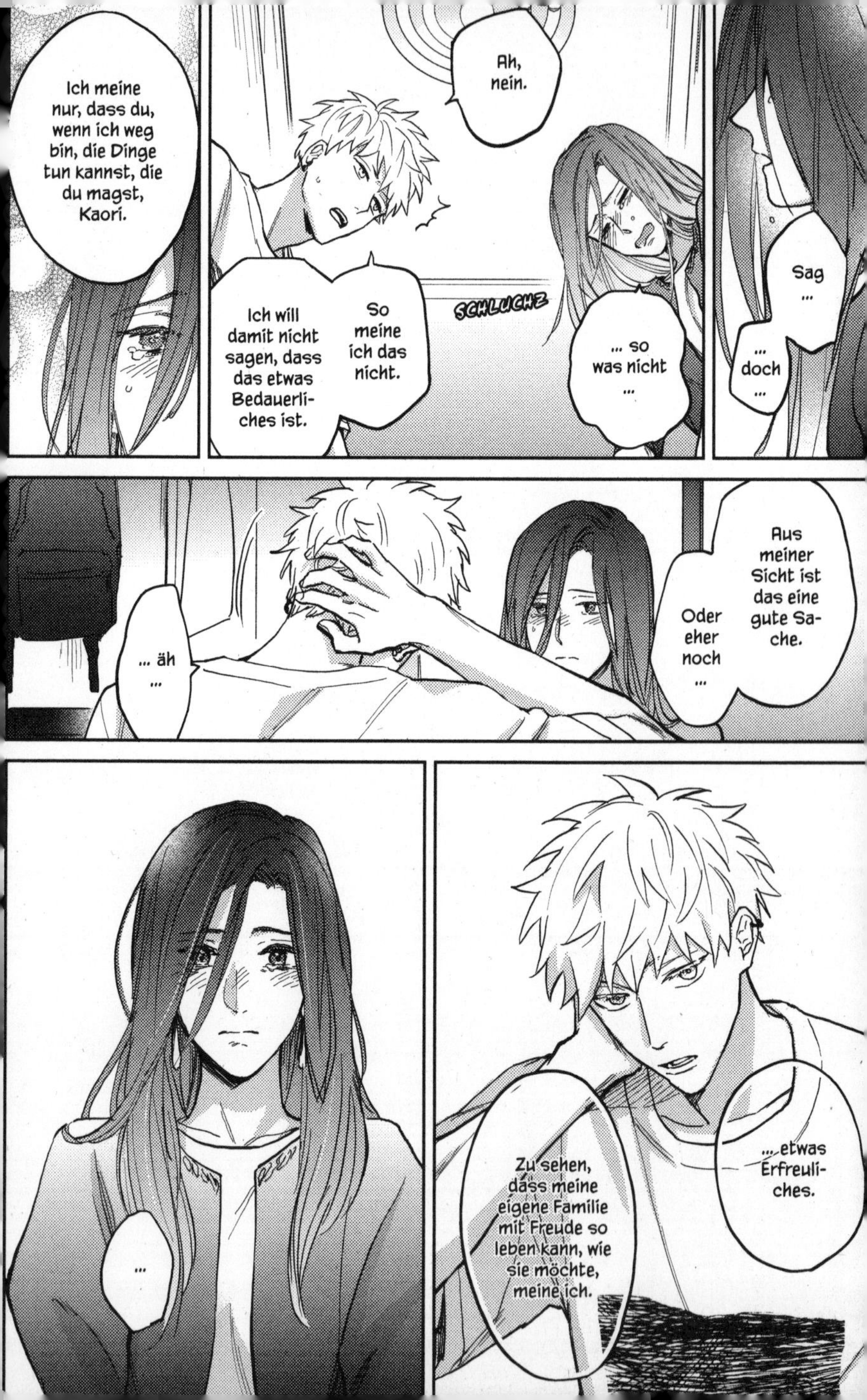
Sag ...
... doch ...
... so was nicht ...
Ah, nein.
SCHLUCHZ
So meine ich das nicht.
Ich will damit nicht sagen, dass das etwas Bedauerliches ist.
Ich meine nur, dass du, wenn ich weg bin, die Dinge tun kannst, die du magst, Kaori.
Aus meiner Sicht ist das eine gute Sache.
Oder eher noch ...
... äh ...
Zu sehen, dass meine eigene Familie mit Freude so leben kann, wie sie möchte, meine ich.
... etwas Erfreuliches.
...

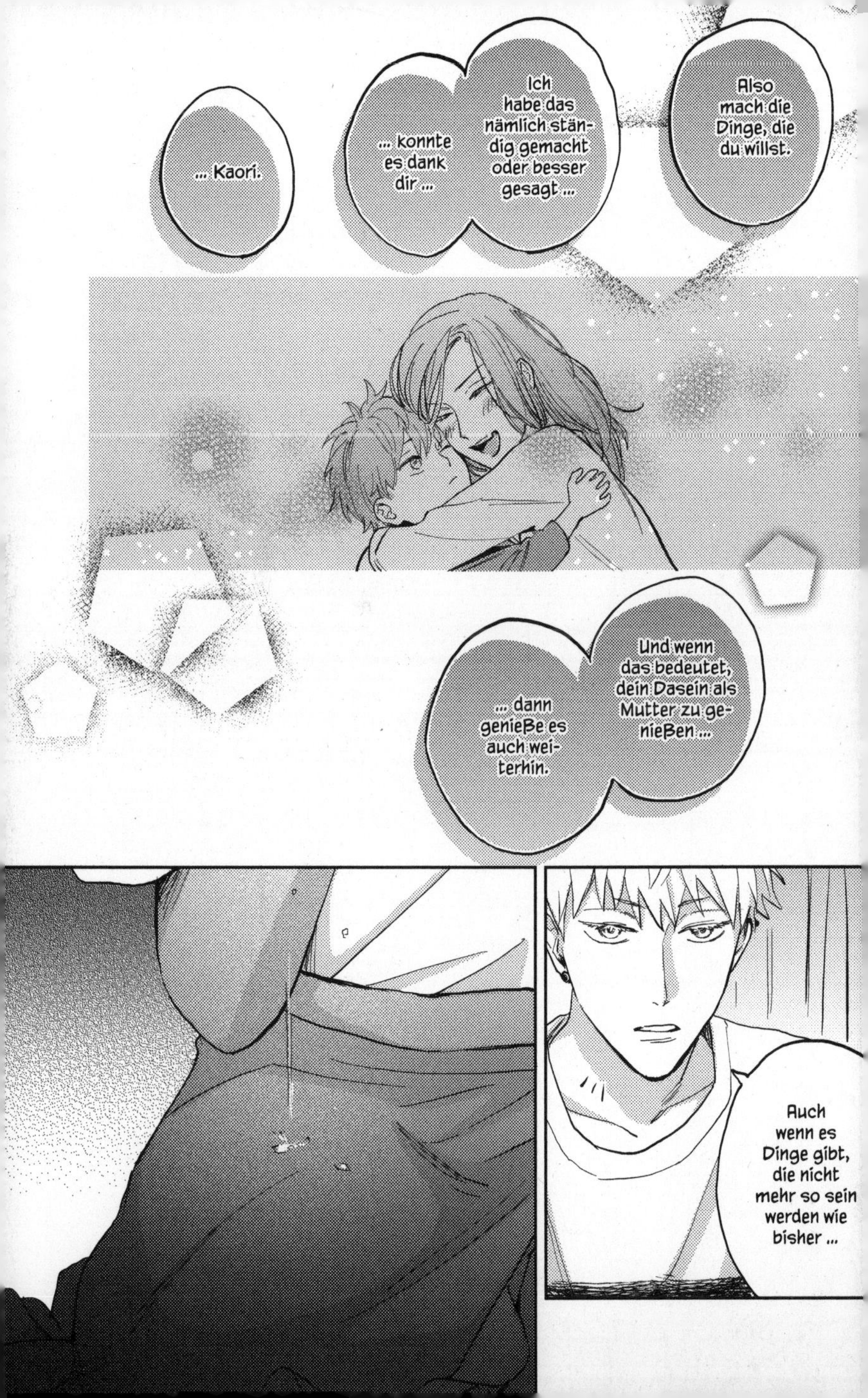
Also mach die Dinge, die du willst.
Ich habe das nämlich ständig gemacht oder besser gesagt …
… konnte es dank dir …
… Kaori.
Und wenn das bedeutet, dein Dasein als Mutter zu genießen …
… dann genieße es auch weiterhin.
Auch wenn es Dinge gibt, die nicht mehr so sein werden wie bisher …

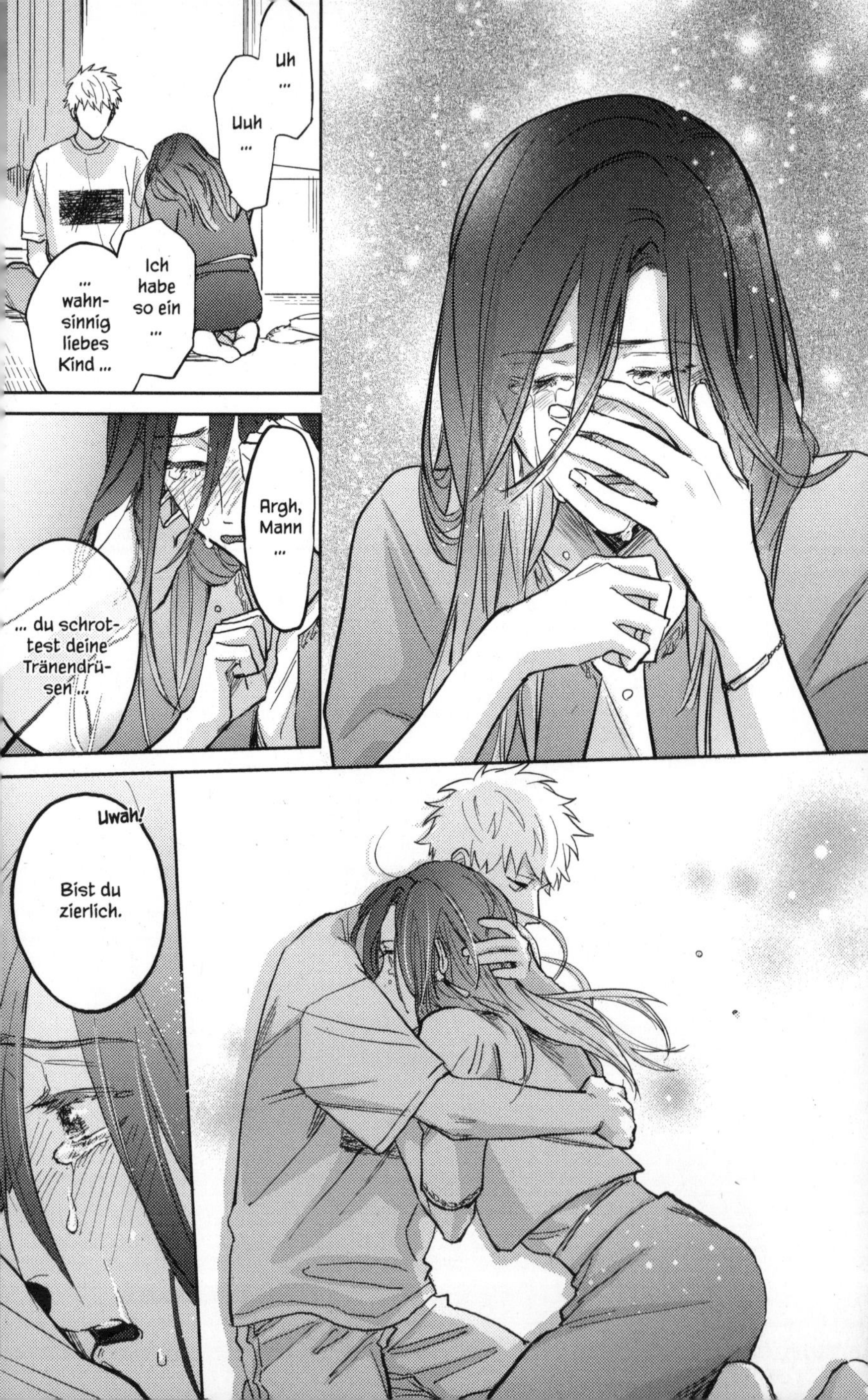
Uh …
Uuh …
Ich habe so ein …
… wahnsinnig liebes Kind …
Argh, Mann …
… du schrottest deine Tränendrüsen …
Uwah!
Bist du zierlich.

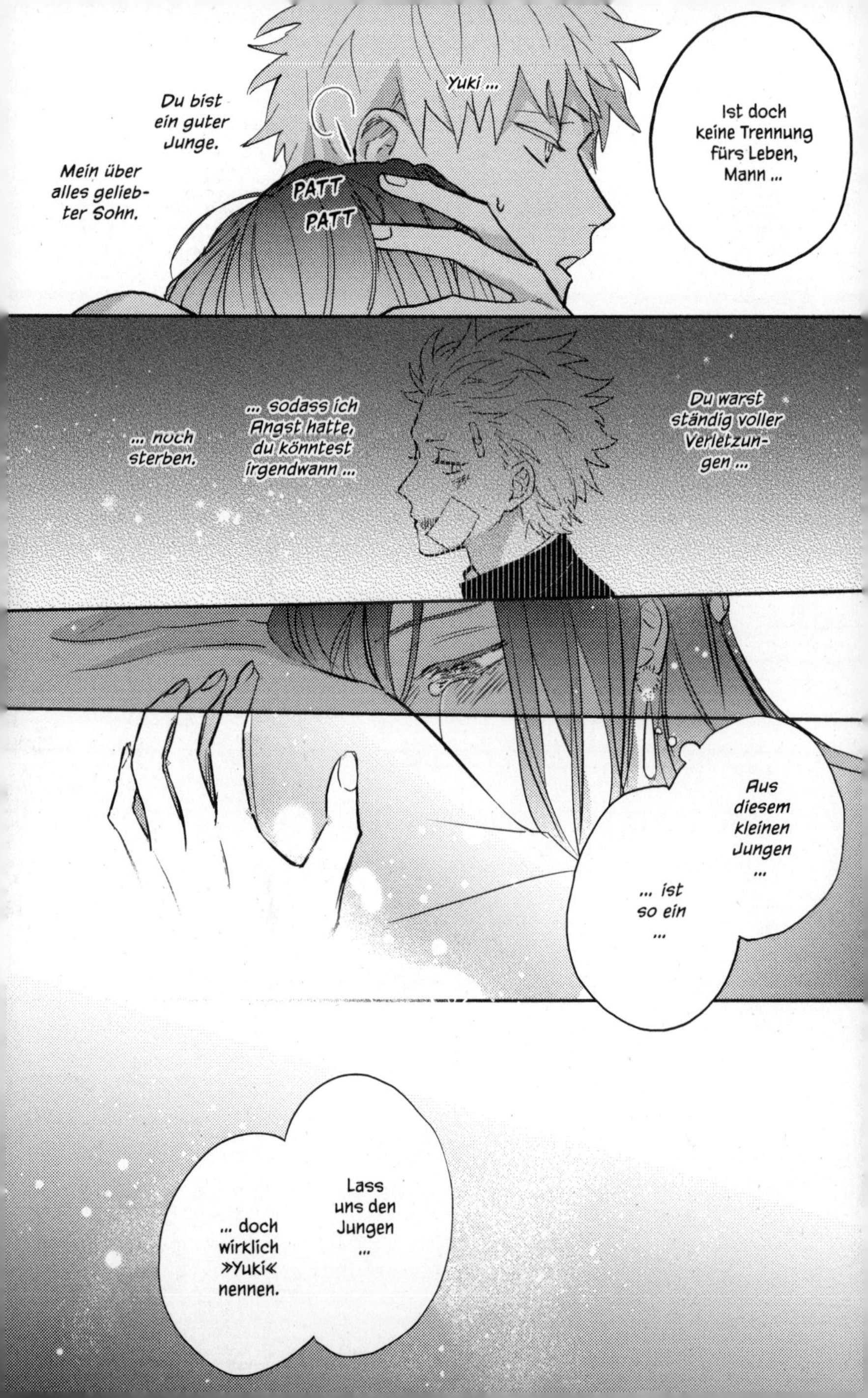
Ist doch keine Trennung fürs Leben, Mann ...
Yuki ...
PATT
PATT
Du bist ein guter Junge.
Mein über alles gelieb-ter Sohn.
Du warst ständig voller Verletzun-gen ...
... sodass ich Angst hatte, du könntest irgendwann ...
... noch sterben.
Aus diesem kleinen Jungen ...
... ist so ein ...
Lass uns den Jungen ...
... doch wirklich »Yuki« nennen.

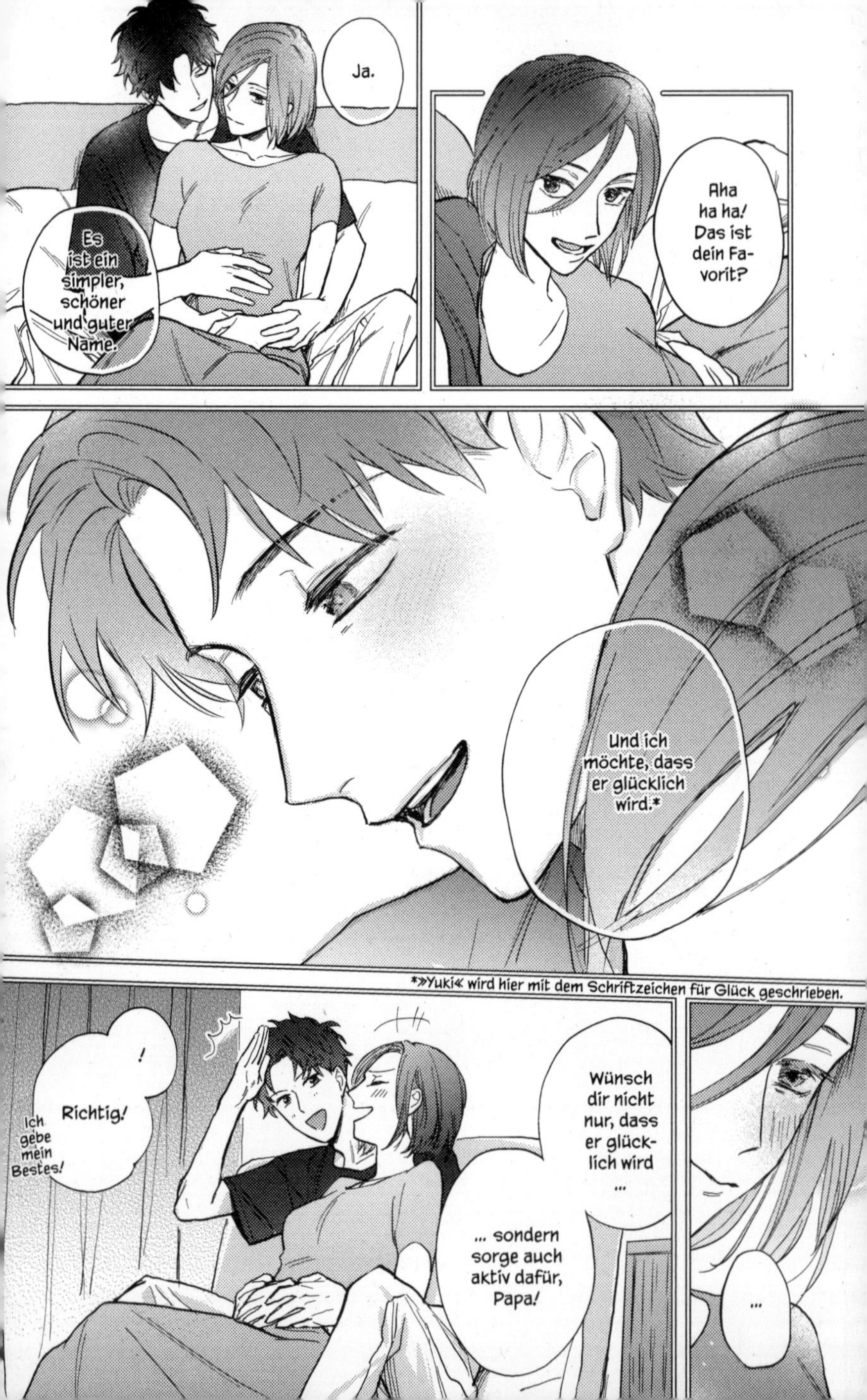

*»Yuki« wird hier mit dem Schriftzeichen für Glück geschrieben.

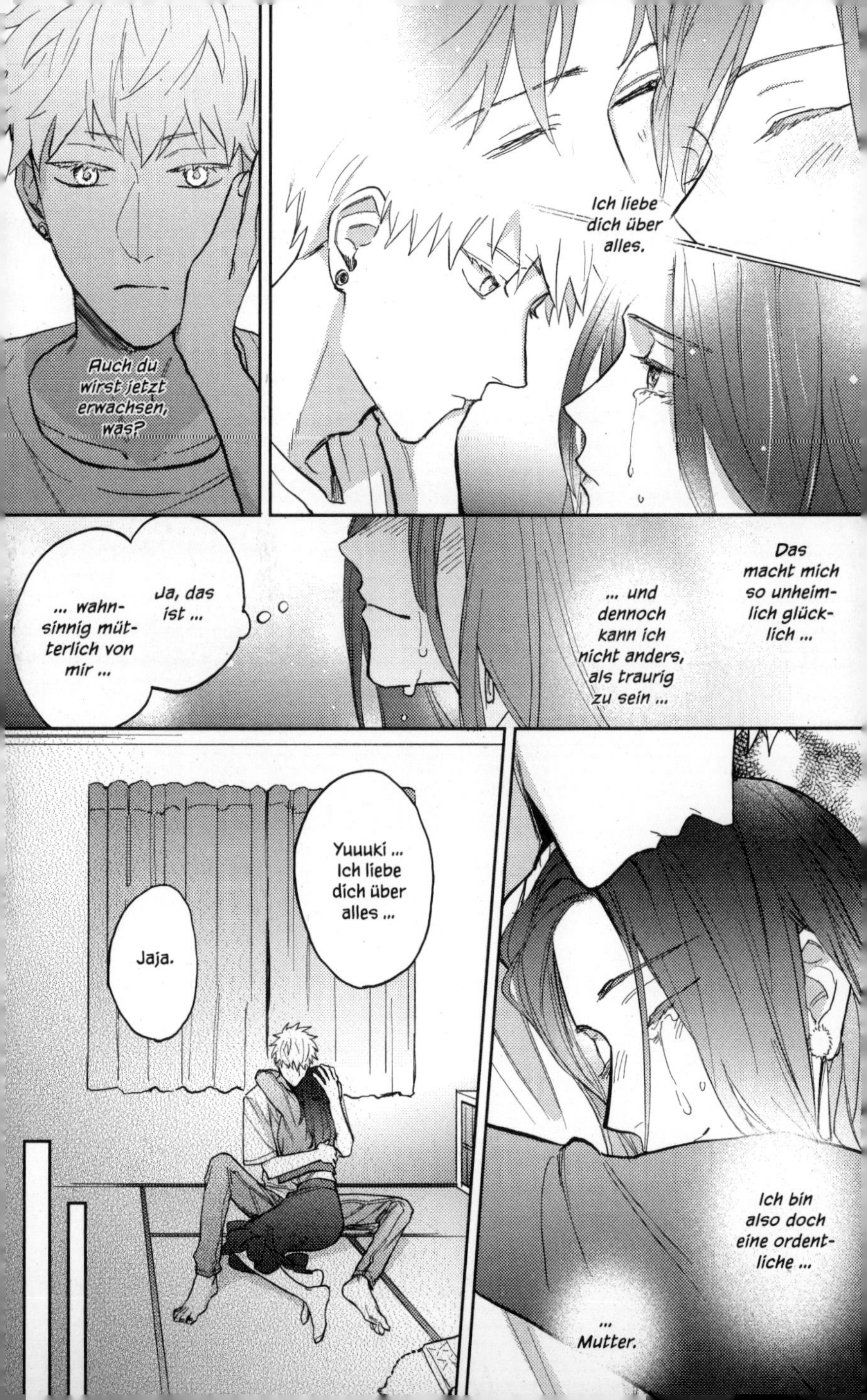
Ich liebe dich über alles.
Auch du wirst jetzt erwachsen, was?
Das macht mich so unheimlich glücklich ...
... und dennoch kann ich nicht anders, als traurig zu sein ...
Ja, das ist ...
... wahnsinnig mütterlich von mir ...
Ich bin also doch eine ordentliche ...
... Mutter.
Yuuuki ... Ich liebe dich über alles ...
Jaja.

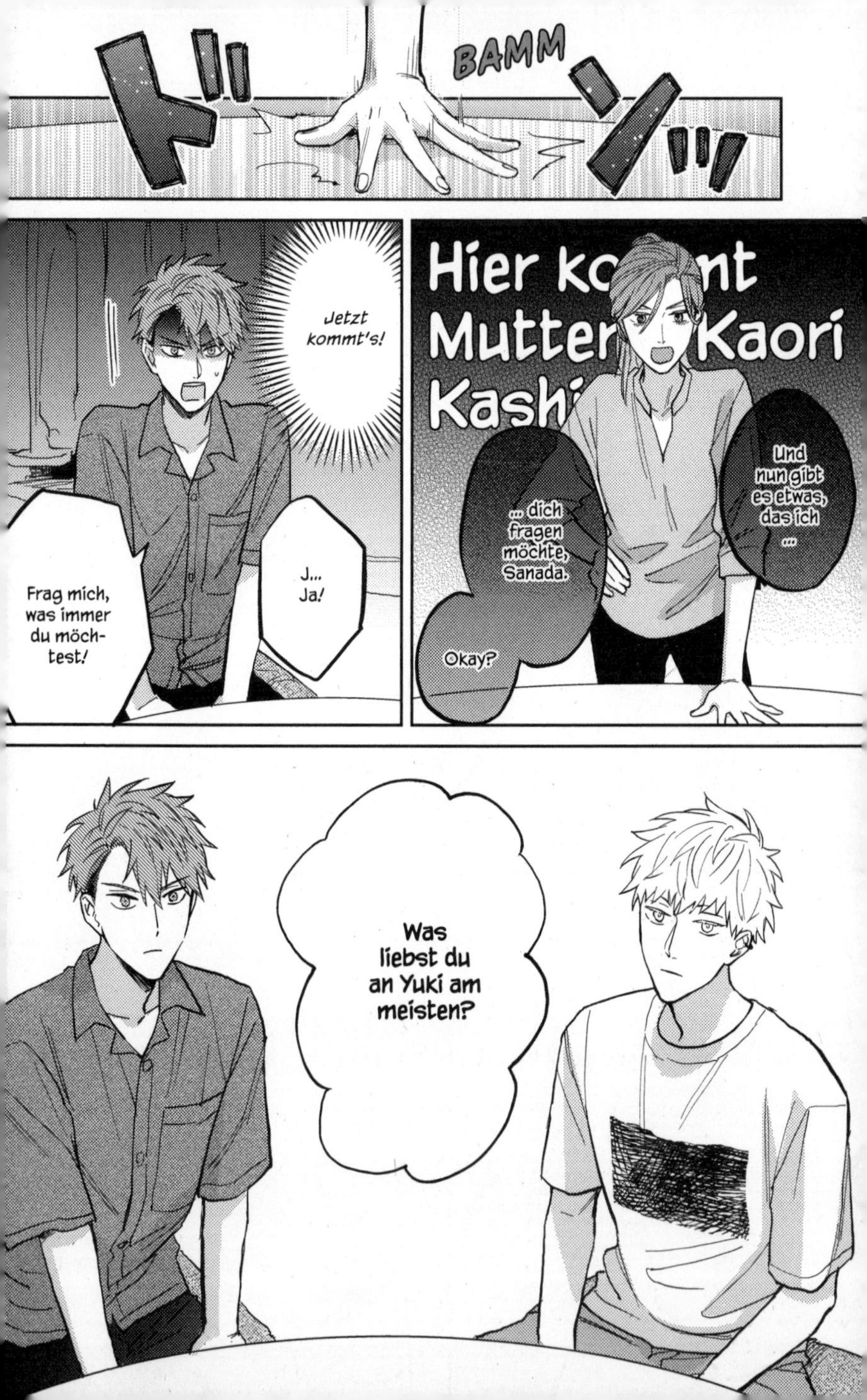
BAMM
Hier ko nt
Mutter Kaori
Kashi
Und
nun gibt
es etwas,
das ich
...
... dich
fragen
möchte,
Sanada.
Okay?
Jetzt
kommt's!
J...
Ja!
Frag mich,
was immer
du möch-
test!
Was
liebst du
an Yuki am
meisten?

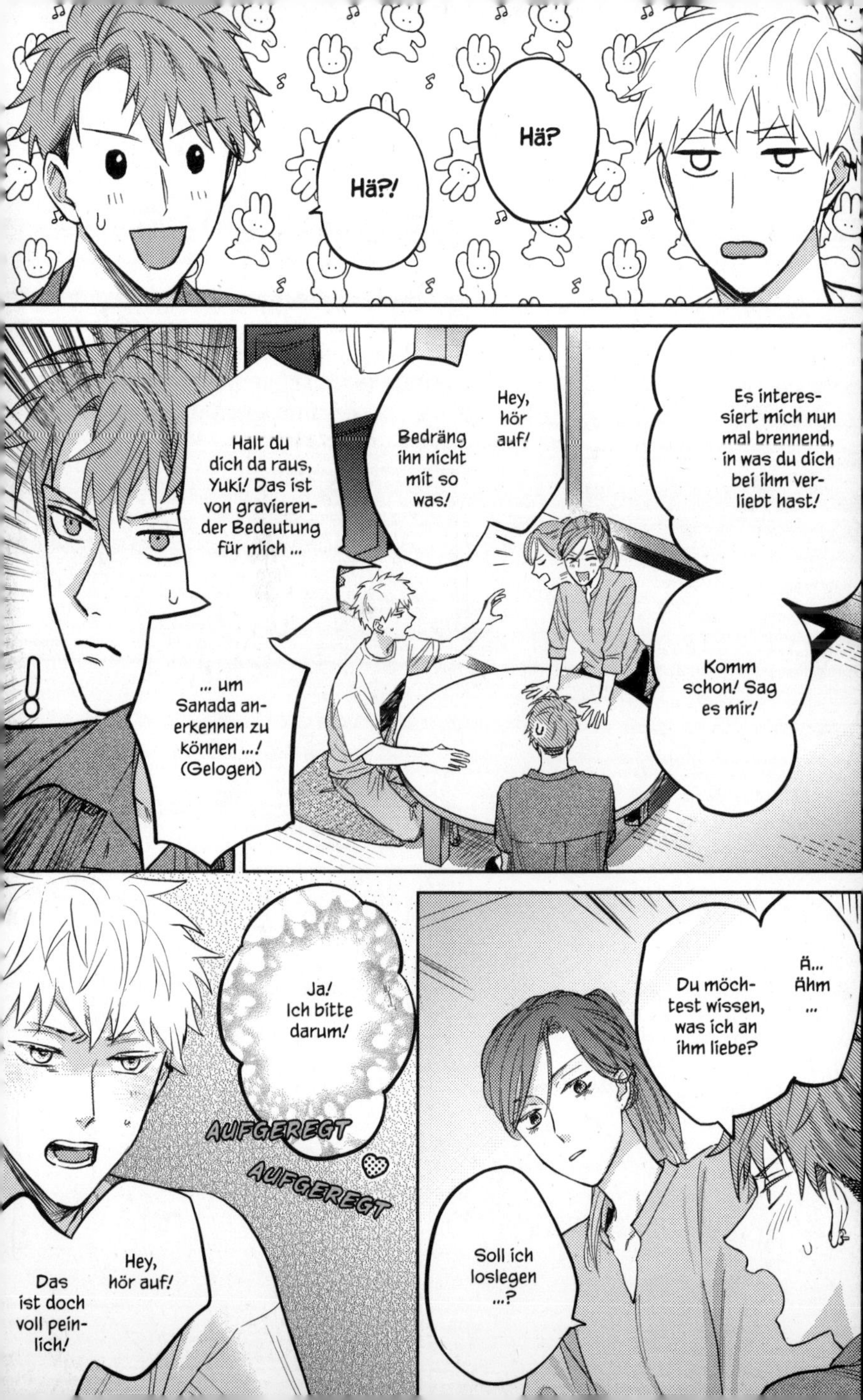
Hä?
Hä?!
Es interes-
siert mich nun
mal brennend,
in was du dich
bei ihm ver-
liebt hast!
Komm
schon! Sag
es mir!
Hey,
hör
auf!
Bedräng
ihn nicht
mit so
was!
Halt du
dich da raus,
Yuki! Das ist
von gravieren-
der Bedeutung
für mich ...
... um
Sanada an-
erkennen zu
können ...!
(Gelogen)
Ä...
Ähm
...
Du möch-
test wissen,
was ich an
ihm liebe?
Soll ich
loslegen
...?
Ja!
Ich bitte
darum!
AUFGEREGT
AUFGEREGT
Hey,
hör auf!
Das
ist doch
voll pein-
lich!

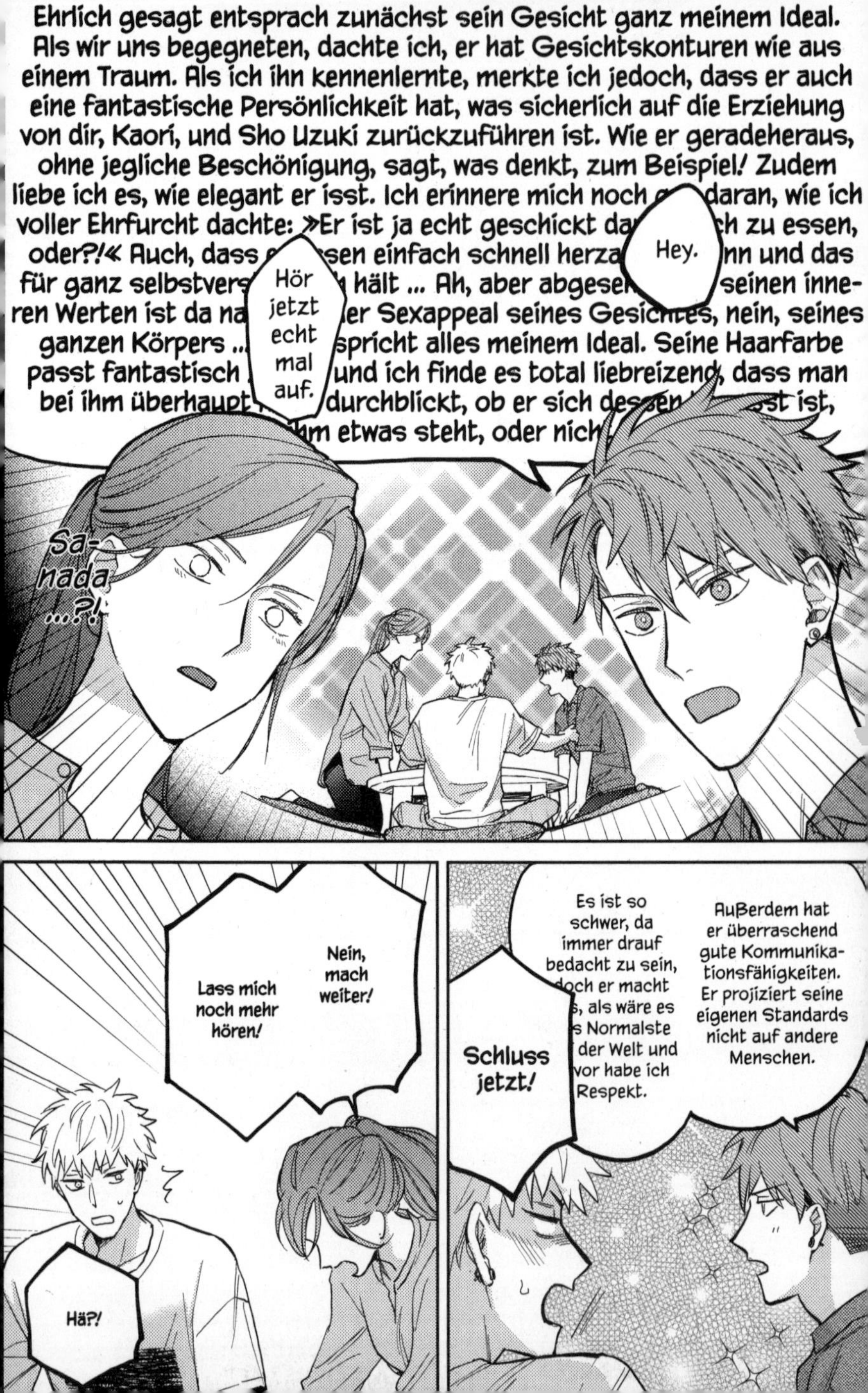
Ehrlich gesagt entsprach zunächst sein Gesicht ganz meinem Ideal.
Als wir uns begegneten, dachte ich, er hat Gesichtskonturen wie aus
einem Traum. Als ich ihn kennenlernte, merkte ich jedoch, dass er auch
eine fantastische Persönlichkeit hat, was sicherlich auf die Erziehung
von dir, Kaori, und Sho Uzuki zurückzuführen ist. Wie er geradeheraus,
ohne jegliche Beschönigung, sagt, was denkt, zum Beispiel! Zudem
liebe ich es, wie elegant er isst. Ich erinnere mich noch … daran, wie ich
voller Ehrfurcht dachte: »Er ist ja echt geschickt da… …ch zu essen,
oder?!« Auch, dass e… …sen einfach schnell herza… …nn und das
für ganz selbstvers… …h hält … Ah, aber abgese… …seinen inne-
ren Werten ist da na… …er Sexappeal seines Gesichtes, nein, seines
ganzen Körpers … …spricht alles meinem Ideal. Seine Haarfarbe
passt fantastisch … …und ich finde es total liebreizend, dass man
bei ihm überhaupt … durchblickt, ob er sich dessen … …sst ist,
…hm etwas steht, oder nich…
Hey.
Hör jetzt echt mal auf.
Sa-nada …?!
Außerdem hat er überraschend gute Kommunikationsfähigkeiten. Er projiziert seine eigenen Standards nicht auf andere Menschen.
Es ist so schwer, da immer drauf bedacht zu sein, …och er macht …, als wäre es …s Normalste … der Welt und …vor habe ich Respekt.
Schluss jetzt!
Nein, mach weiter!
Lass mich noch mehr hören!
Hä?!

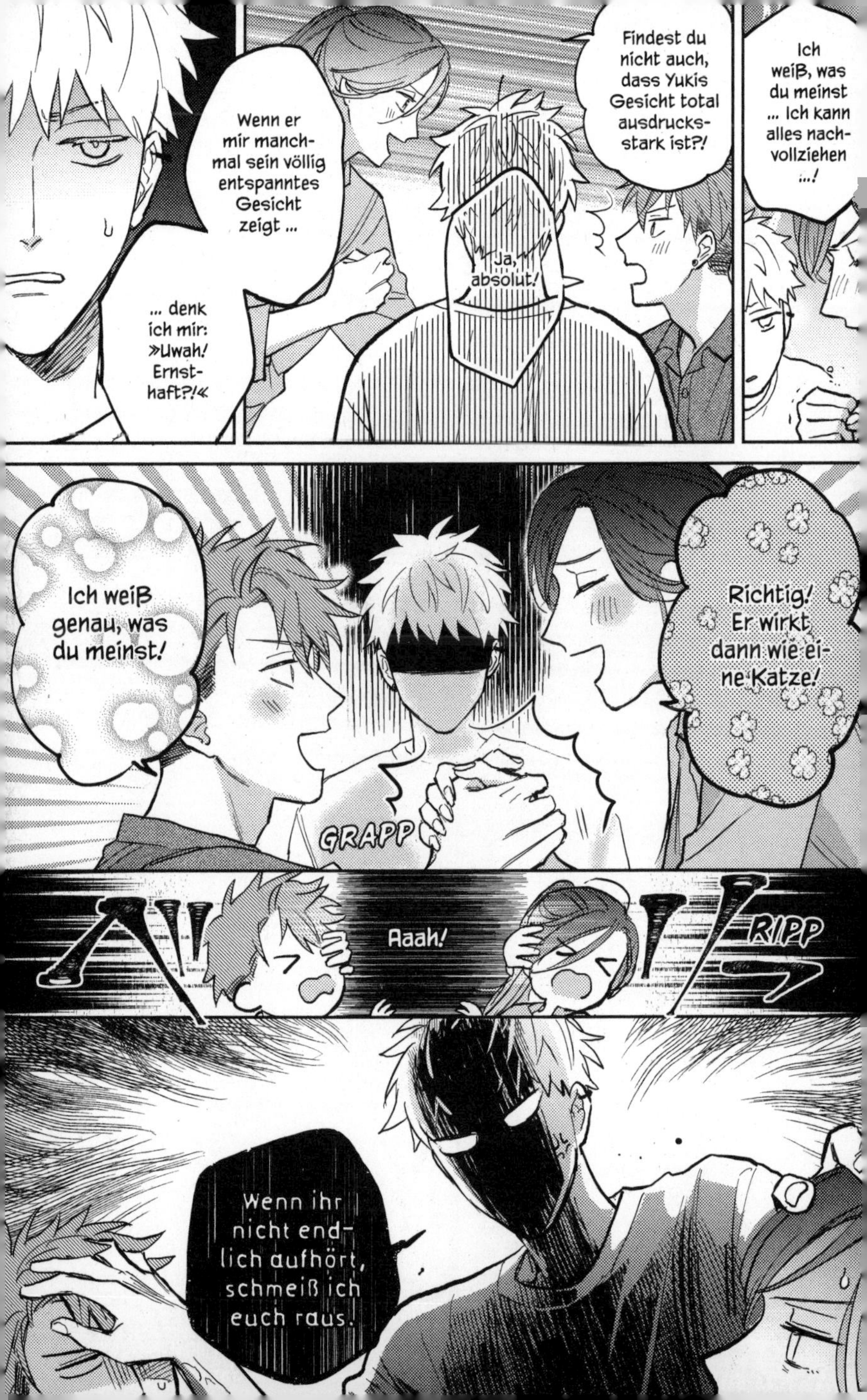
Ich weiß, was du meinst ... Ich kann alles nachvollziehen ...!
Findest du nicht auch, dass Yukis Gesicht total ausdrucksstark ist?!
Ja, absolut!
Wenn er mir manchmal sein völlig entspanntes Gesicht zeigt ...
... denk ich mir: »Uwah! Ernsthaft?!«
Richtig! Er wirkt dann wie eine Katze!
Ich weiß genau, was du meinst!
GRAPP
RIPP
Aaah!
Wenn ihr nicht endlich aufhört, schmeiß ich euch raus.

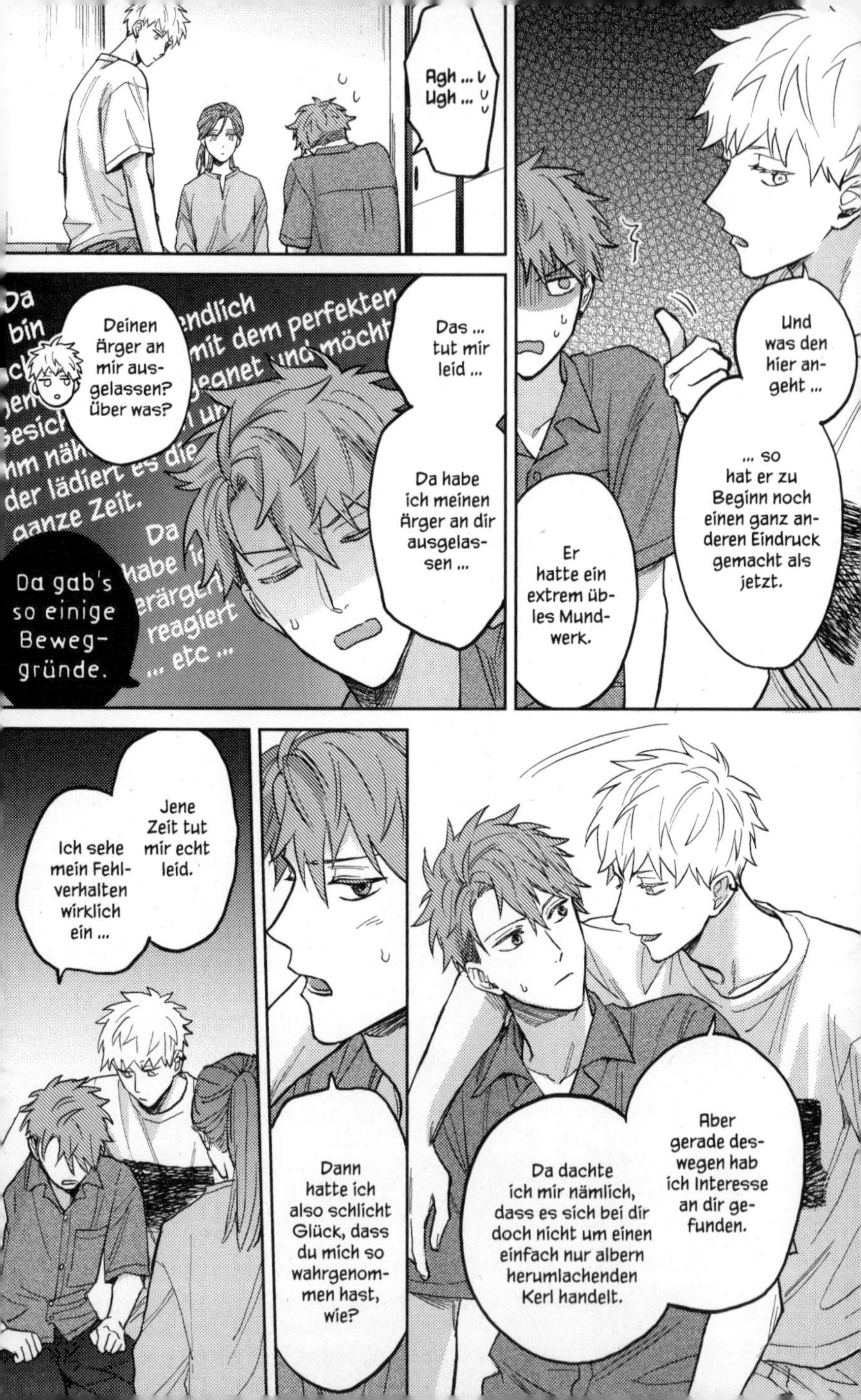
Und was den hier angeht ...
... so hat er zu Beginn noch einen ganz anderen Eindruck gemacht als jetzt.
Er hatte ein extrem übles Mundwerk.
Agh ... Ugh ...
Das ... tut mir leid ...
Da habe ich meinen Ärger an dir ausgelassen ...
Deinen Ärger an mir ausgelassen? Über was?
Da gab's so einige Beweggründe.
Aber gerade deswegen hab ich Interesse an dir gefunden.
Da dachte ich mir nämlich, dass es sich bei dir doch nicht um einen einfach nur albern herumlachenden Kerl handelt.
Dann hatte ich also schlicht Glück, dass du mich so wahrgenommen hast, wie?
Jene Zeit tut mir echt leid.
Ich sehe mein Fehlverhalten wirklich ein ...

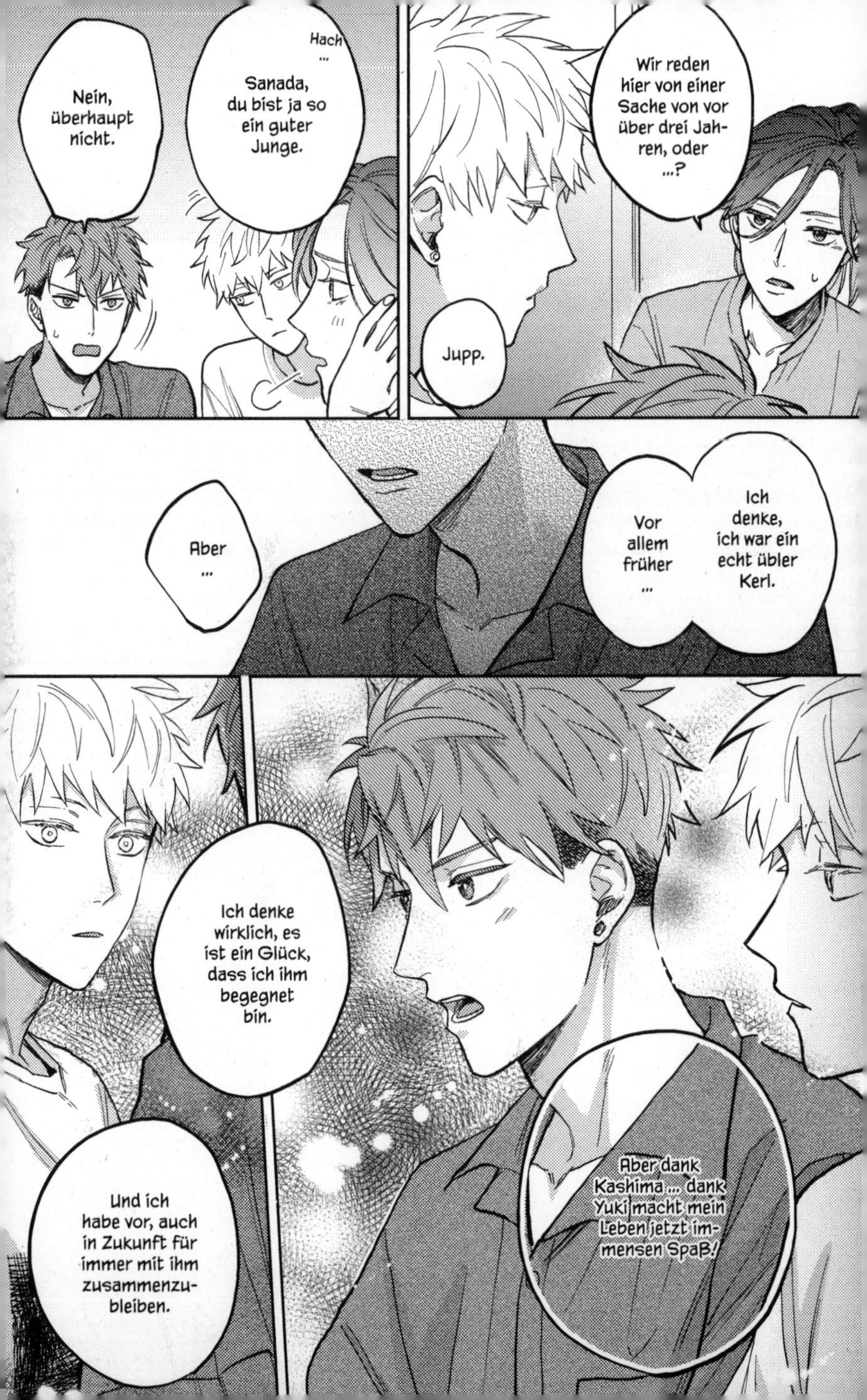
Wir reden hier von einer Sache von vor über drei Jahren, oder …?
Jupp.
Hach …
Sanada, du bist ja so ein guter Junge.
Nein, überhaupt nicht.
Ich denke, ich war ein echt übler Kerl.
Vor allem früher …
Aber …
Aber dank Kashima … dank Yuki macht mein Leben jetzt immensen Spaß!
Ich denke wirklich, es ist ein Glück, dass ich ihm begegnet bin.
Und ich habe vor, auch in Zukunft für immer mit ihm zusammenzubleiben.

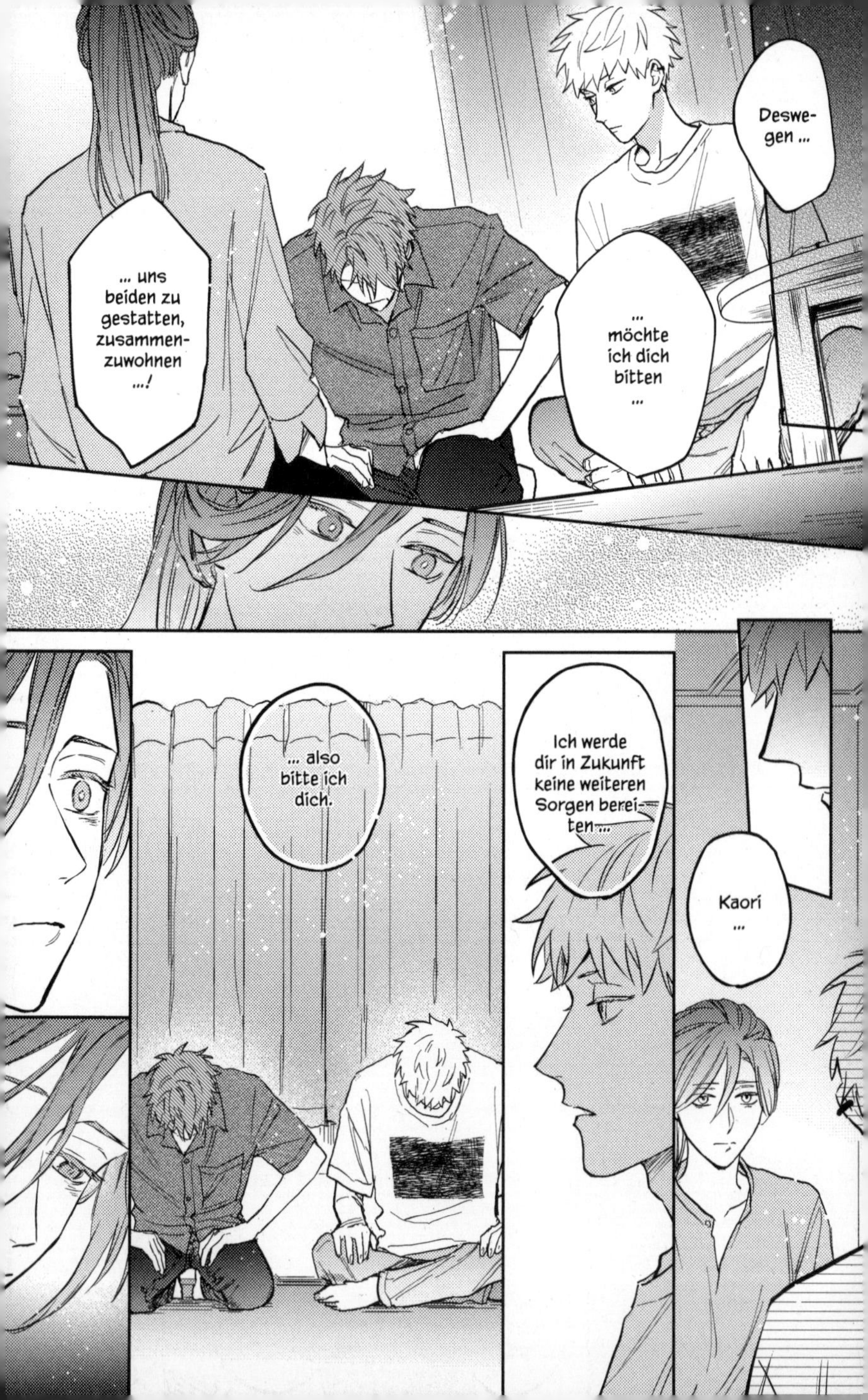
Deswegen ...
... möchte ich dich bitten ...
... uns beiden zu gestatten, zusammenzuwohnen ...!
Kaori ...
Ich werde dir in Zukunft keine weiteren Sorgen bereiten ...
... also bitte ich dich.

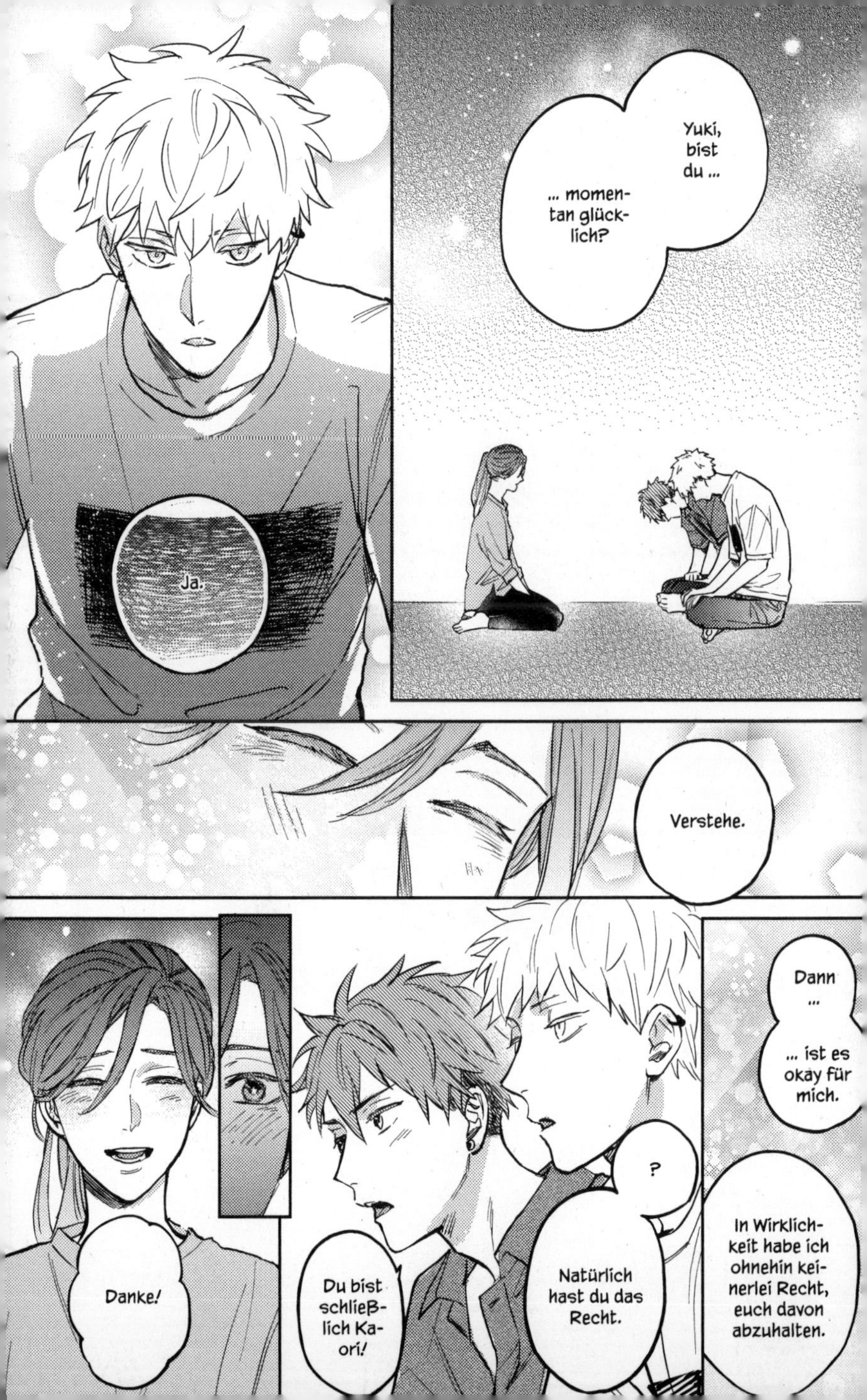
Yuki, bist du ...
... momentan glücklich?
Ja.
Verstehe.
Dann ...
... ist es okay für mich.
In Wirklichkeit habe ich ohnehin keinerlei Recht, euch davon abzuhalten.
?
Natürlich hast du das Recht.
Du bist schließlich Kaori!
Danke!

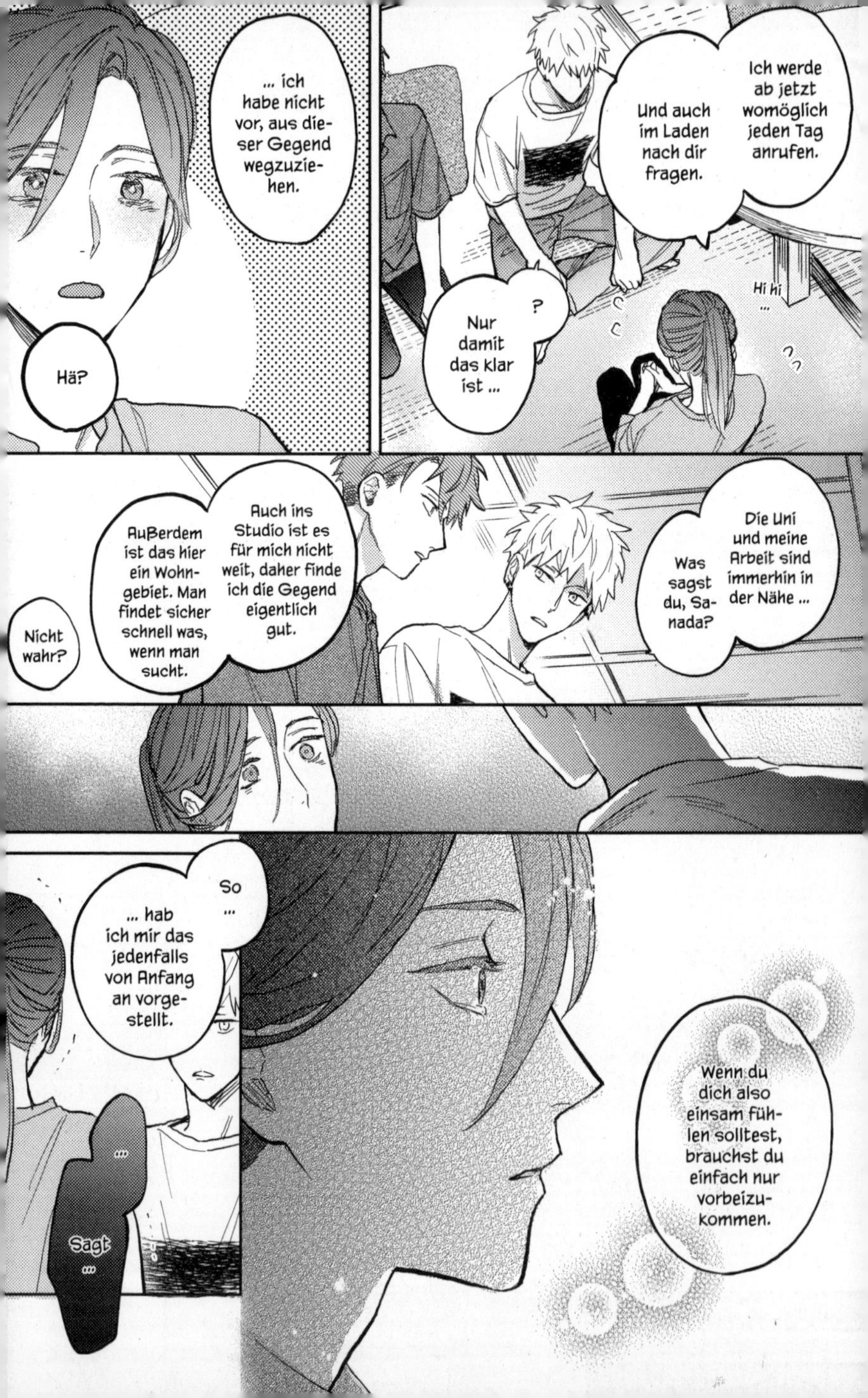
Ich werde ab jetzt womöglich jeden Tag anrufen.
Und auch im Laden nach dir fragen.
Hi hi ...
?
Nur damit das klar ist ...
... ich habe nicht vor, aus dieser Gegend wegzuziehen.
Hä?
Die Uni und meine Arbeit sind immerhin in der Nähe ...
Was sagst du, Sanada?
Auch ins Studio ist es für mich nicht weit, daher finde ich die Gegend eigentlich gut.
Außerdem ist das hier ein Wohngebiet. Man findet sicher schnell was, wenn man sucht.
Nicht wahr?
Wenn du dich also einsam fühlen solltest, brauchst du einfach nur vorbeizukommen.
So ...
... hab ich mir das jedenfalls von Anfang an vorgestellt.
Sagt ...

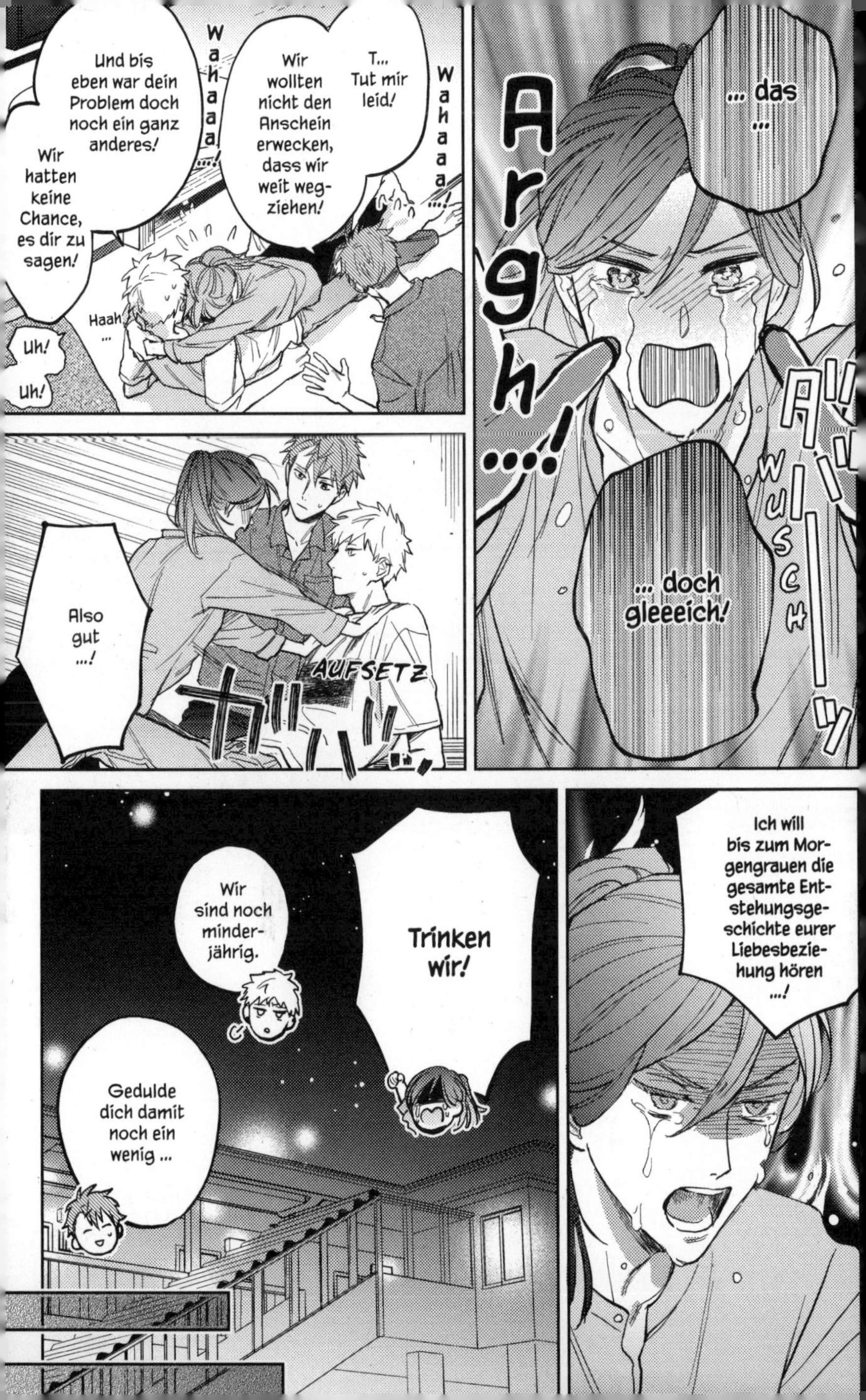
... das ...
Argh ...!
... doch gleeeich!
WUSCH
T... Tut mir leid!
Wahaaa ...!
Wir wollten nicht den Anschein erwecken, dass wir weit wegziehen!
Wahaaa ...!
Und bis eben war dein Problem doch noch ein ganz anderes!
Wir hatten keine Chance, es dir zu sagen!
Haah ...
Uh!
Uh!
AUFSETZ
Also gut ...!
Ich will bis zum Morgengrauen die gesamte Entstehungsgeschichte eurer Liebesbeziehung hören ...!
Trinken wir!
Wir sind noch minderjährig.
Gedulde dich damit noch ein wenig ...

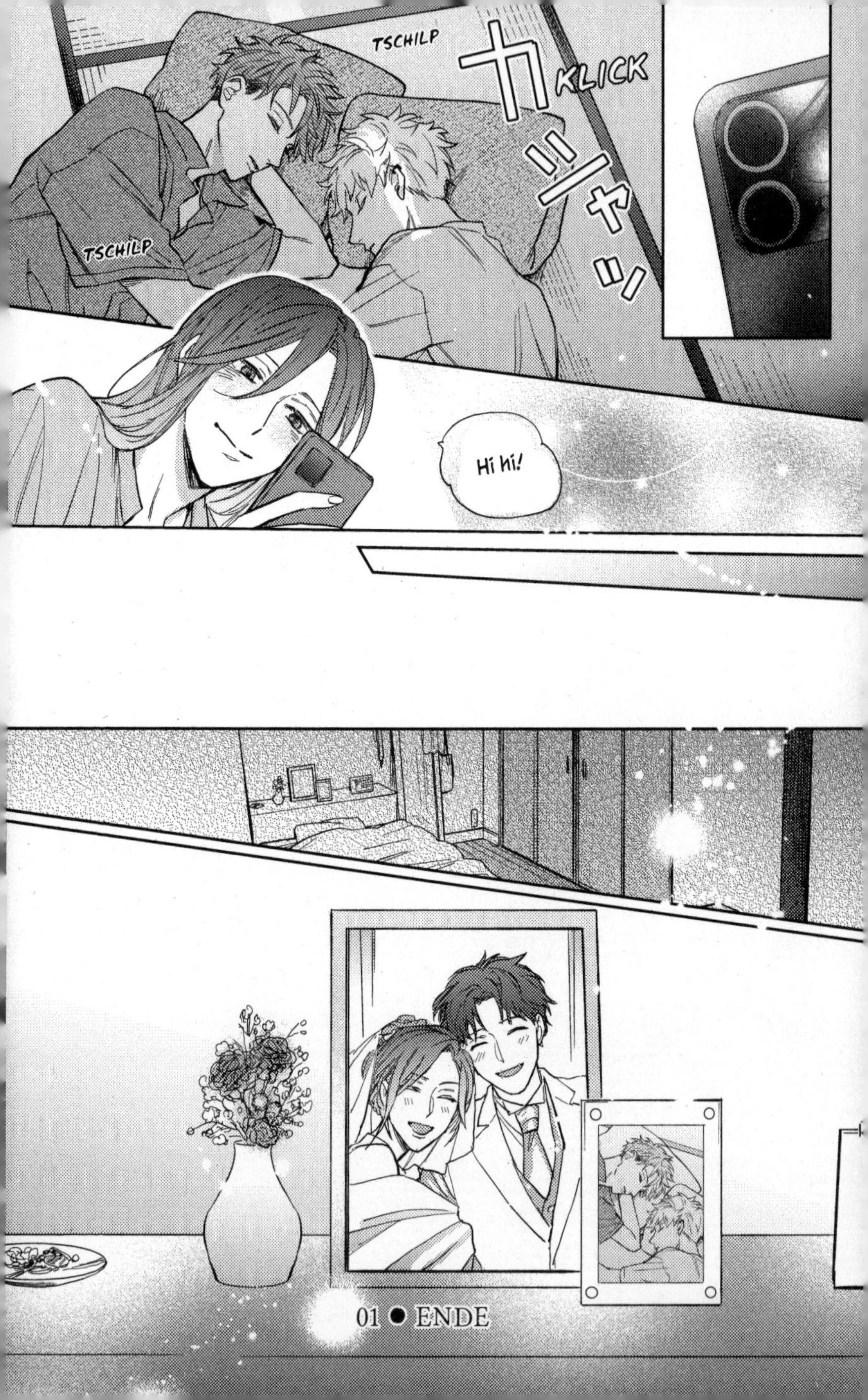
TSCHILP
カシャッ
KLICK
TSCHILP
Hi hi!
01 ● ENDE

SIMPLIFIED PERVERT ROMANCE

SIMPLIFIED PERVERT ROMANCE

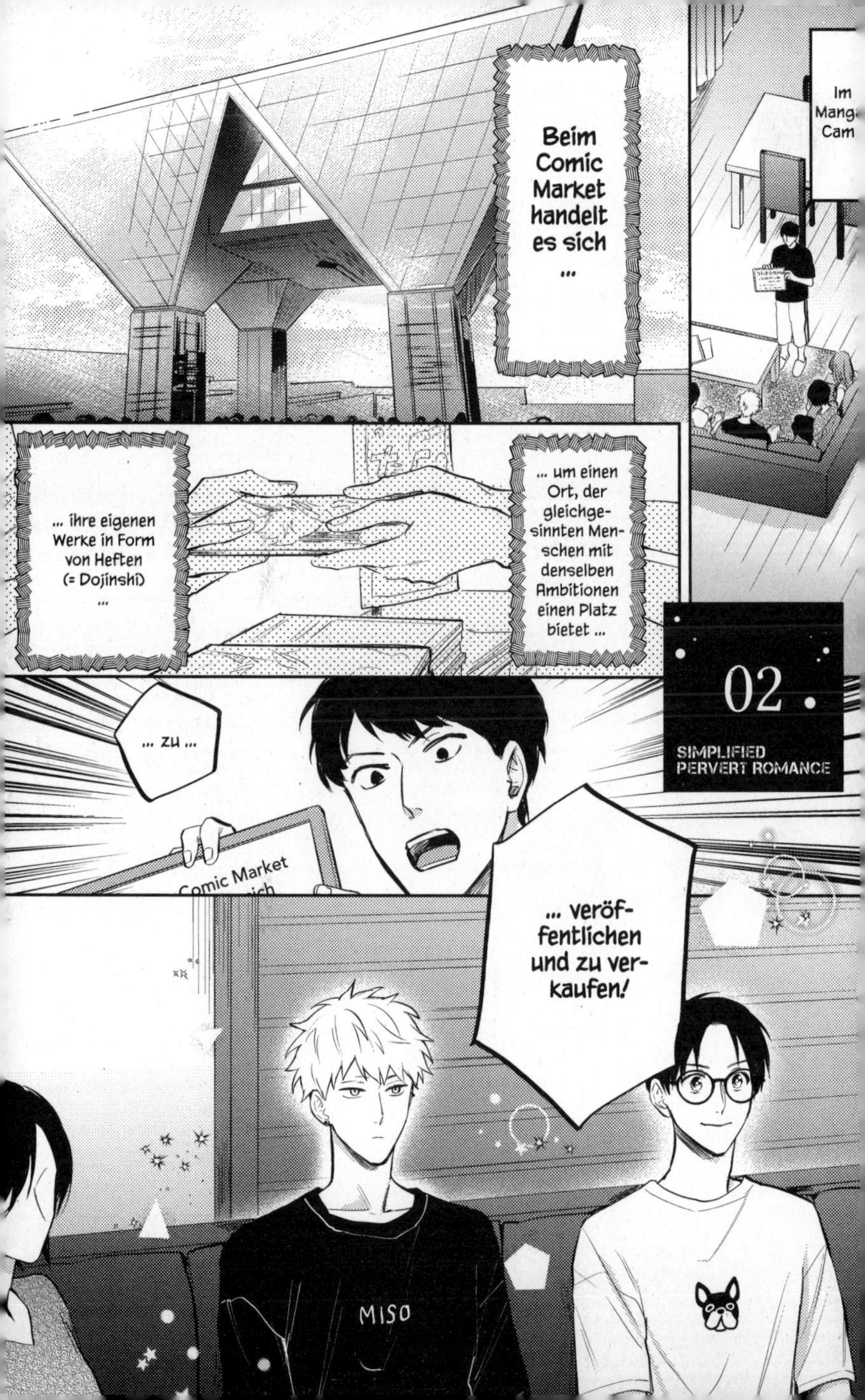
Beim Comic Market handelt es sich ...
... um einen Ort, der gleichgesinnten Menschen mit denselben Ambitionen einen Platz bietet ...
... ihre eigenen Werke in Form von Heften (= Dojinshi) ...
02
SIMPLIFIED PERVERT ROMANCE
... zu ...
Comic Market
... veröffentlichen und zu verkaufen!
MISO

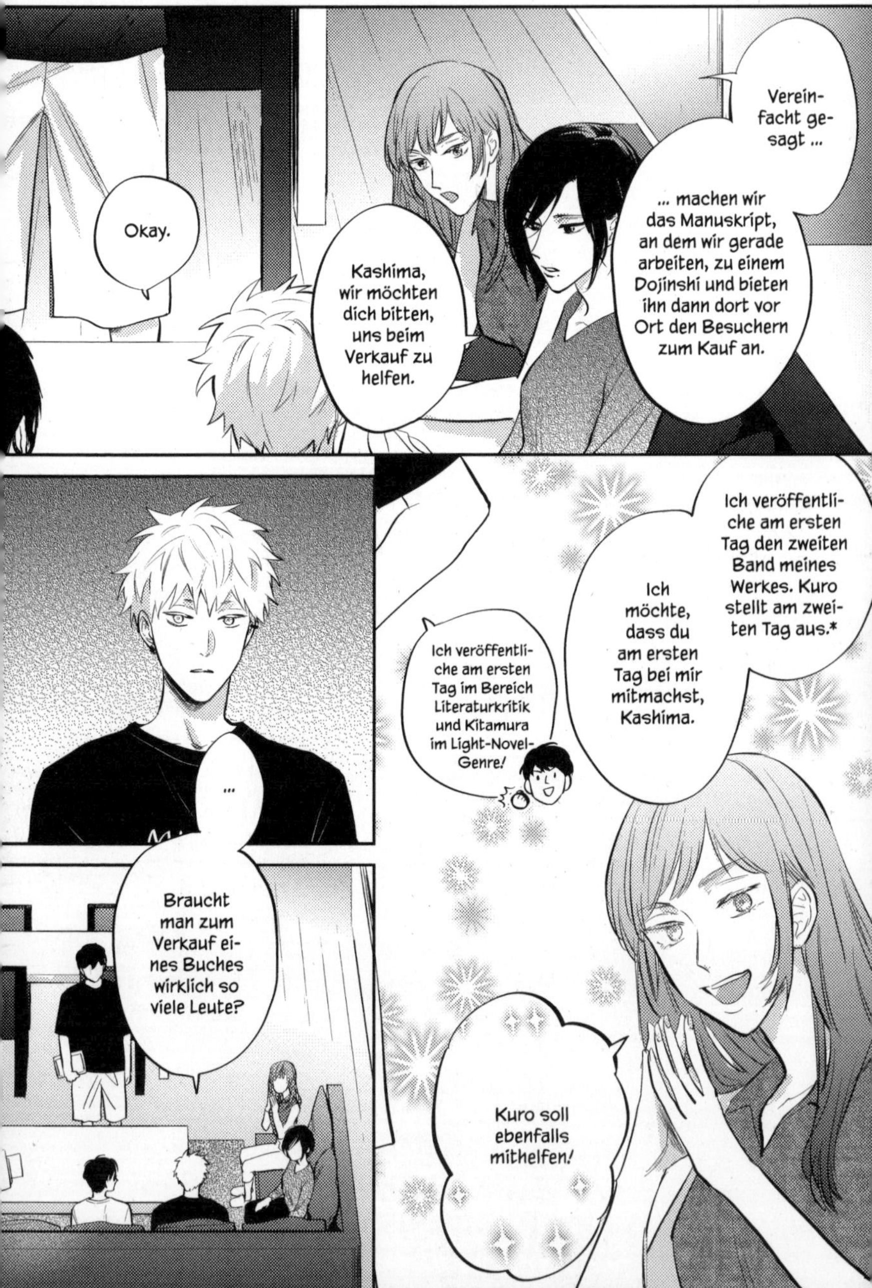

*Kurosaki veröffentlicht im Bereich Horror.

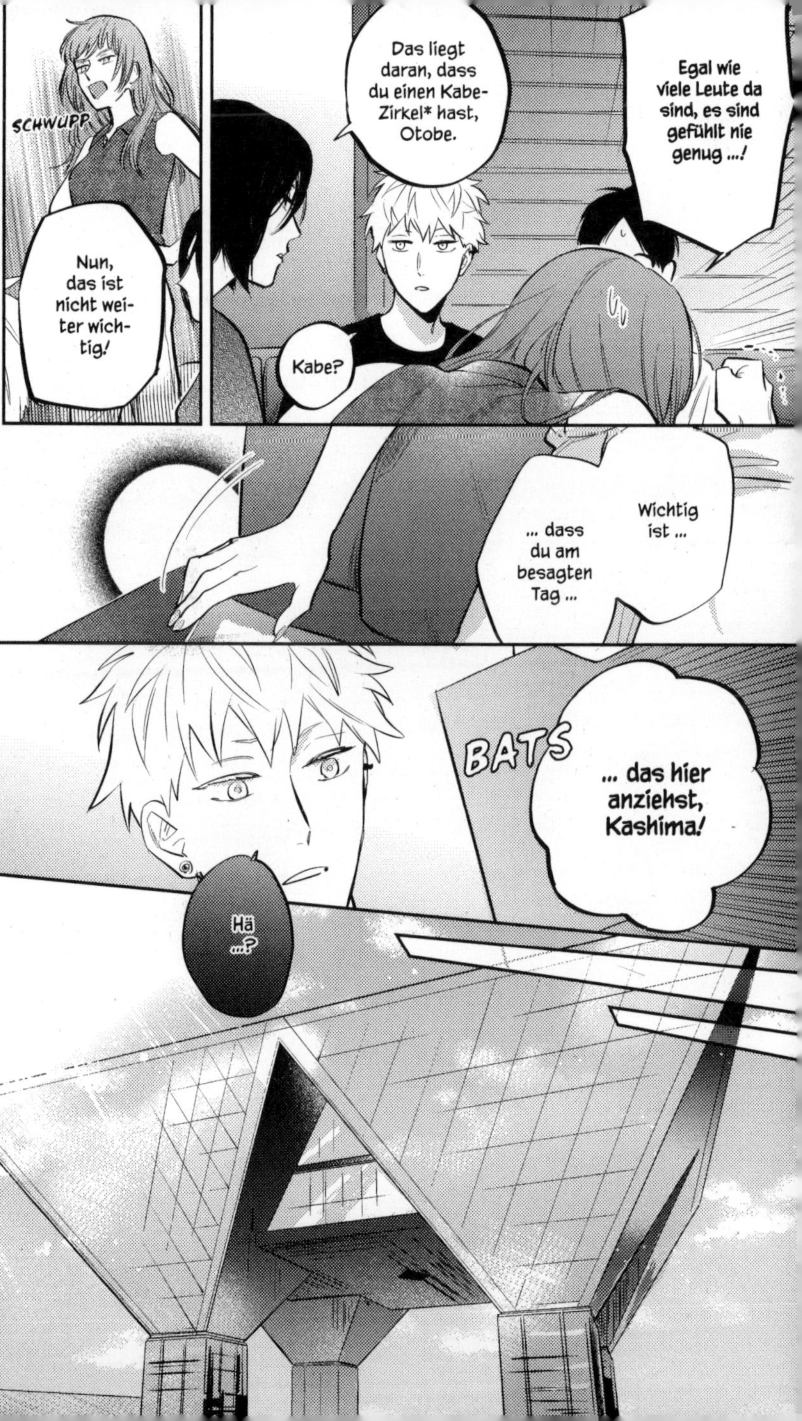

*berühmter Dojinshi-Zirkel mit hohen Verkaufszahlen

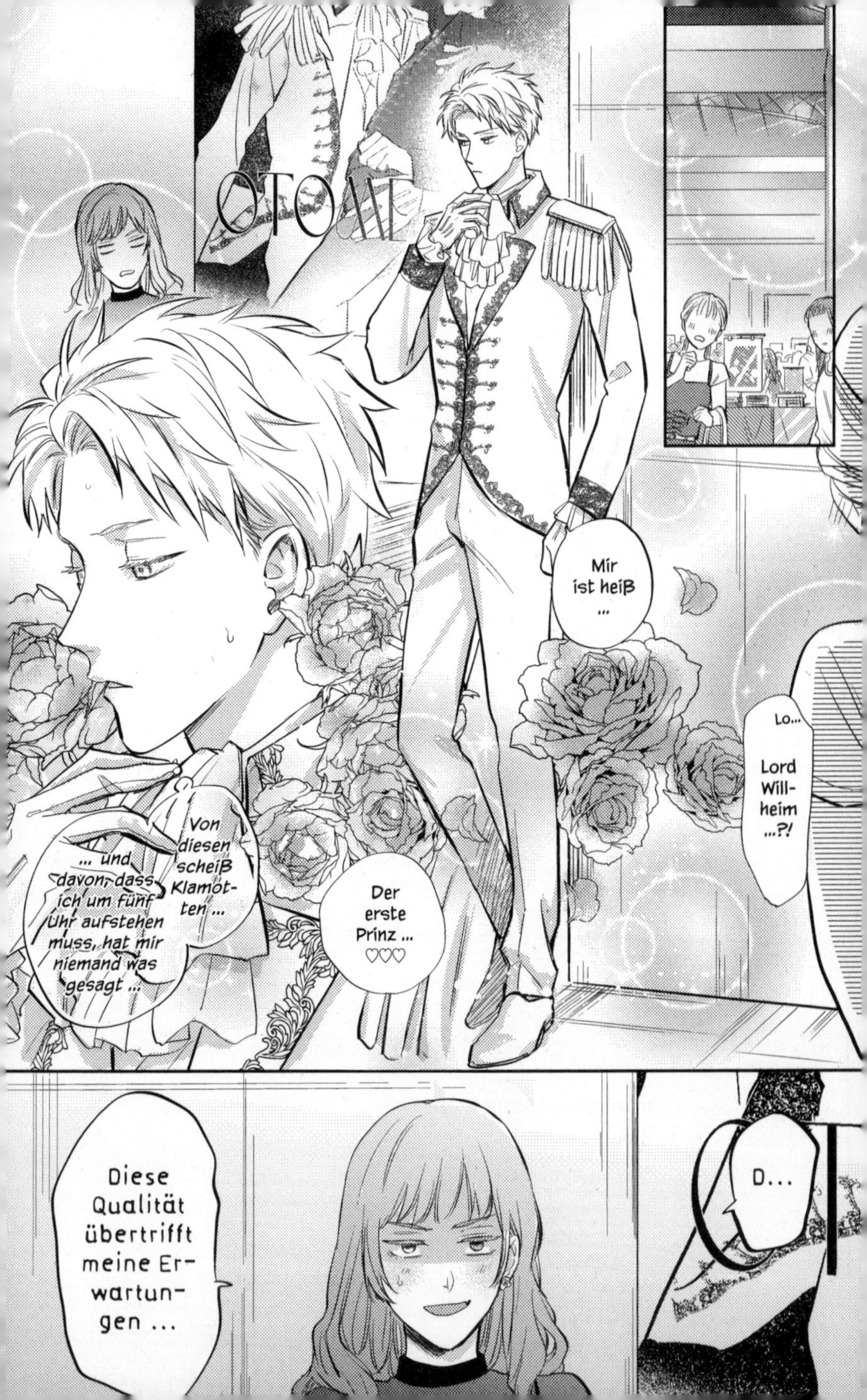
OTOME
Lo...
Lord Will-heim ...?!
Mir ist heiß ...
Der erste Prinz ... ♡♡♡
Von diesen scheiß Klamotten ...
... und davon, dass ich um fünf Uhr aufstehen muss, hat mir niemand was gesagt ...
D...
Diese Qualität übertrifft meine Erwartungen ...

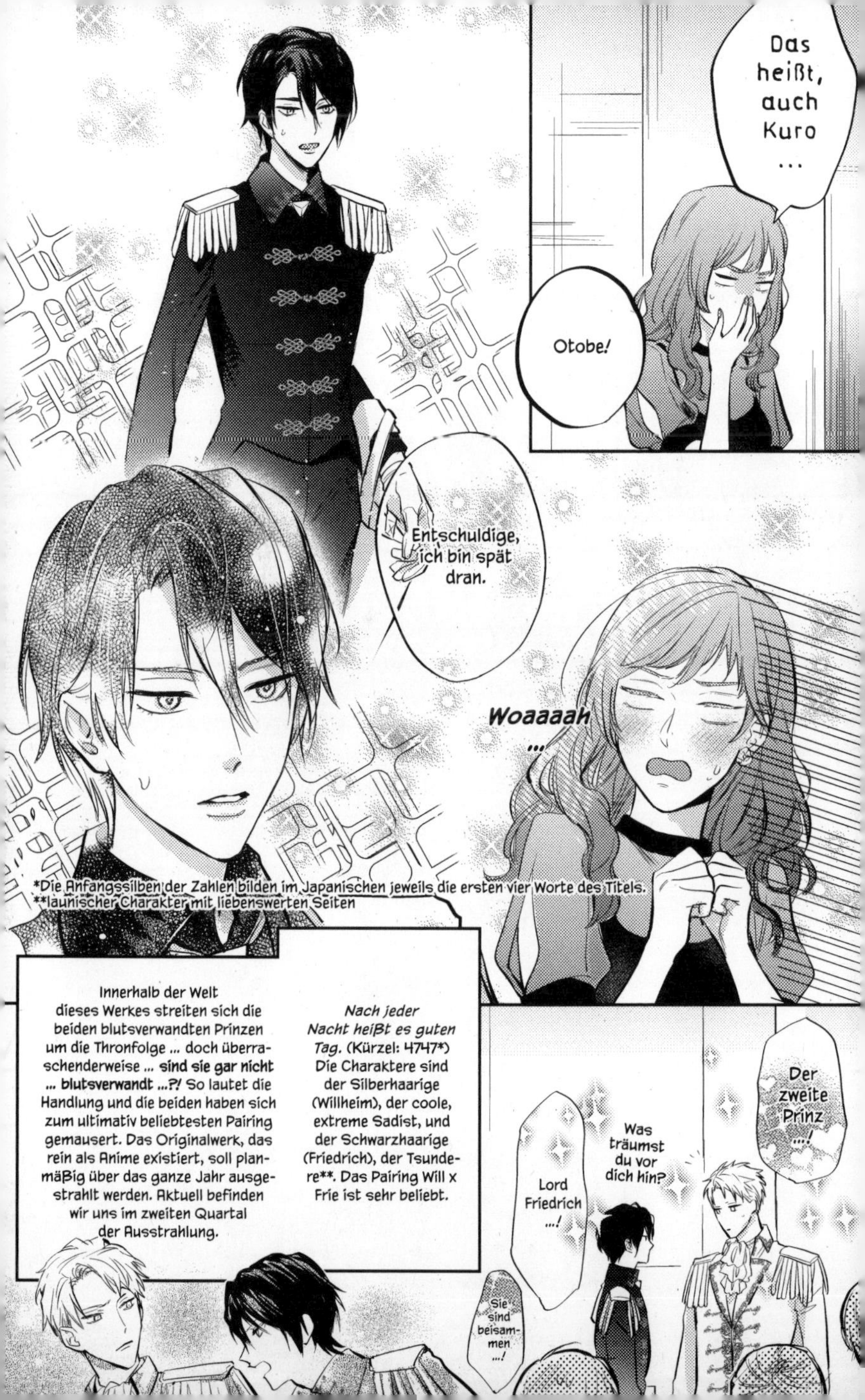
Das heißt, auch Kuro …
Otobe!
Entschuldige, ich bin spät dran.
Woaaaah …
*Die Anfangssilben der Zahlen bilden im Japanischen jeweils die ersten vier Worte des Titels.
**launischer Charakter mit liebenswerten Seiten
Der zweite Prinz …!
Was träumst du vor dich hin?
Lord Friedrich …!
Sie sind beisammen …!
Nach jeder Nacht heißt es guten Tag. (Kürzel: 4747*) Die Charaktere sind der Silberhaarige (Willheim), der coole, extreme Sadist, und der Schwarzhaarige (Friedrich), der Tsundere**. Das Pairing Will x Frie ist sehr beliebt.
Innerhalb der Welt dieses Werkes streiten sich die beiden blutsverwandten Prinzen um die Thronfolge … doch überraschenderweise … sind sie gar nicht … blutsverwandt …?! So lautet die Handlung und die beiden haben sich zum ultimativ beliebtesten Pairing gemausert. Das Originalwerk, das rein als Anime existiert, soll planmäßig über das ganze Jahr ausgestrahlt werden. Aktuell befinden wir uns im zweiten Quartal der Ausstrahlung.

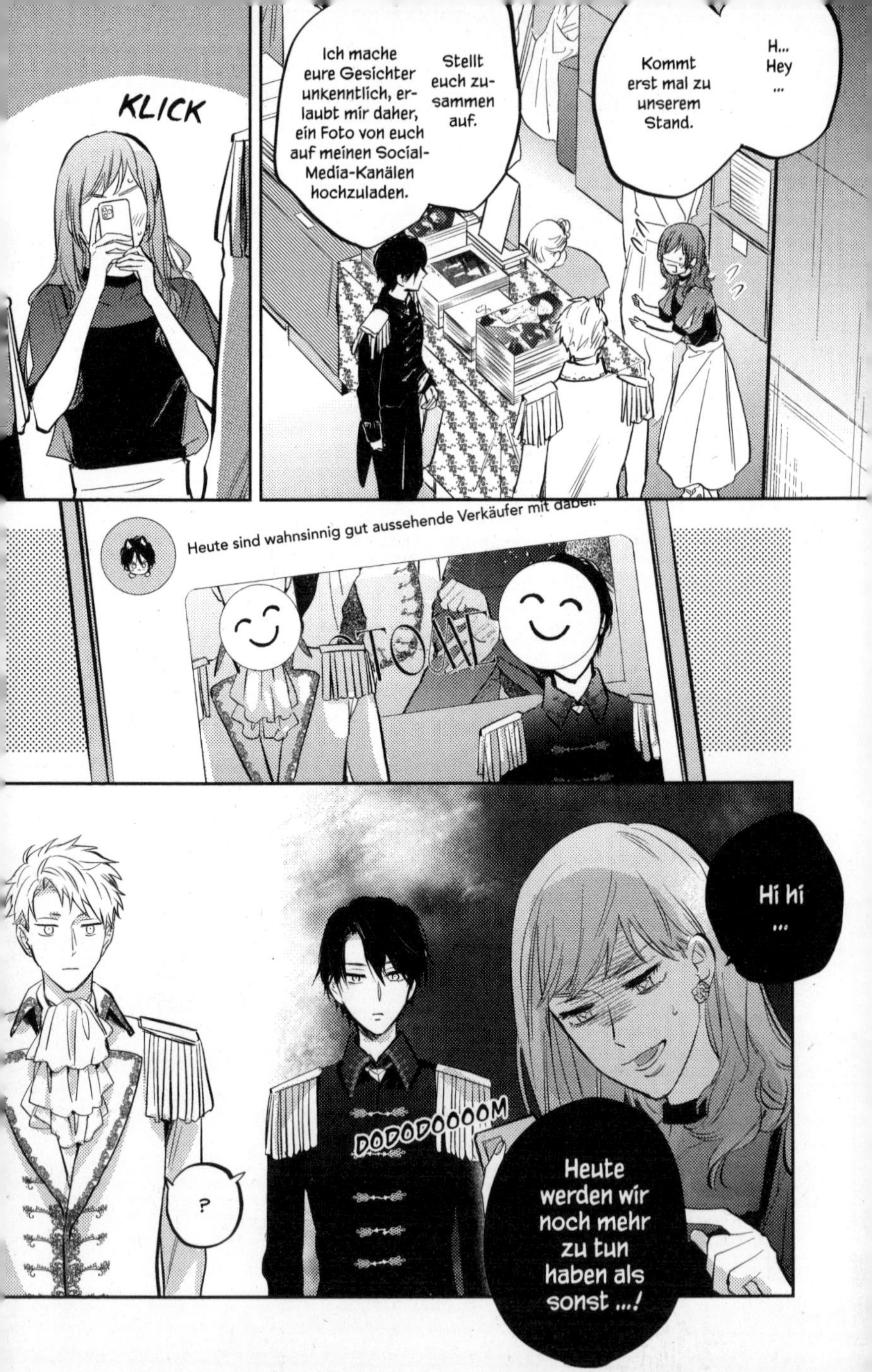
H... Hey ...
Kommt erst mal zu unserem Stand.
Stellt euch zusammen auf.
Ich mache eure Gesichter unkenntlich, erlaubt mir daher, ein Foto von euch auf meinen Social-Media-Kanälen hochzuladen.
KLICK
Heute sind wahnsinnig gut aussehende Verkäufer mit dabei!
Hi hi ...
Heute werden wir noch mehr zu tun haben als sonst ...!
DODODOOOOM
?

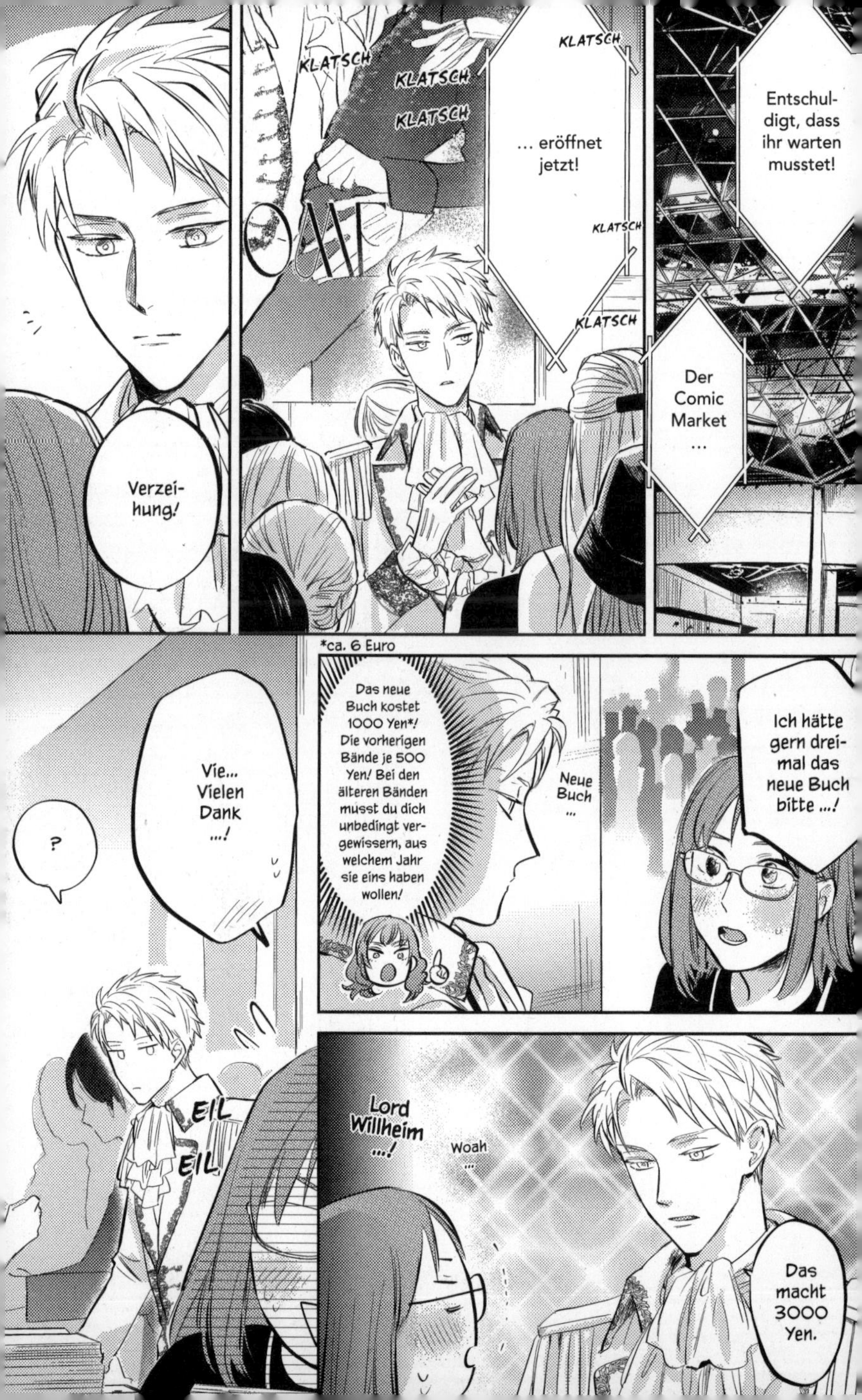
Entschuldigt, dass ihr warten musstet!
Der Comic Market …
KLATSCH
KLATSCH
… eröffnet jetzt!
KLATSCH
KLATSCH
KLATSCH
Verzeihung!
Ich hätte gern dreimal das neue Buch bitte …!
Neue Buch …
Das neue Buch kostet 1000 Yen*! Die vorherigen Bände je 500 Yen! Bei den älteren Bänden musst du dich unbedingt vergewissern, aus welchem Jahr sie eins haben wollen!
*ca. 6 Euro
Vie… Vielen Dank …!
?
Das macht 3000 Yen.
Woah …
Lord Willheim …!
EIL
EIL

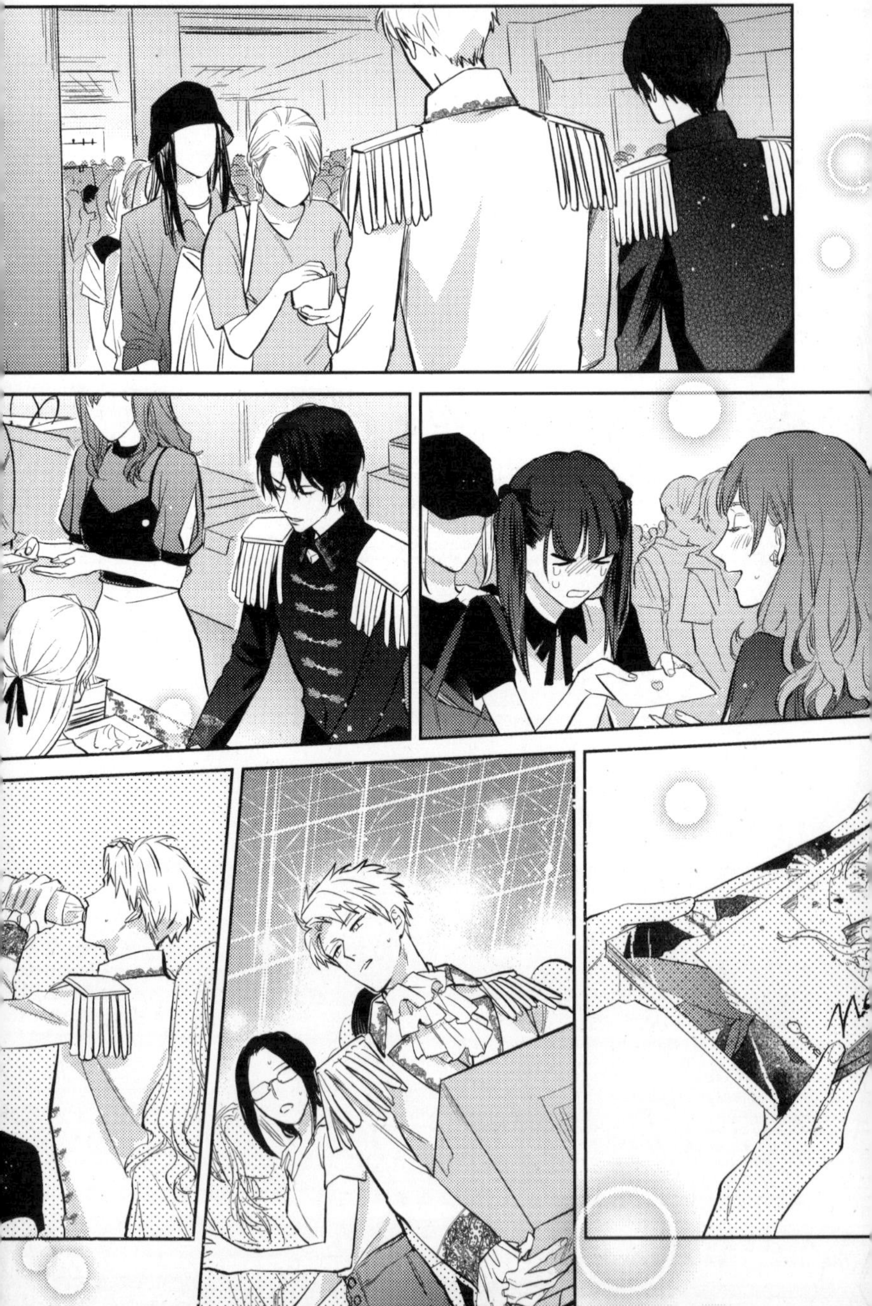

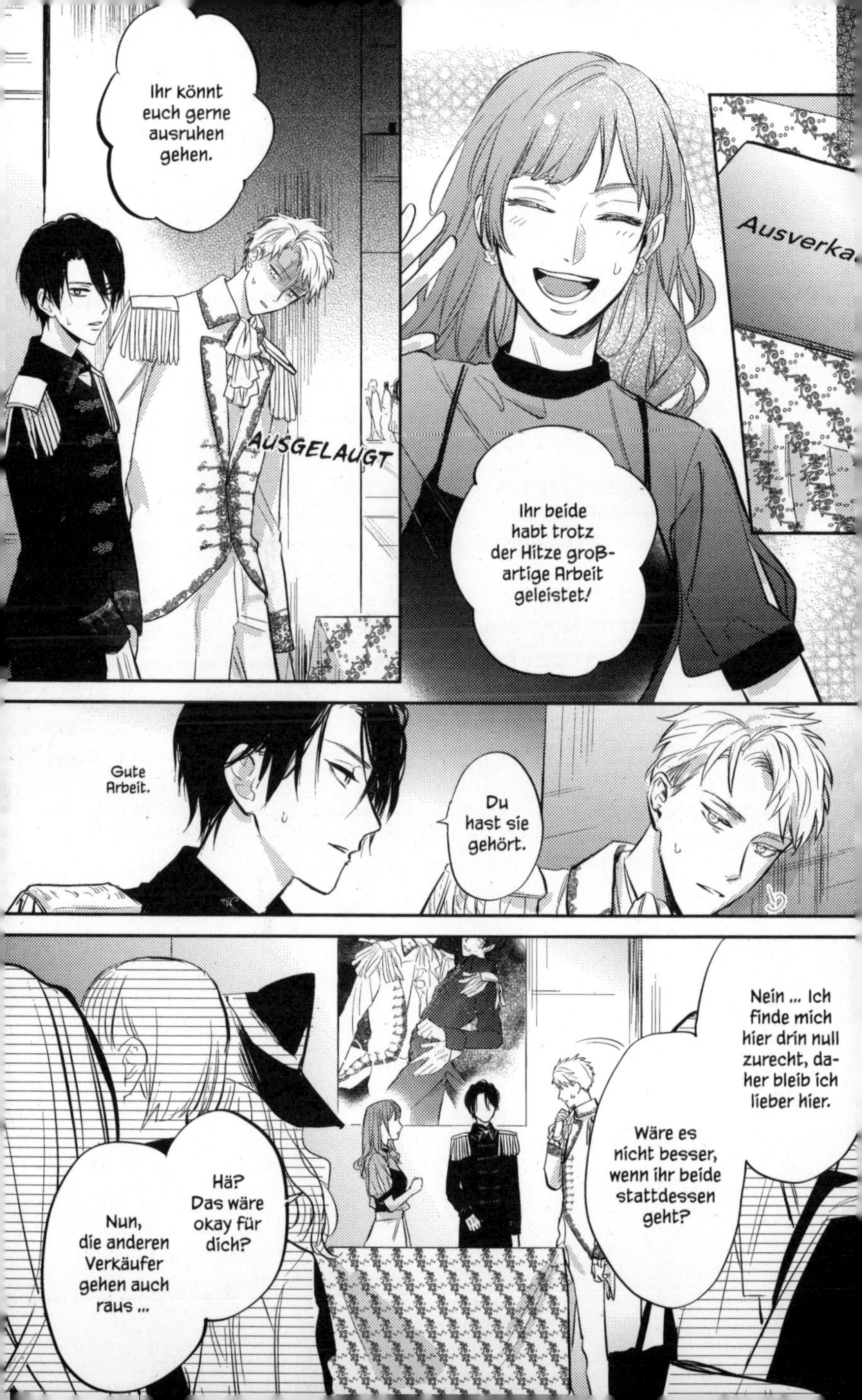
Ausverka
Ihr beide habt trotz der Hitze großartige Arbeit geleistet!
Ihr könnt euch gerne ausruhen gehen.
AUSGELAUGT
Du hast sie gehört.
Gute Arbeit.
Nein ... Ich finde mich hier drin null zurecht, daher bleib ich lieber hier.
Wäre es nicht besser, wenn ihr beide stattdessen geht?
Hä? Das wäre okay für dich?
Nun, die anderen Verkäufer gehen auch raus ...

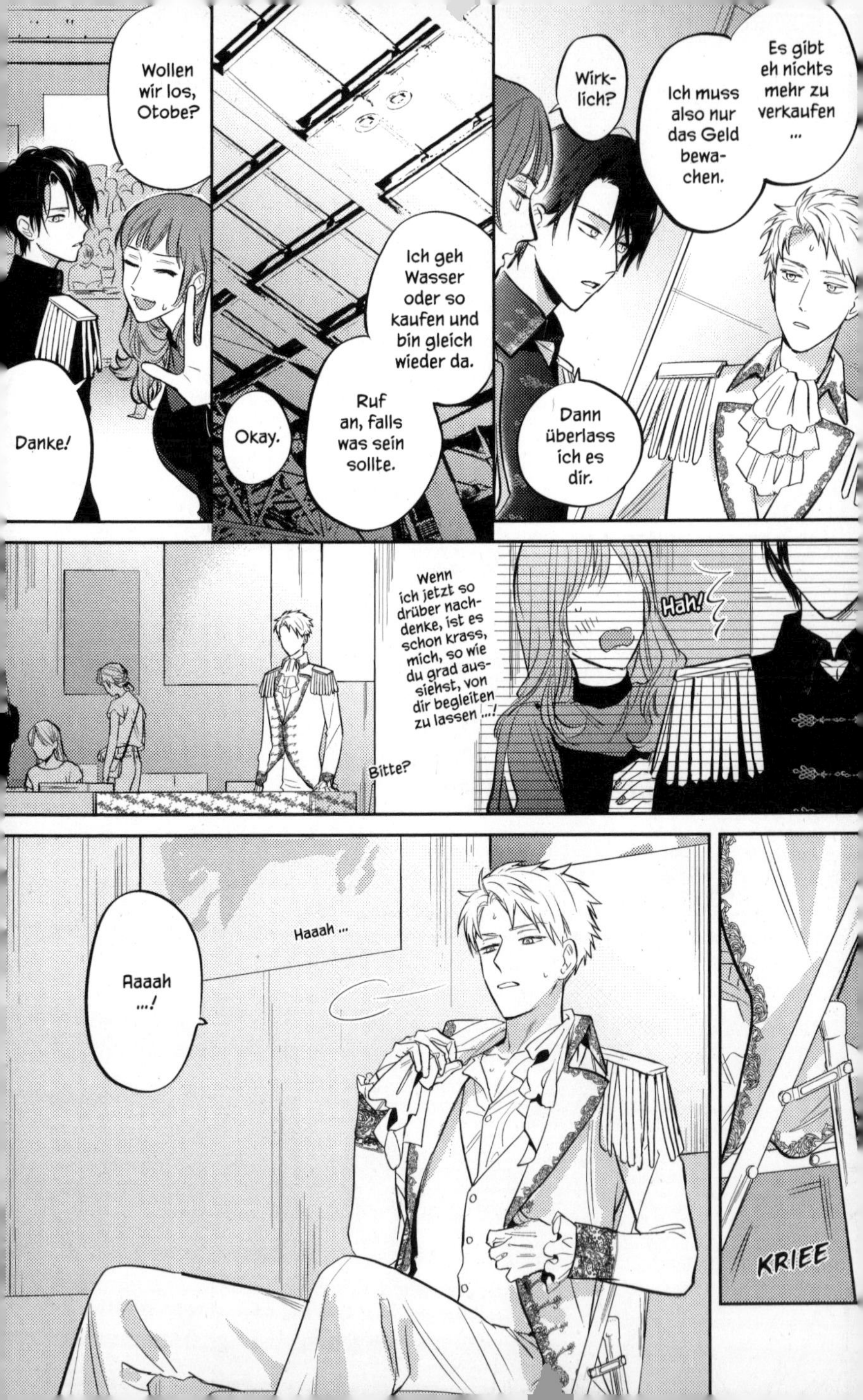
Es gibt eh nichts mehr zu verkaufen …
Ich muss also nur das Geld bewachen.
Wirklich?
Dann überlass ich es dir.
Ich geh Wasser oder so kaufen und bin gleich wieder da.
Ruf an, falls was sein sollte.
Okay.
Wollen wir los, Otobe?
Danke!
Hah!
Wenn ich jetzt so drüber nachdenke, ist es schon krass, mich, so wie du grad aussiehst, von dir begleiten zu lassen …!
Bitte?
KRIEE
Haaah …
Aaaah …!

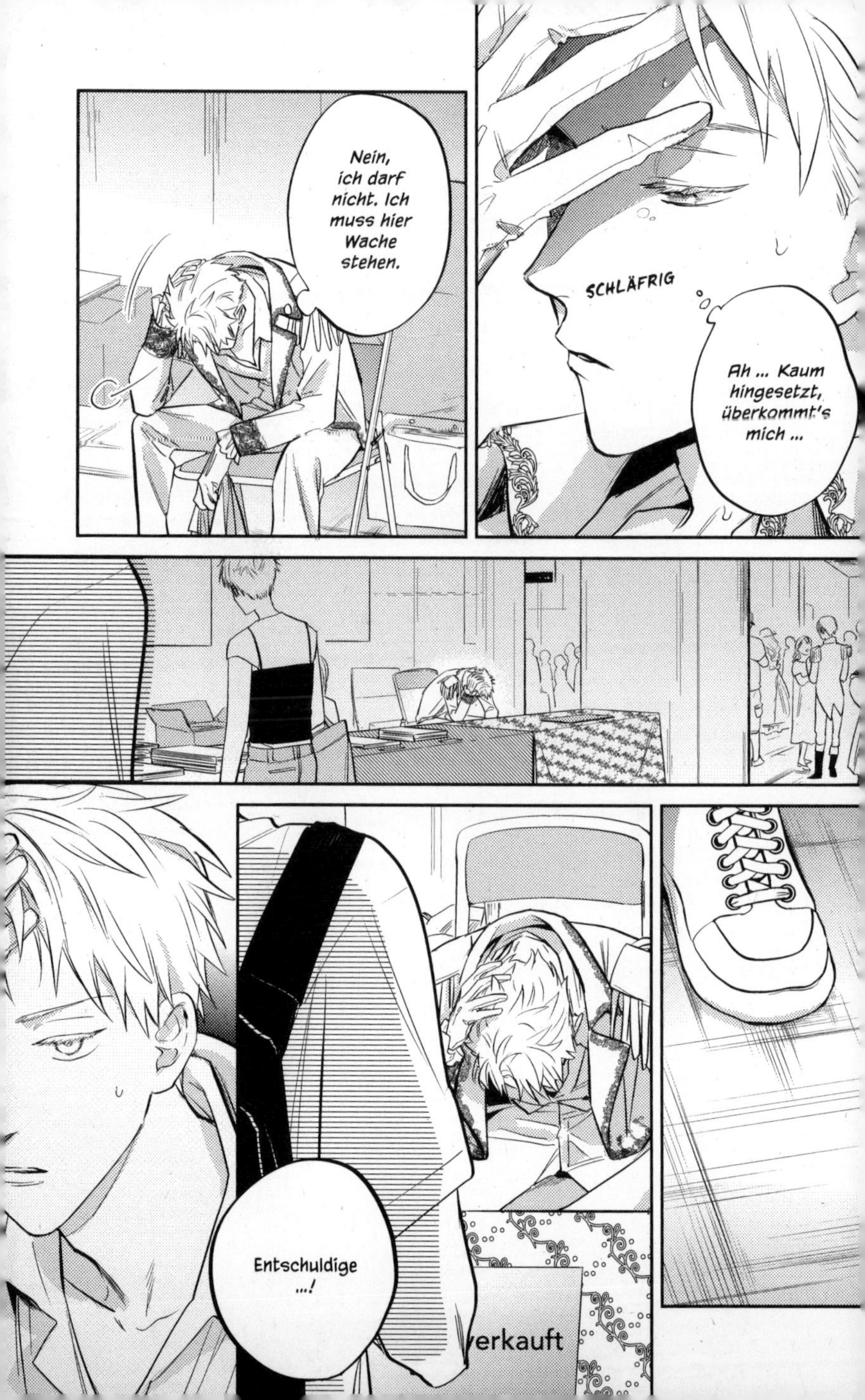
SCHLÄFRIG
Ah ... Kaum hingesetzt, überkommt's mich ...
Nein, ich darf nicht. Ich muss hier Wache stehen.
verkauft
Entschuldige ...!

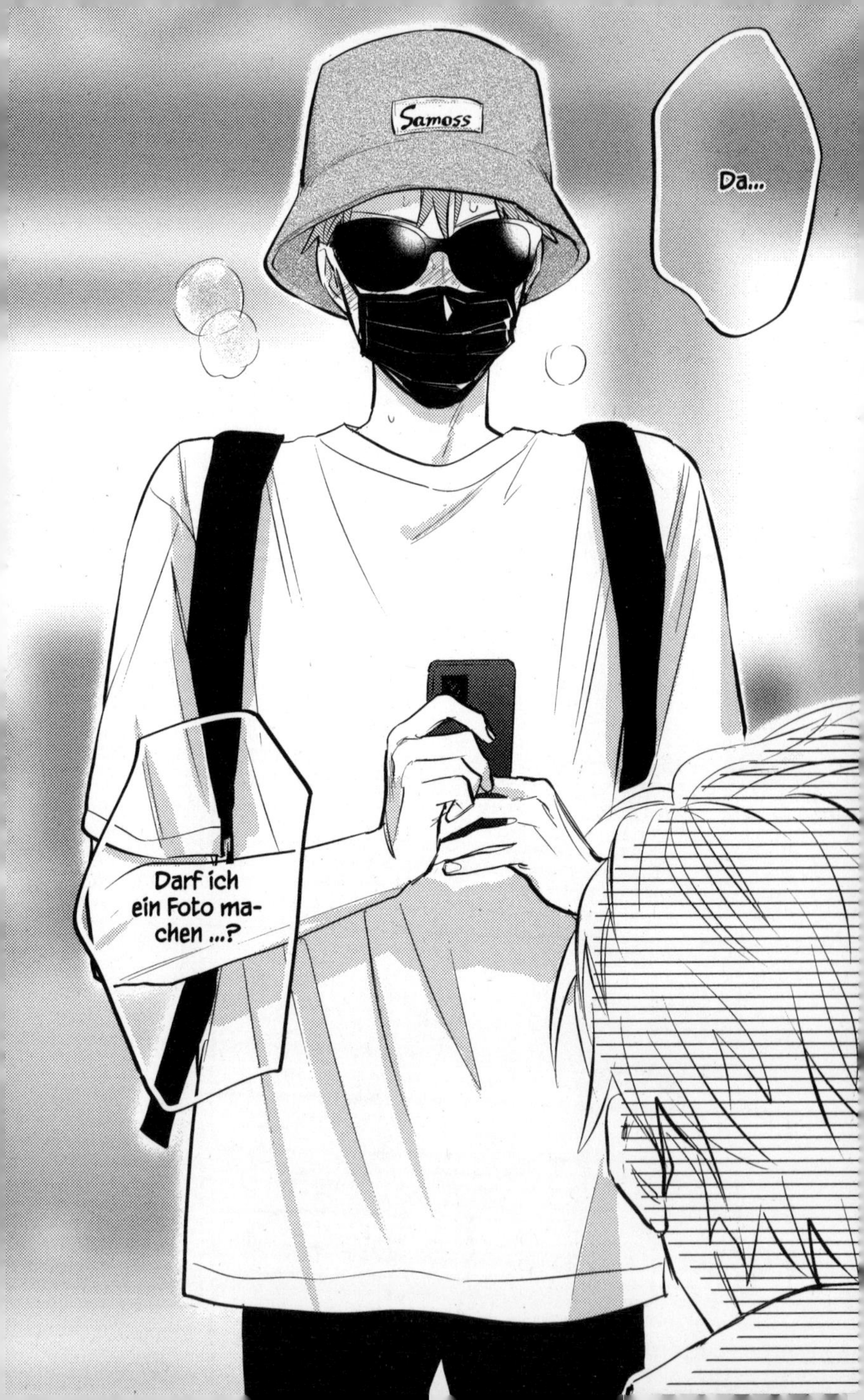
Samoss
Da...
Darf ich ein Foto machen ...?

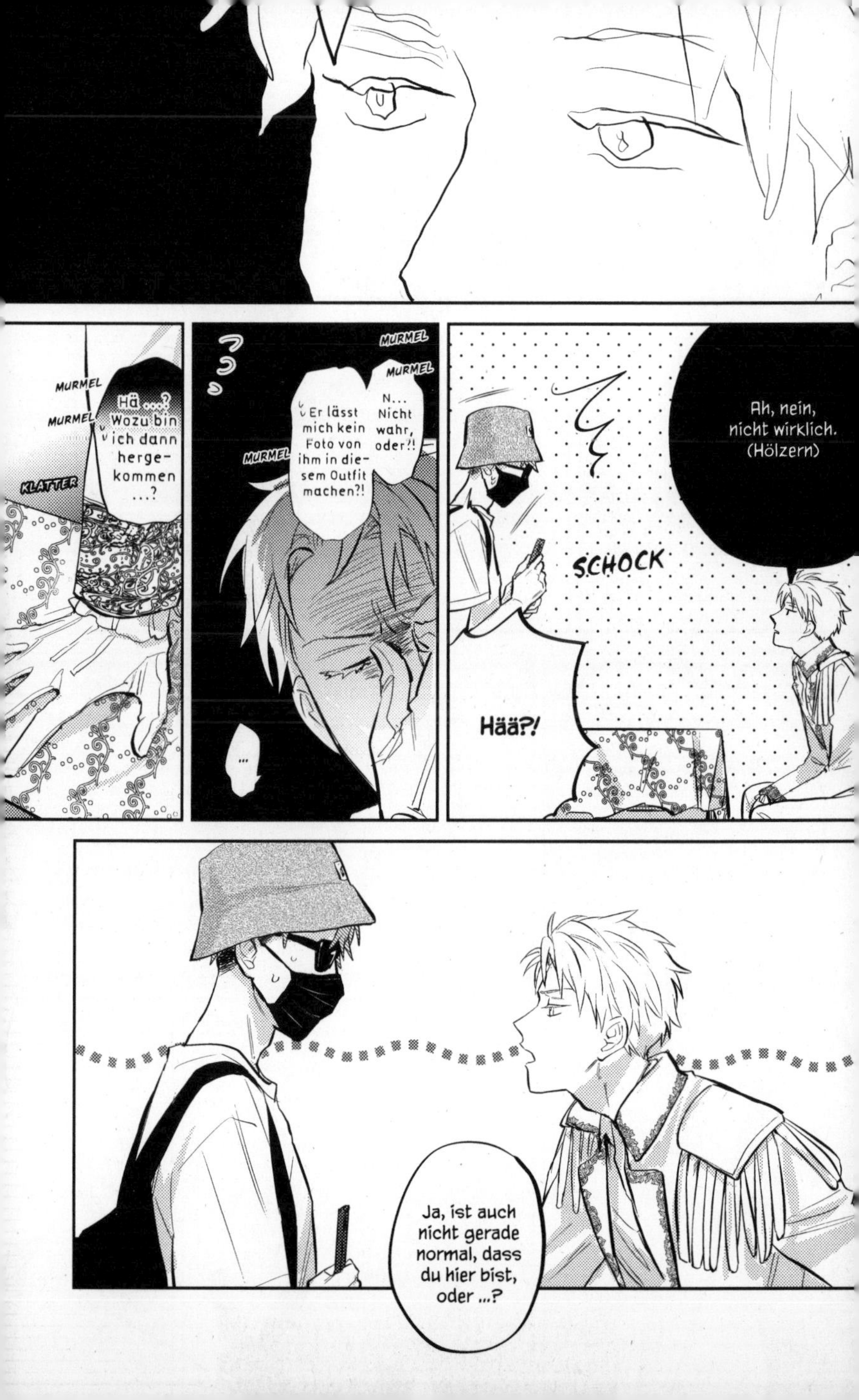
Ah, nein, nicht wirklich. (Hölzern)
SCHOCK
Hää?!
MURMEL
MURMEL
N... Nicht wahr, oder?!
Er lässt mich kein Foto von ihm in diesem Outfit machen?!
MURMEL
...
MURMEL
MURMEL
Hä ...? Wozu bin ich dann hergekommen ...?
KLATTER
Ja, ist auch nicht gerade normal, dass du hier bist, oder ...?

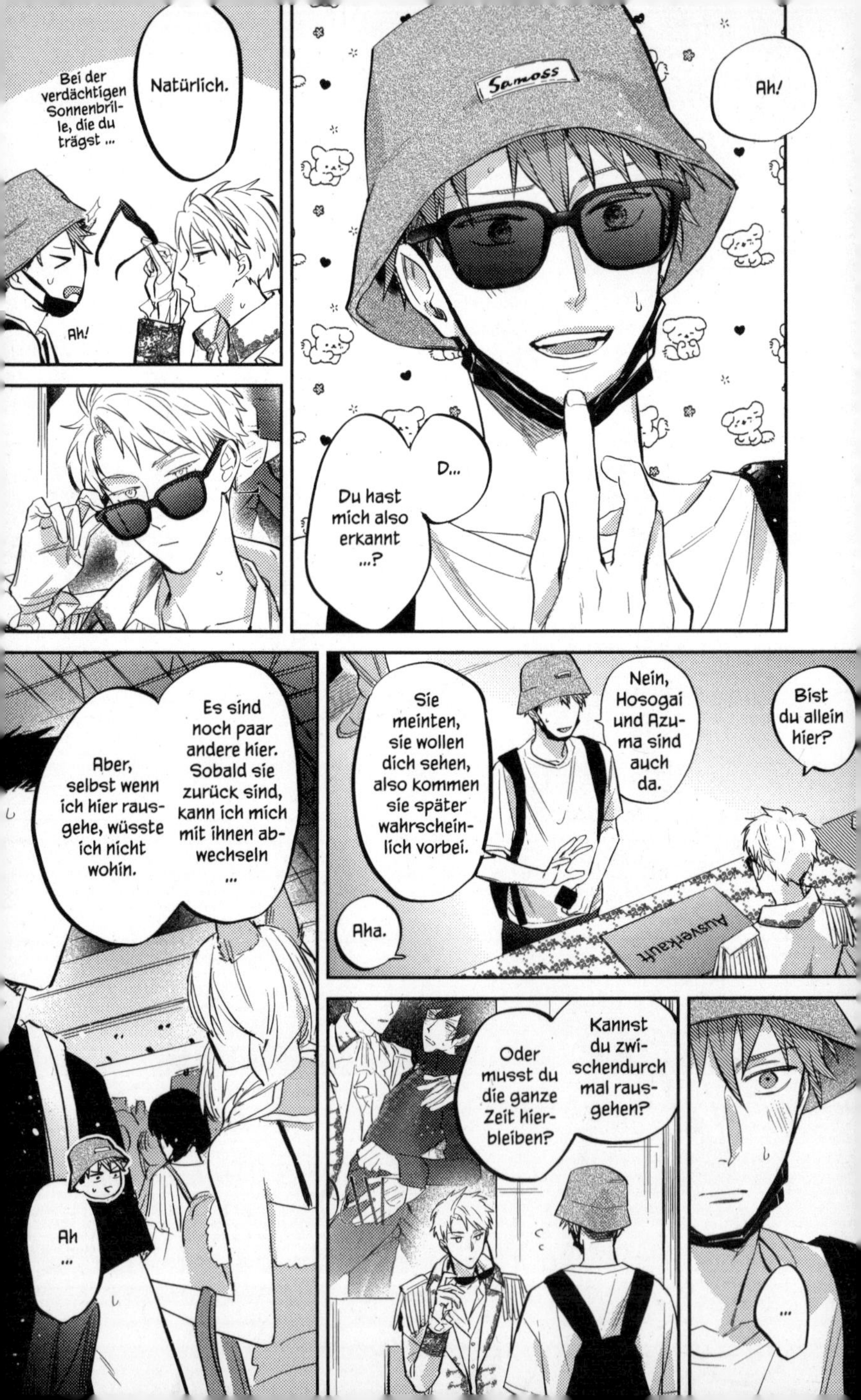
Ah!
D...
Du hast mich also erkannt ...?
Natürlich.
Bei der verdächtigen Sonnenbrille, die du trägst ...
Ah!
Bist du allein hier?
Nein, Hosogai und Azuma sind auch da.
Sie meinten, sie wollen dich sehen, also kommen sie später wahrscheinlich vorbei.
Aha.
Ausverkauft
...
Kannst du zwischendurch mal rausgehen?
Oder musst du die ganze Zeit hierbleiben?
Es sind noch paar andere hier. Sobald sie zurück sind, kann ich mich mit ihnen abwechseln ...
Aber, selbst wenn ich hier rausgehe, wüsste ich nicht wohin.
Ah ...

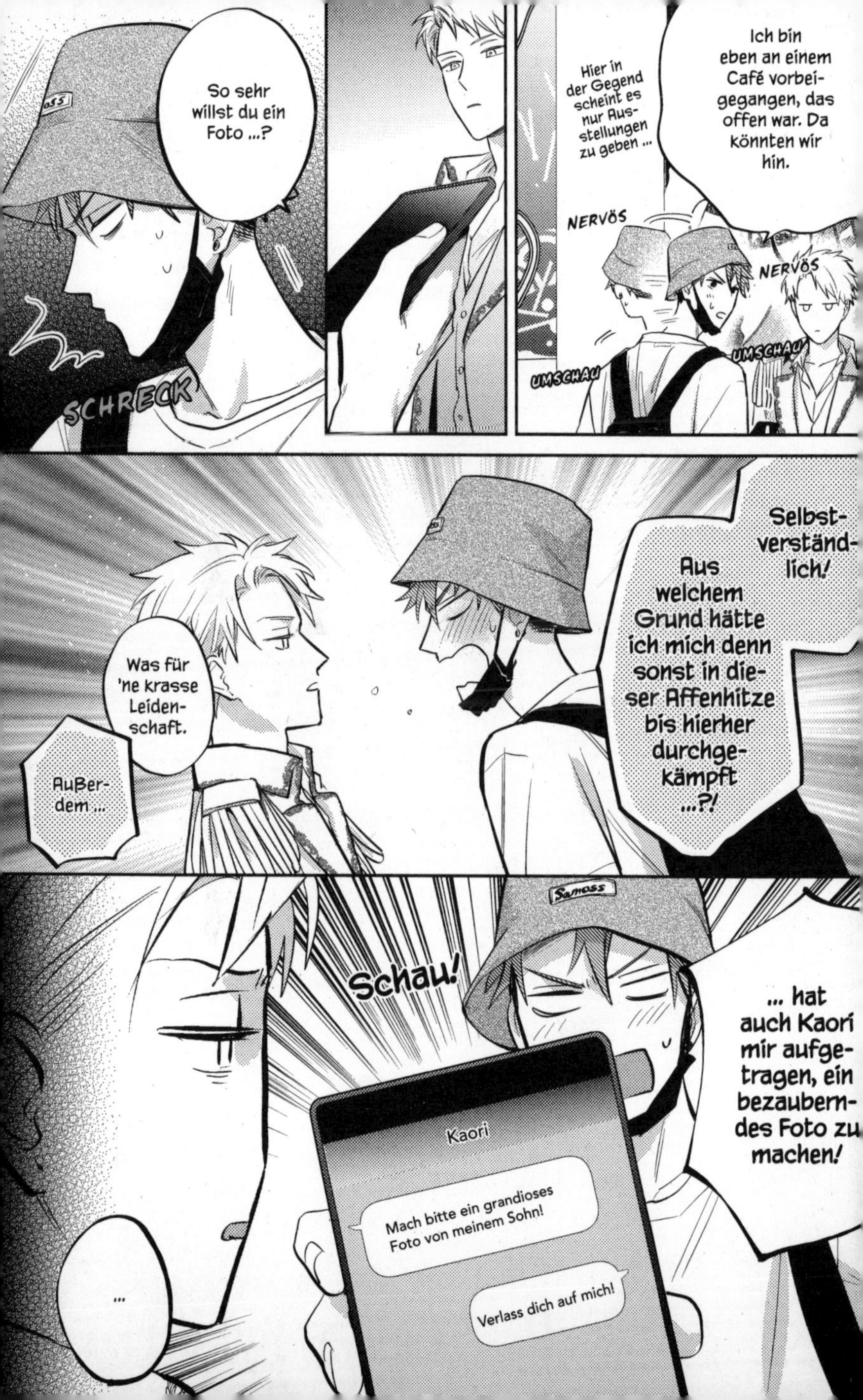
Ich bin eben an einem Café vorbeigegangen, das offen war. Da könnten wir hin.
Hier in der Gegend scheint es nur Ausstellungen zu geben ...
NERVÖS
NERVÖS
UMSCHAU
UMSCHAU
So sehr willst du ein Foto ...?
SCHRECK
Selbstverständlich!
Aus welchem Grund hätte ich mich denn sonst in dieser Affenhitze bis hierher durchgekämpft ...?!
Was für 'ne krasse Leidenschaft.
Außerdem ...
... hat auch Kaori mir aufgetragen, ein bezauberndes Foto zu machen!
Schau!
Kaori
Mach bitte ein grandioses Foto von meinem Sohn!
Verlass dich auf mich!
...

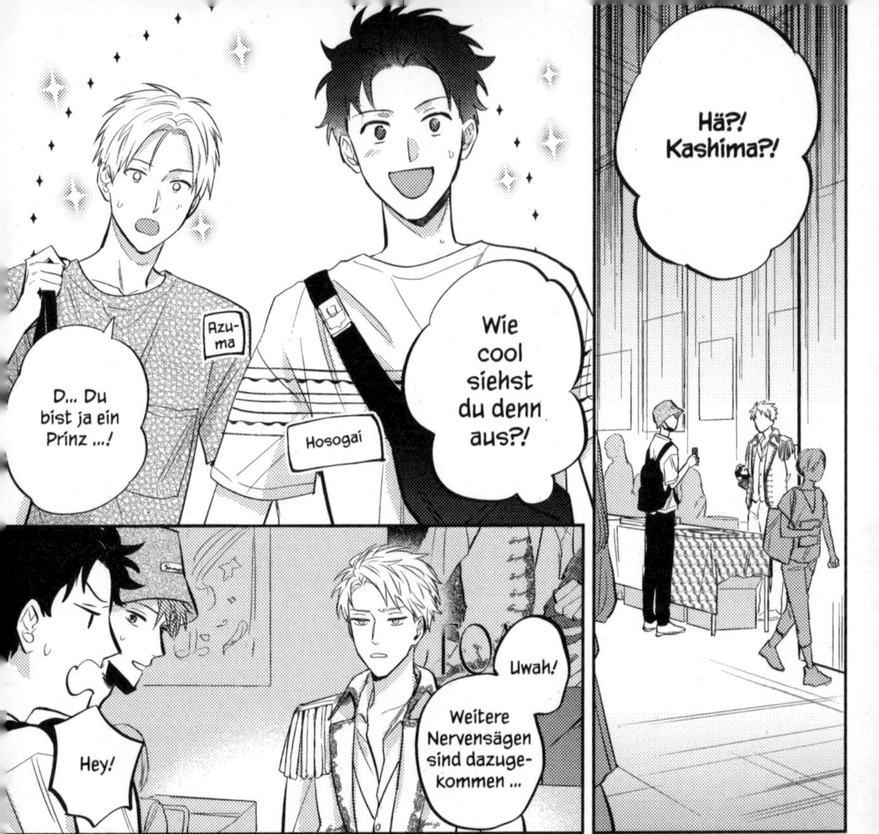

Genre, in dem ein Charakter aus seinem normalen Leben gerissen wird und sich anschließend in einer fremden Welt wiederfindet

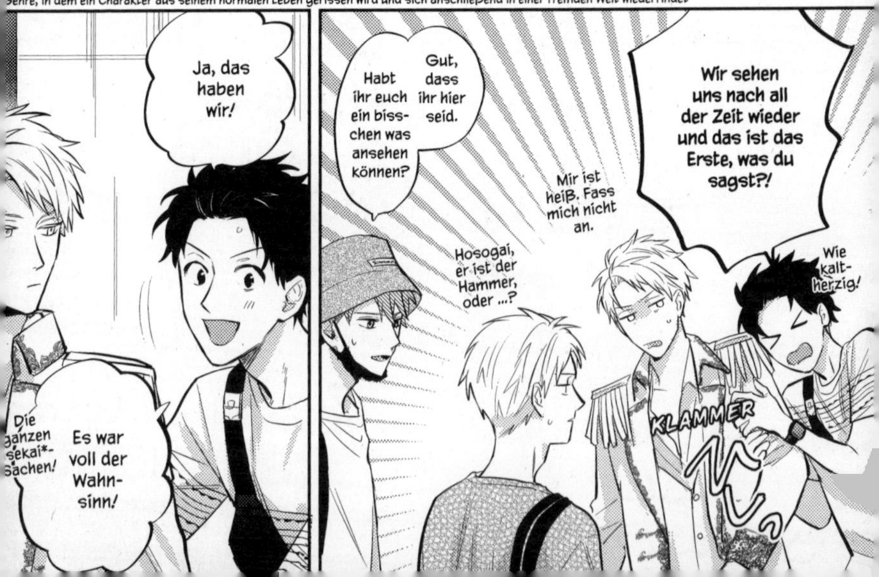

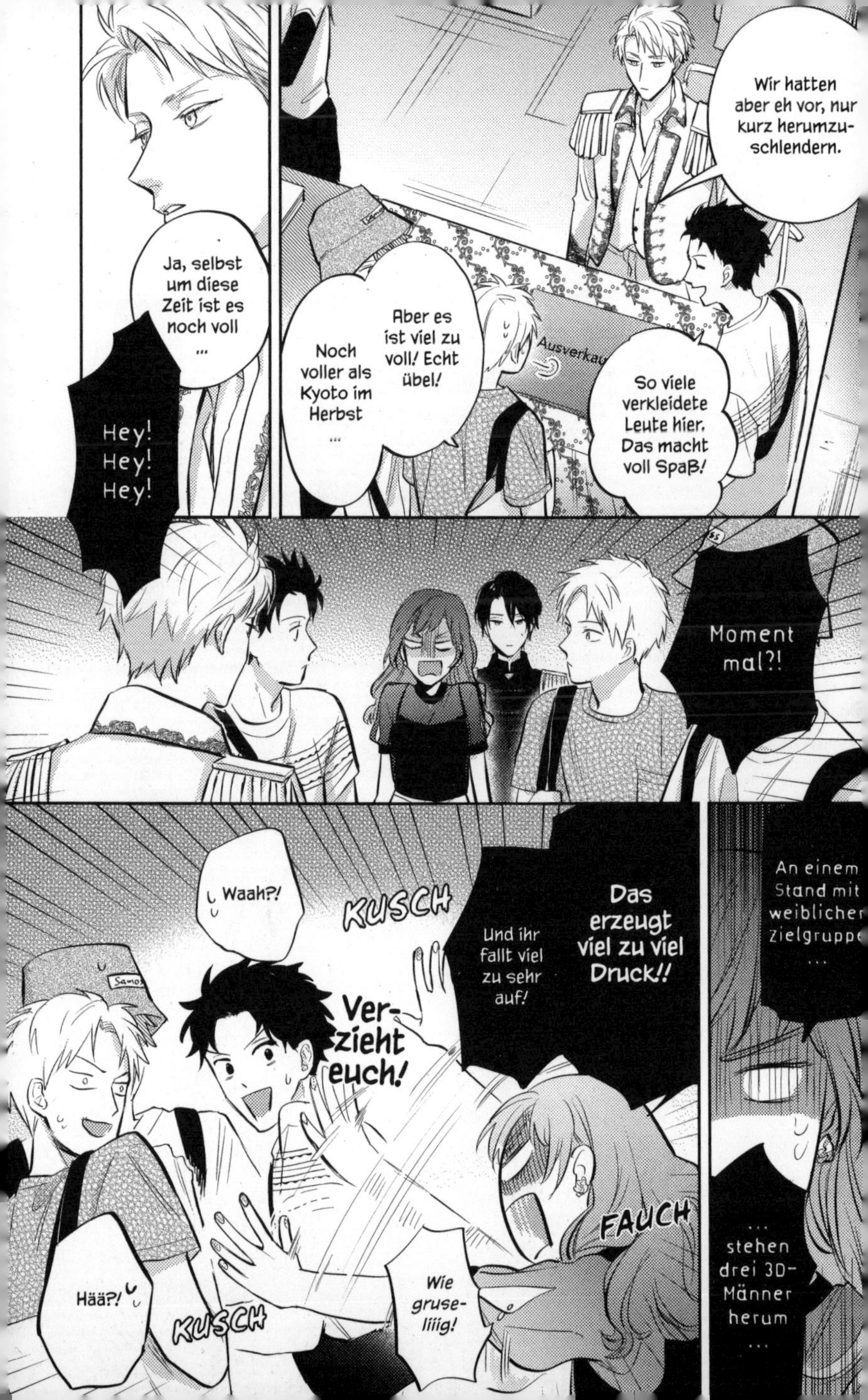
Wir hatten aber eh vor, nur kurz herumzuschlendern.
So viele verkleidete Leute hier. Das macht voll Spaß!
Aber es ist viel zu voll! Echt übel!
Noch voller als Kyoto im Herbst ...
Ja, selbst um diese Zeit ist es noch voll ...
Hey! Hey! Hey!
Moment mal?!
An einem Stand mit weiblicher Zielgruppe ...
... stehen drei 3D-Männer herum ...
Das erzeugt viel zu viel Druck!!
Und ihr fallt viel zu sehr auf!
KUSCH
Waah?!
Ver-zieht euch!
FAUCH
Wie gruse-liiig!
KUSCH
Hää?!

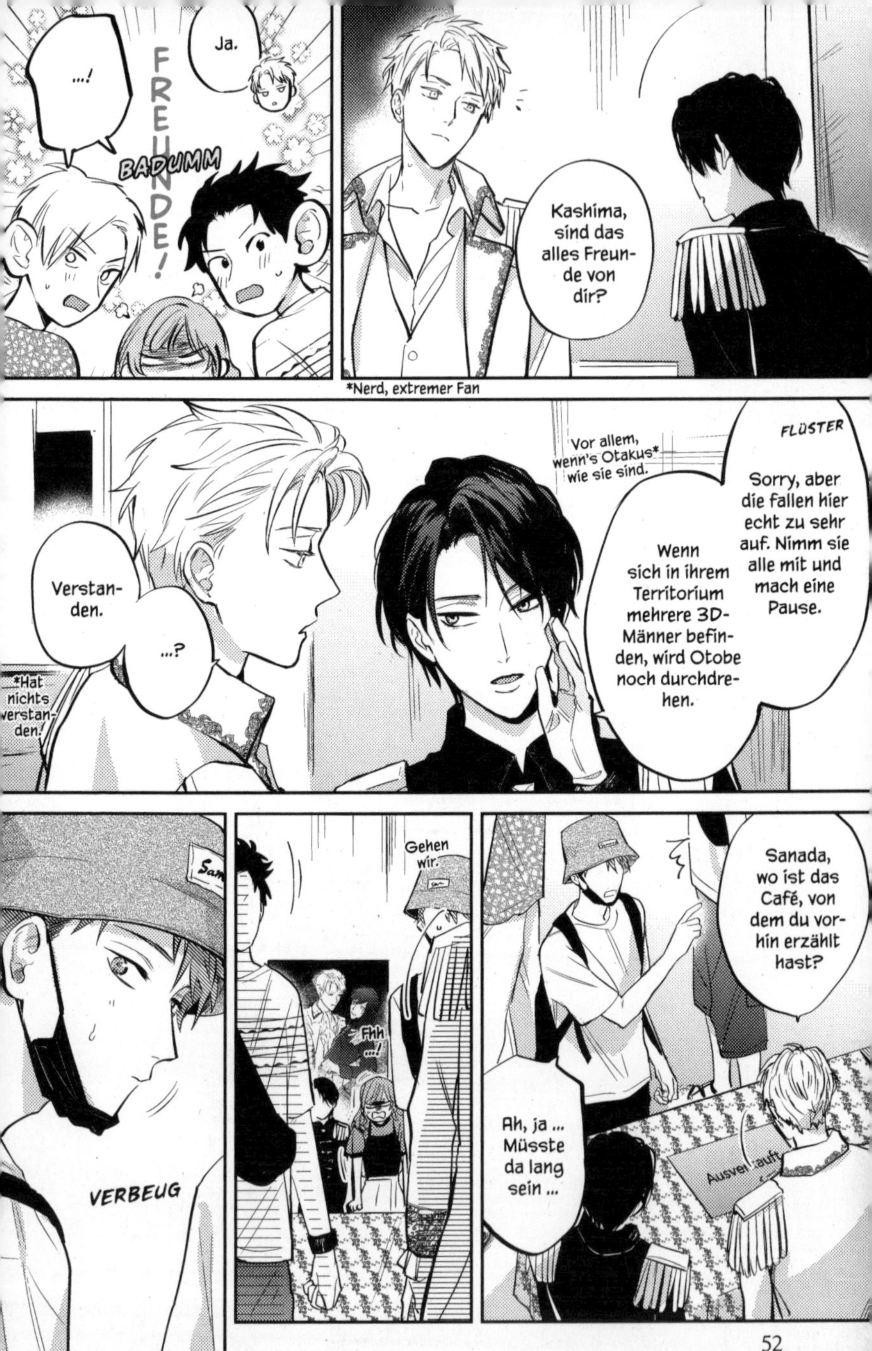
Kashima, sind das alles Freunde von dir?
Ja.
FREUNDE!
BADUMM
...!
*Nerd, extremer Fan
FLÜSTER
Sorry, aber die fallen hier echt zu sehr auf. Nimm sie alle mit und mach eine Pause.
Wenn sich in ihrem Territorium mehrere 3D-Männer befinden, wird Otobe noch durchdrehen.
Vor allem, wenn's Otakus* wie sie sind.
...?
Verstanden.
*Hat nichts verstanden!
Sanada, wo ist das Café, von dem du vorhin erzählt hast?
Ah, ja ... Müsste da lang sein ...
Gehen wir.
Fhh ...!
VERBEUG

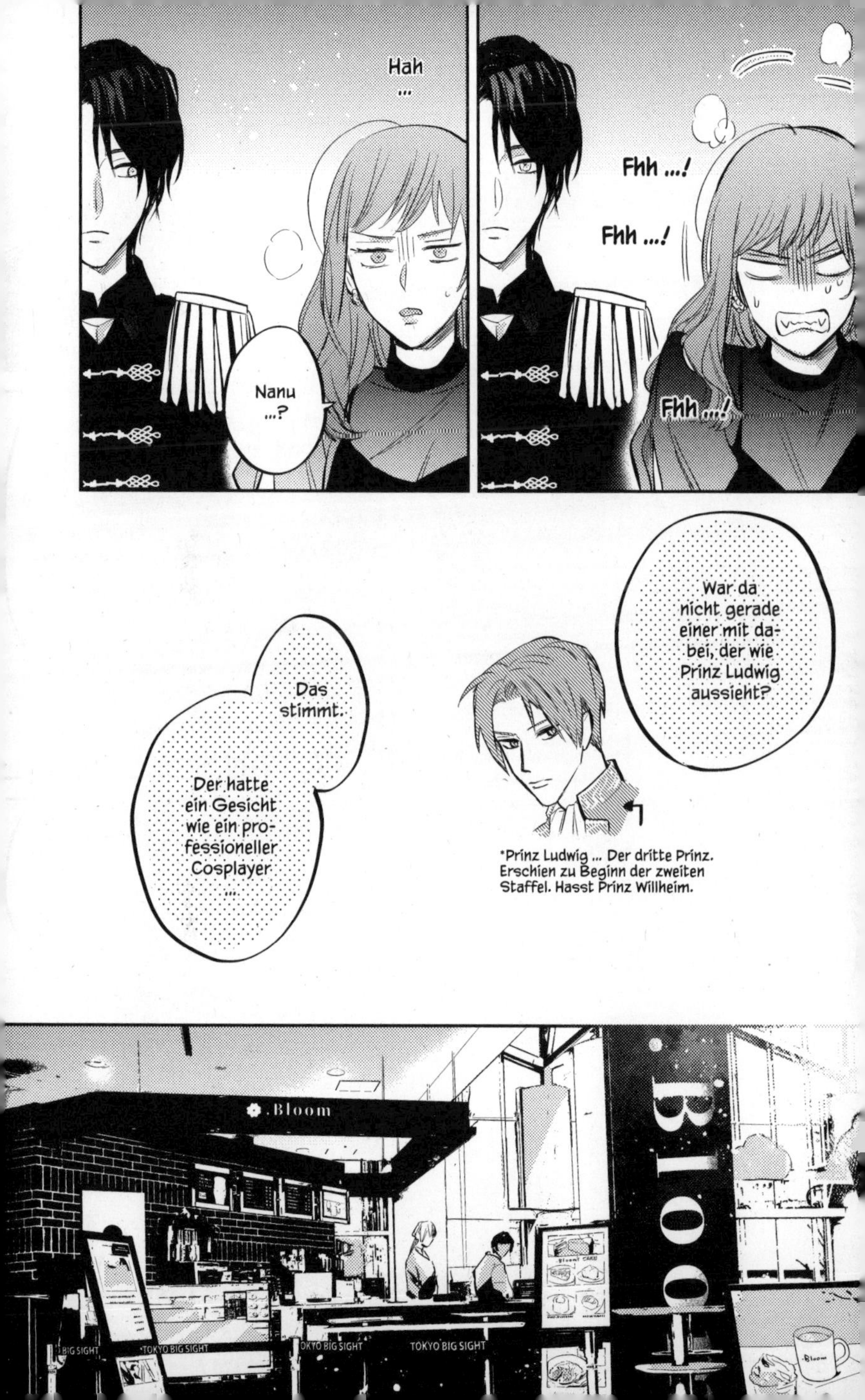
Fhh ...!
Fhh ...!
Fhh ...!
Hah ...
Nanu ...?
War da nicht gerade einer mit dabei, der wie Prinz Ludwig aussieht?
Das stimmt.
Der hatte ein Gesicht wie ein professioneller Cosplayer ...
*Prinz Ludwig ... Der dritte Prinz. Erschien zu Beginn der zweiten Staffel. Hasst Prinz Willheim.
.Bloom
TOKYO BIG SIGHT
Bloom

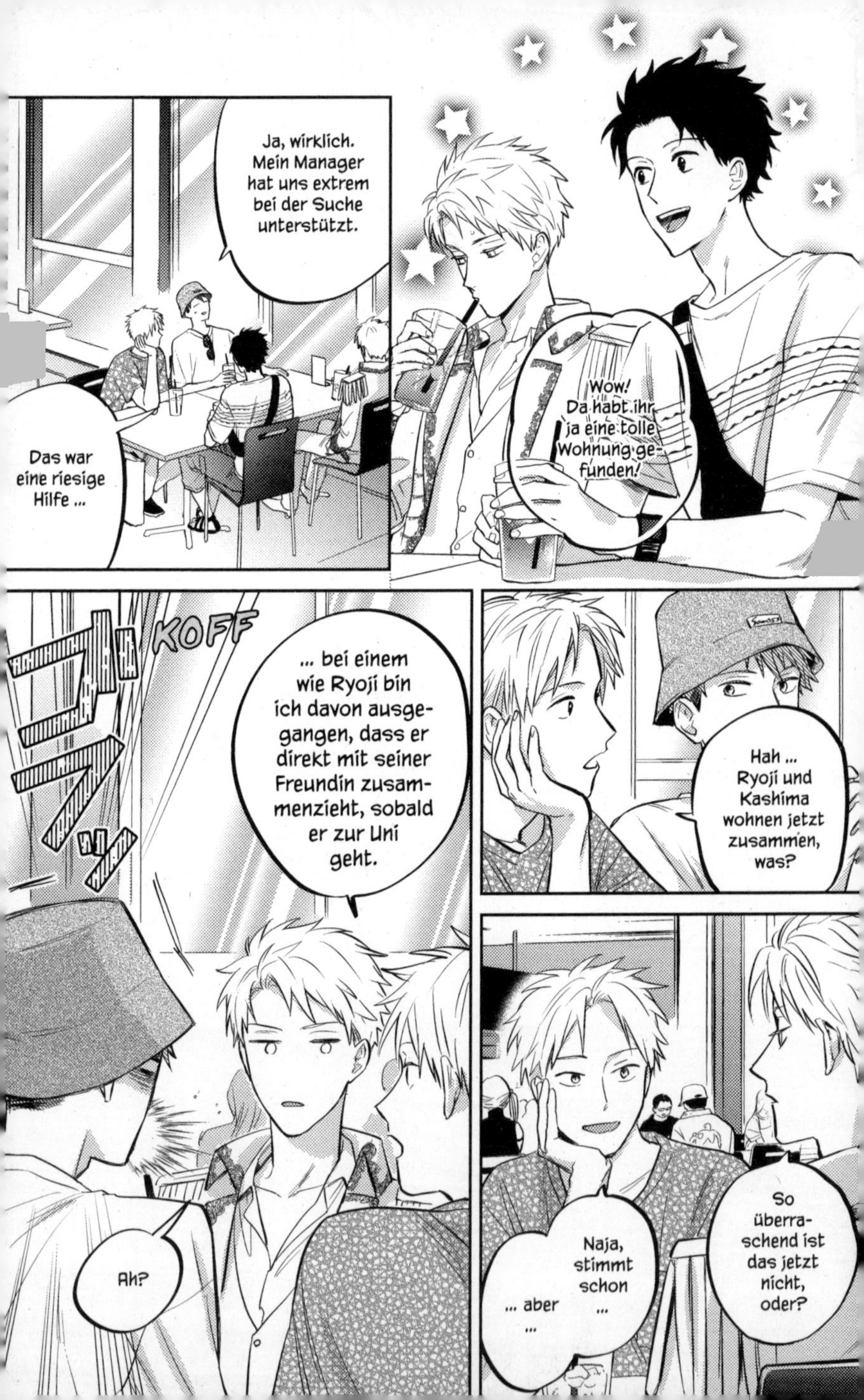
Wow! Da habt ihr ja eine tolle Wohnung gefunden!
Ja, wirklich. Mein Manager hat uns extrem bei der Suche unterstützt.
Das war eine riesige Hilfe ...
Hah ... Ryoji und Kashima wohnen jetzt zusammen, was?
... bei einem wie Ryoji bin ich davon ausgegangen, dass er direkt mit seiner Freundin zusammenzieht, sobald er zur Uni geht.
KOFF
So überraschend ist das jetzt nicht, oder?
Naja, stimmt schon ...
... aber ...
Ah?

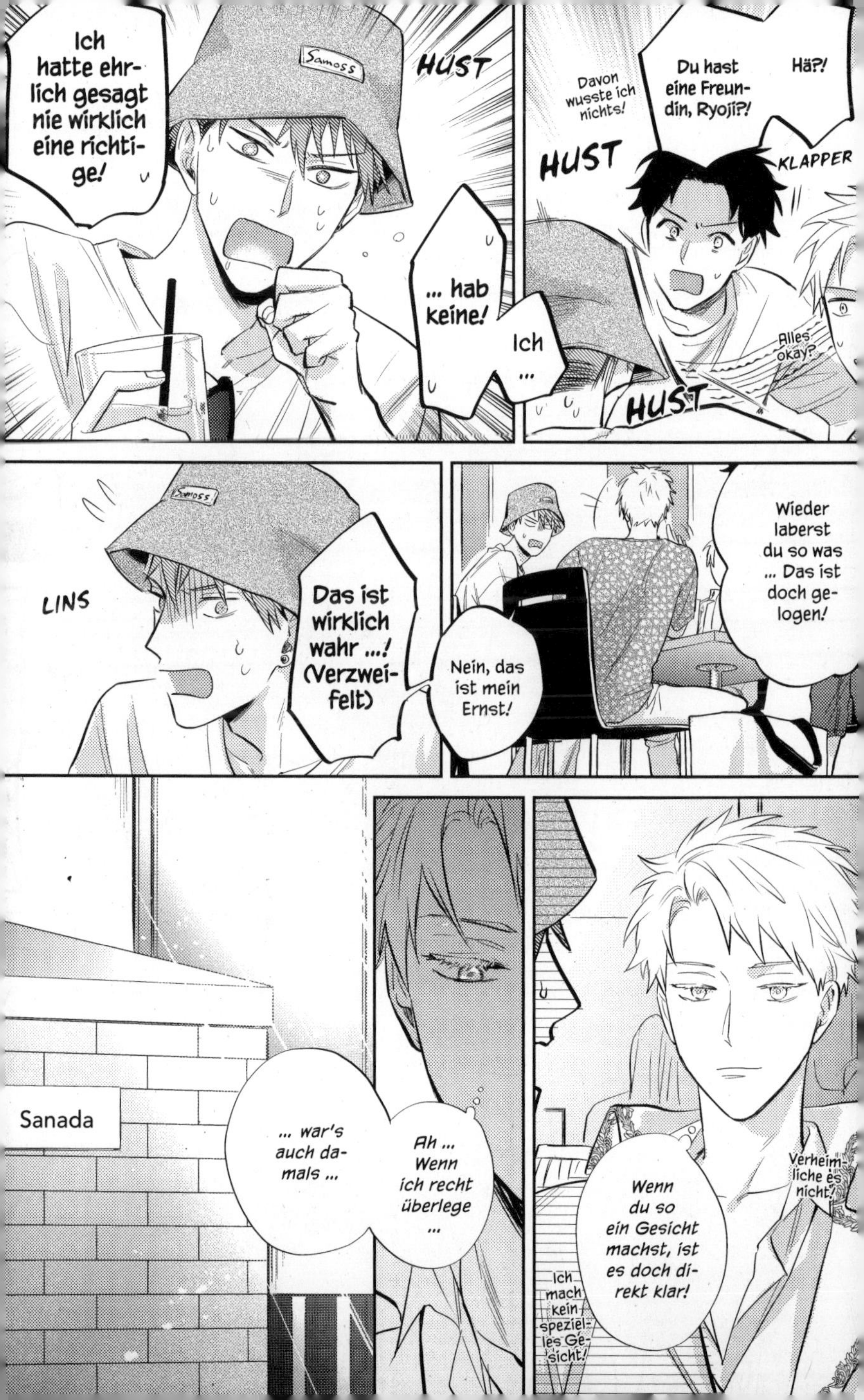
Hä?!
Du hast eine Freundin, Ryoji?!
Davon wusste ich nichts!
KLAPPER
HUST
Alles okay?
HUST
Ich ...
... hab keine!
HUST
Ich hatte ehrlich gesagt nie wirklich eine richtige!
Wieder laberst du so was ... Das ist doch gelogen!
Nein, das ist mein Ernst!
Das ist wirklich wahr ...! (Verzweifelt)
LINS
Verheimliche es nicht!
Wenn du so ein Gesicht machst, ist es doch direkt klar!
Ich mach kein spezielles Gesicht!
Ah ... Wenn ich recht überlege ...
... war's auch damals ...
Sanada

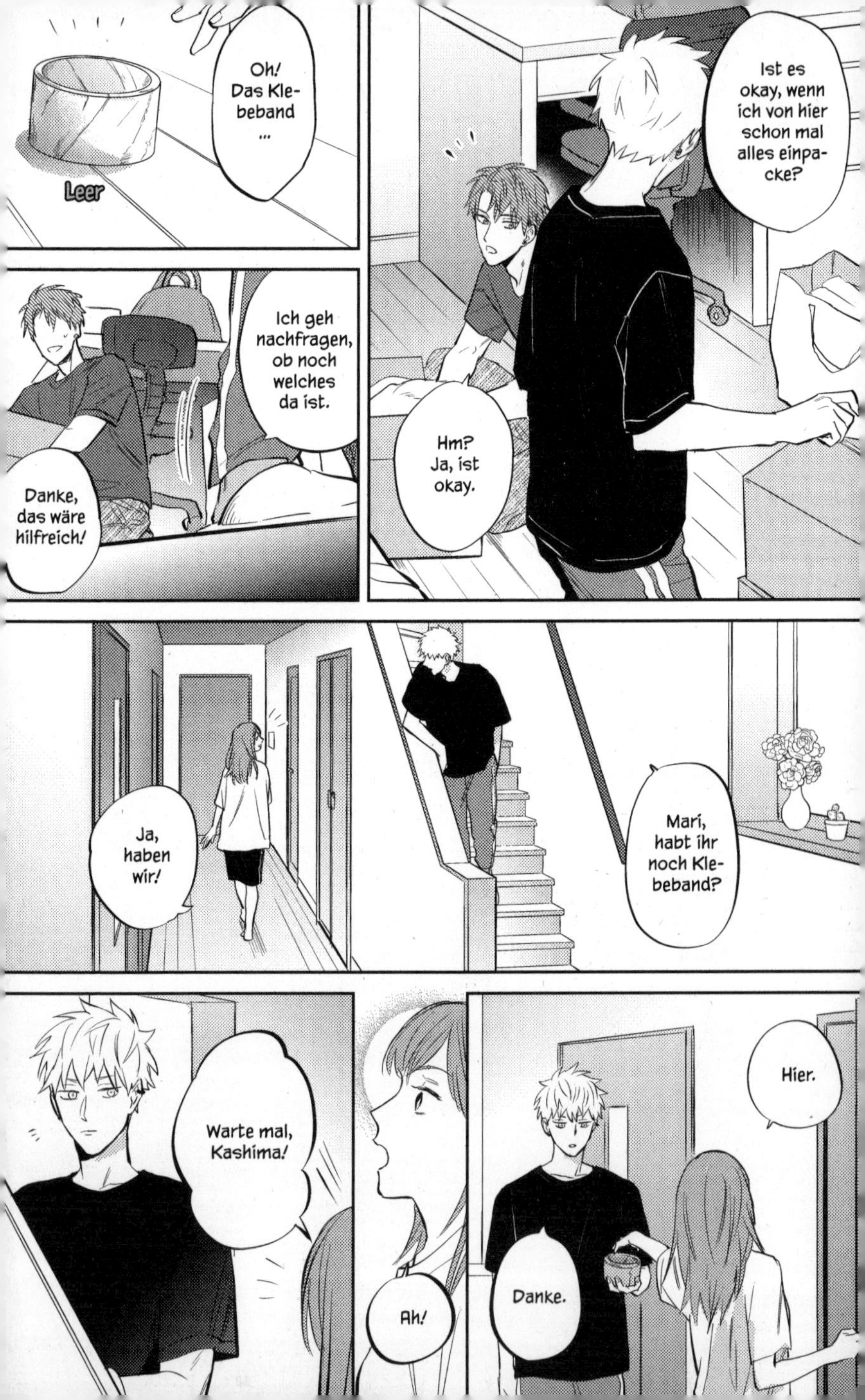
Ist es okay, wenn ich von hier schon mal alles einpacke?
Hm? Ja, ist okay.
Oh! Das Klebeband ...
Leer
Ich geh nachfragen, ob noch welches da ist.
Danke, das wäre hilfreich!
Mari, habt ihr noch Klebeband?
Ja, haben wir!
Hier.
Danke.
Ah!
Warte mal, Kashima!

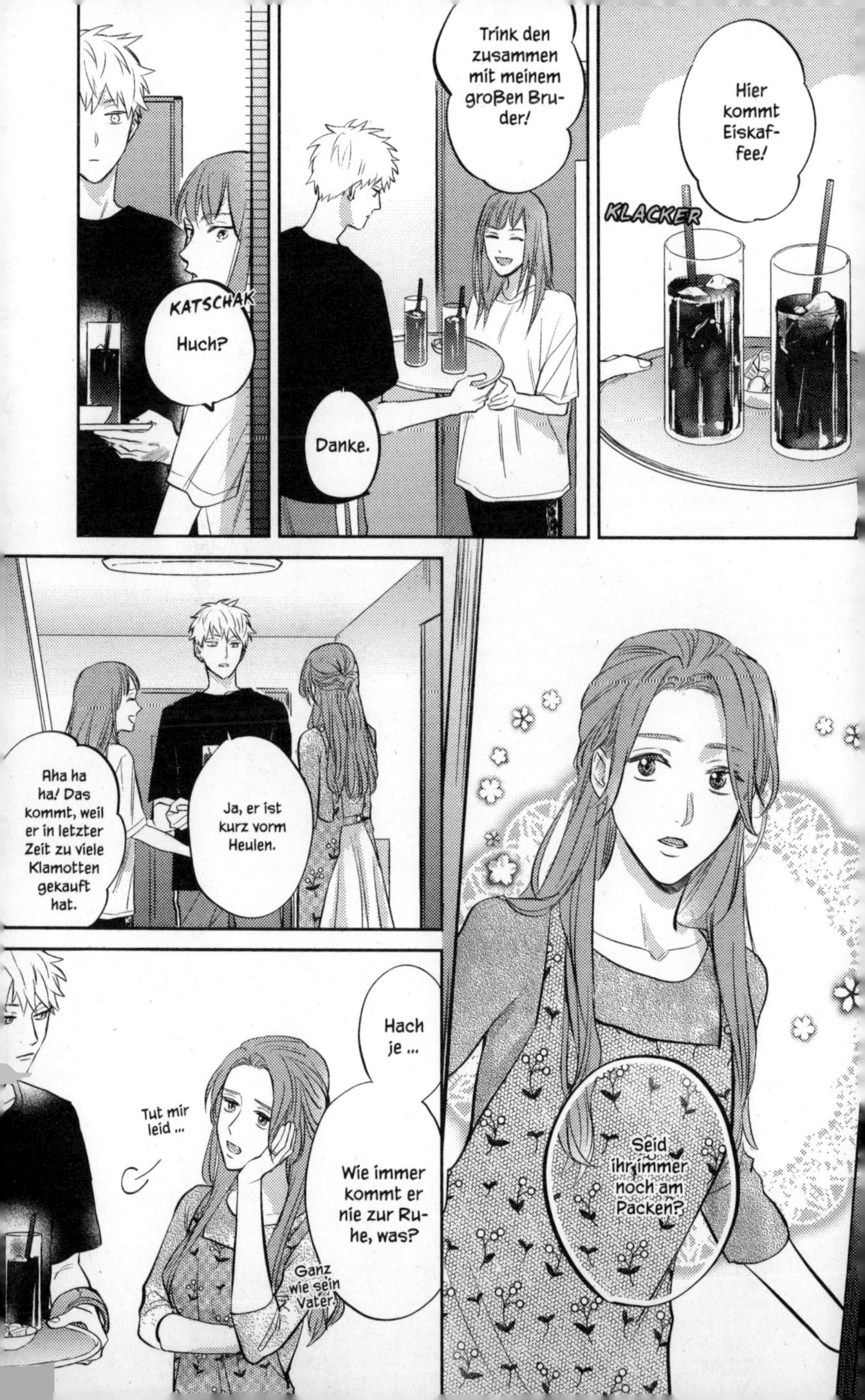
Hier kommt Eiskaffee!
KLACKER
Trink den zusammen mit meinem großen Bruder!
Danke.
KATSCHAK
Huch?
Ja, er ist kurz vorm Heulen.
Aha ha ha! Das kommt, weil er in letzter Zeit zu viele Klamotten gekauft hat.
Seid ihr immer noch am Packen?
Hach je ...
Wie immer kommt er nie zur Ruhe, was?
Ganz wie sein Vater.
Tut mir leid ...

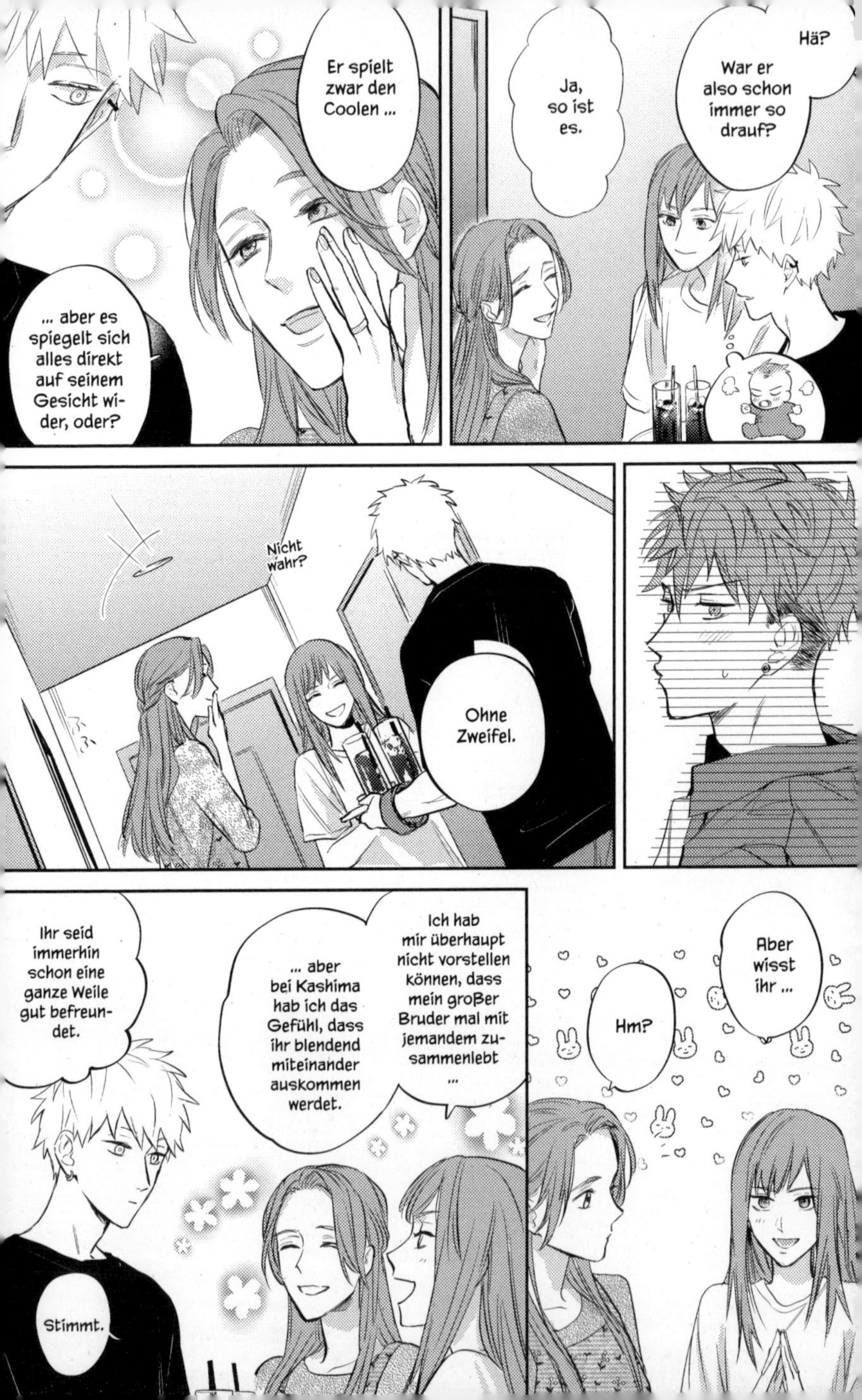
Hä?
War er also schon immer so drauf?
Ja, so ist es.
Er spielt zwar den Coolen ...
... aber es spiegelt sich alles direkt auf seinem Gesicht wider, oder?
Ohne Zweifel.
Nicht wahr?
Aber wisst ihr ...
Hm?
Ich hab mir überhaupt nicht vorstellen können, dass mein großer Bruder mal mit jemandem zusammenlebt ...
... aber bei Kashima hab ich das Gefühl, dass ihr blendend miteinander auskommen werdet.
Ihr seid immerhin schon eine ganze Weile gut befreundet.
Stimmt.

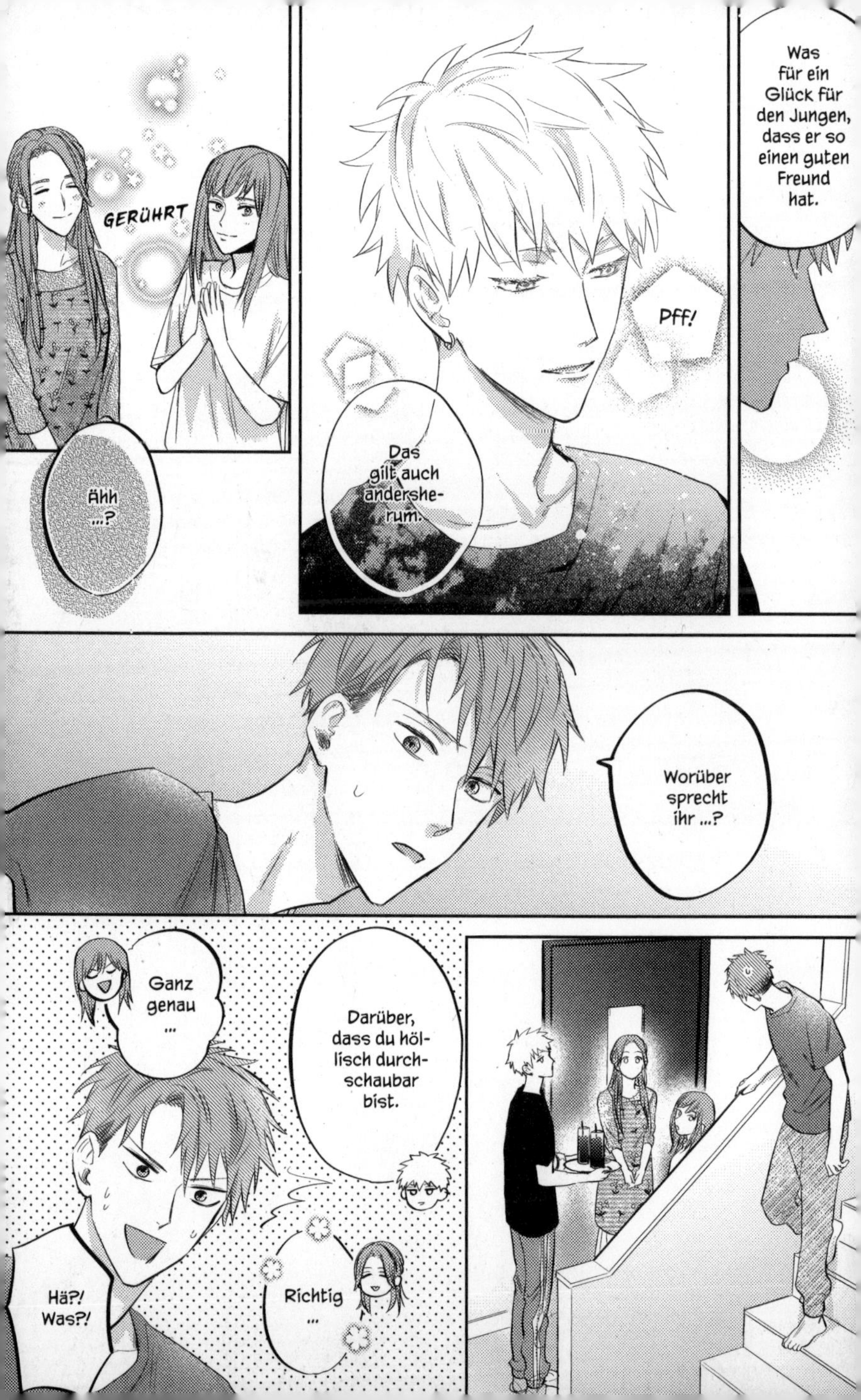
Was für ein Glück für den Jungen, dass er so einen guten Freund hat.
Pff!
Das gilt auch andersherum.
GERÜHRT
Ähh ...?
Worüber sprecht ihr ...?
Darüber, dass du höllisch durchschaubar bist.
Ganz genau ...
Richtig ...
Hä?! Was?!

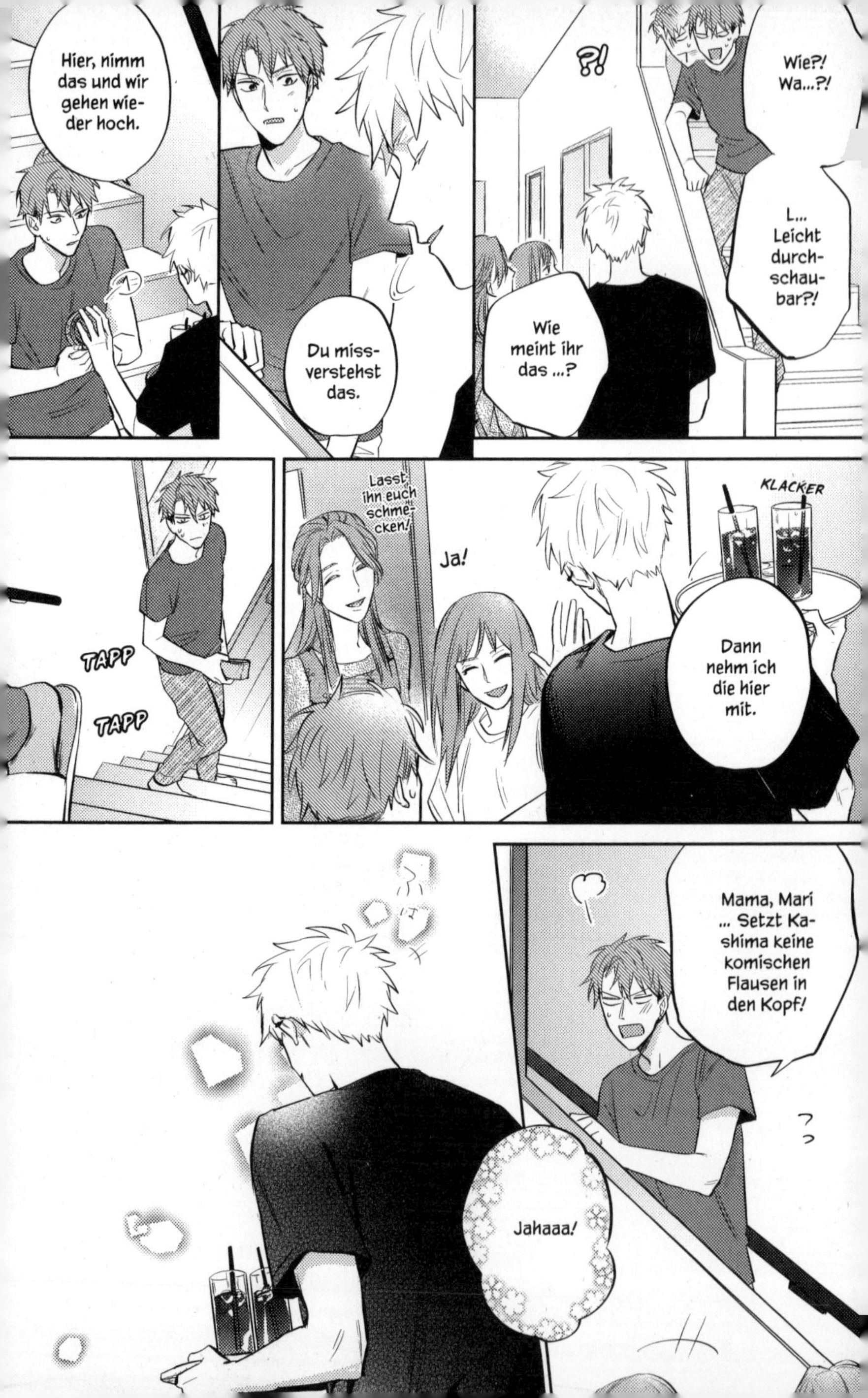
Wie?! Wa...?!
?!
L... Leicht durchschaubar?!
Wie meint ihr das ...?
Du missverstehst das.
Hier, nimm das und wir gehen wieder hoch.
KLACKER
Dann nehm ich die hier mit.
Ja!
Lasst ihn euch schmecken!
TAPP
TAPP
Mama, Mari ... Setzt Kashima keine komischen Flausen in den Kopf!
Jahaaa!

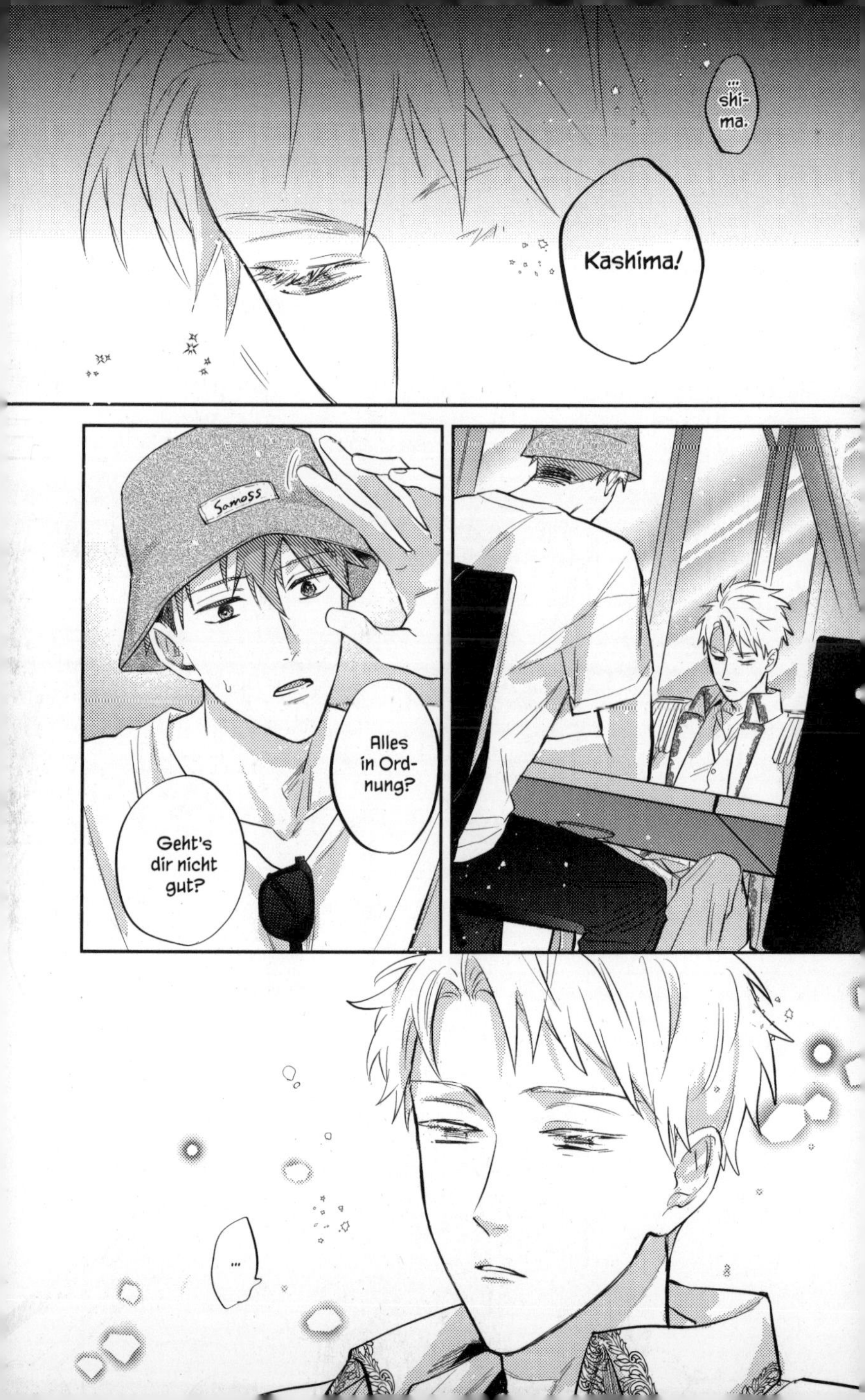

... shi-ma.
Kashima!
Alles in Ord-nung?
Geht's dir nicht gut?
Samoss
...

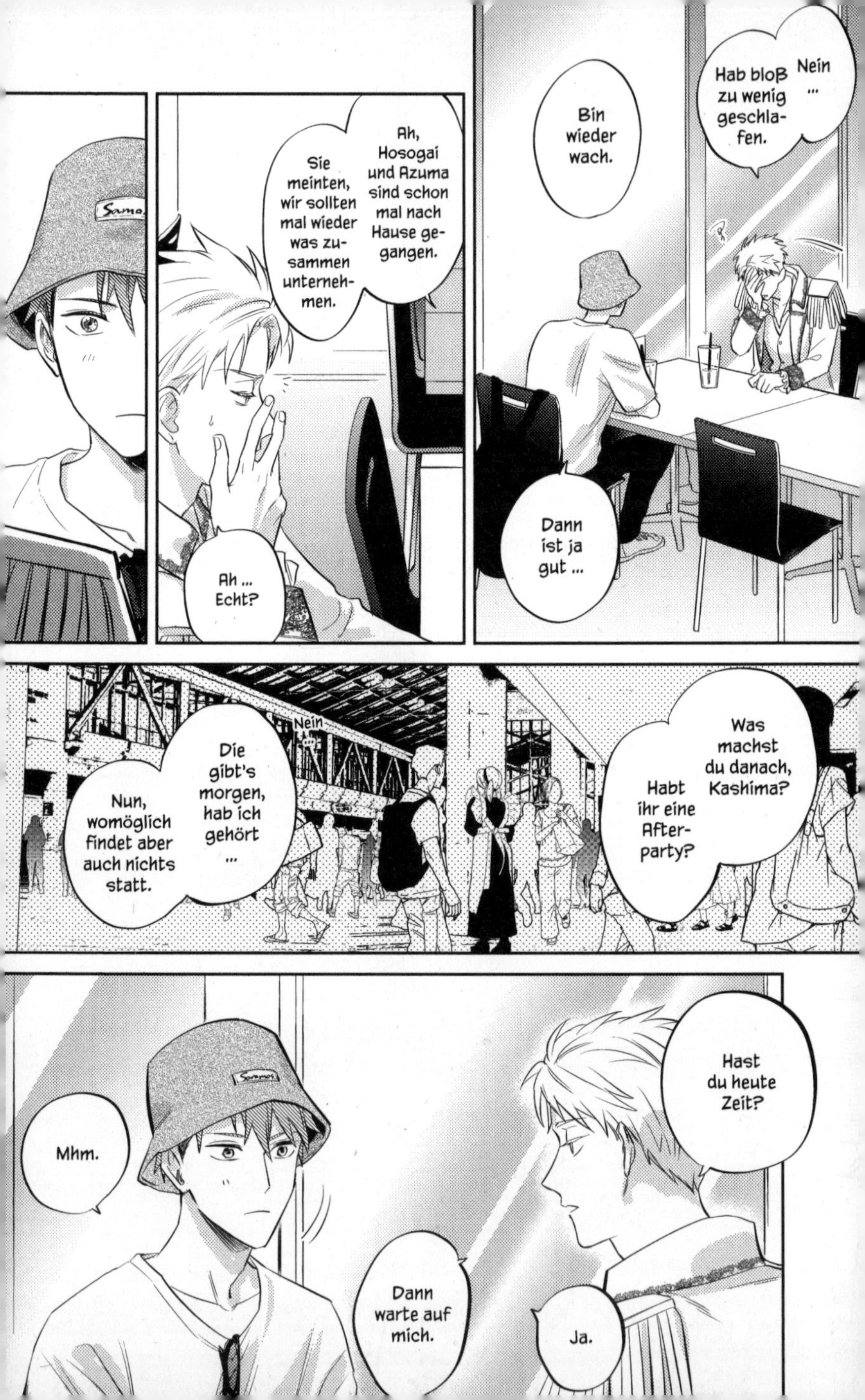
Nein …
Hab bloß zu wenig geschlafen.
Bin wieder wach.
Dann ist ja gut …
Ah, Hosogai und Azuma sind schon mal nach Hause gegangen.
Sie meinten, wir sollten mal wieder was zusammen unternehmen.
Ah … Echt?
Was machst du danach, Kashima?
Habt ihr eine Afterparty?
Nein …
Die gibt's morgen, hab ich gehört …
Nun, womöglich findet aber auch nichts statt.
Hast du heute Zeit?
Mhm.
Ja.
Dann warte auf mich.

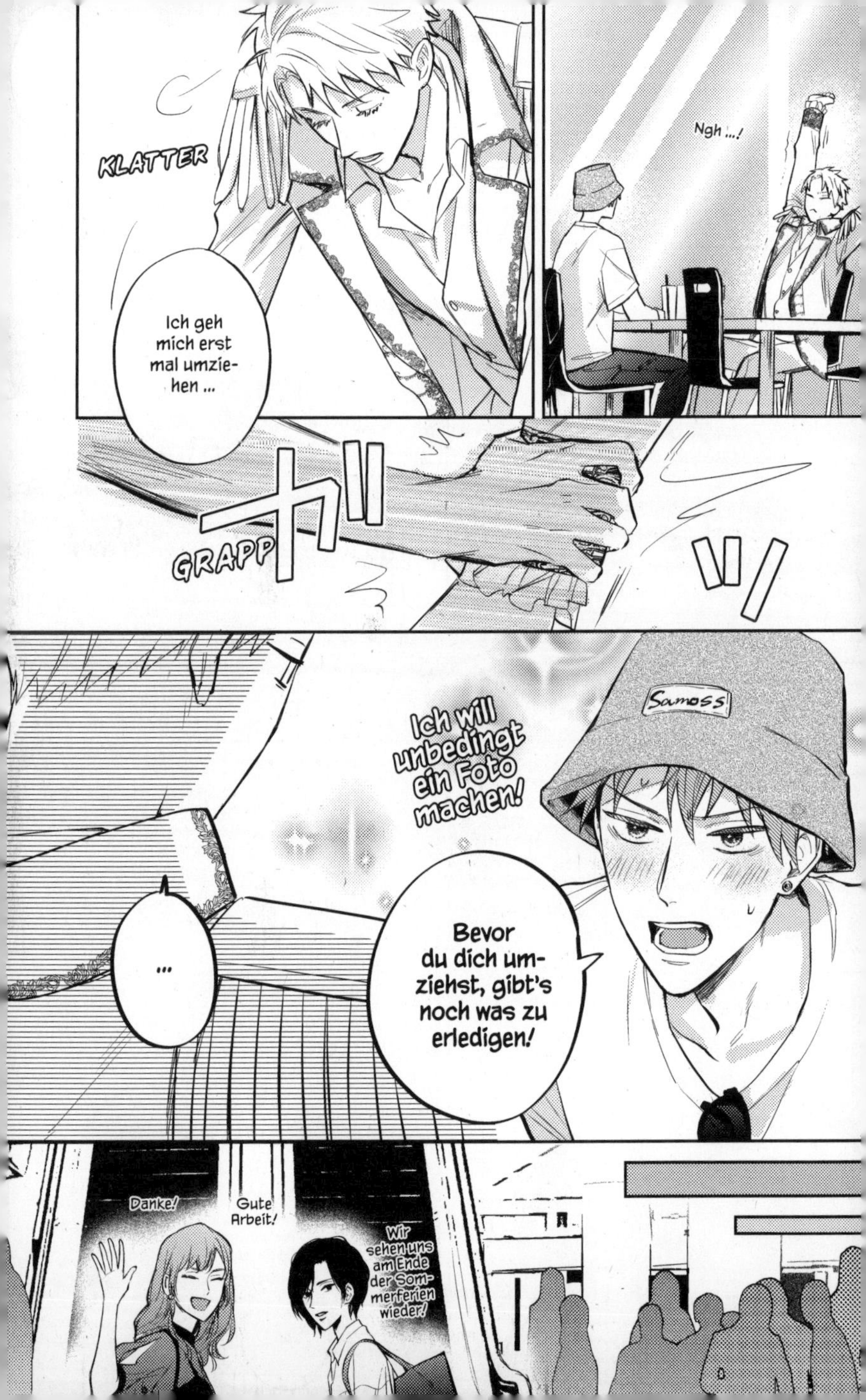
Ngh …!
KLATTER
Ich geh mich erst mal umziehen …
GRAPP
Ich will unbedingt ein Foto machen!
Bevor du dich umziehst, gibt's noch was zu erledigen!
…
Danke!
Gute Arbeit!
Wir sehen uns am Ende der Sommerferien wieder!

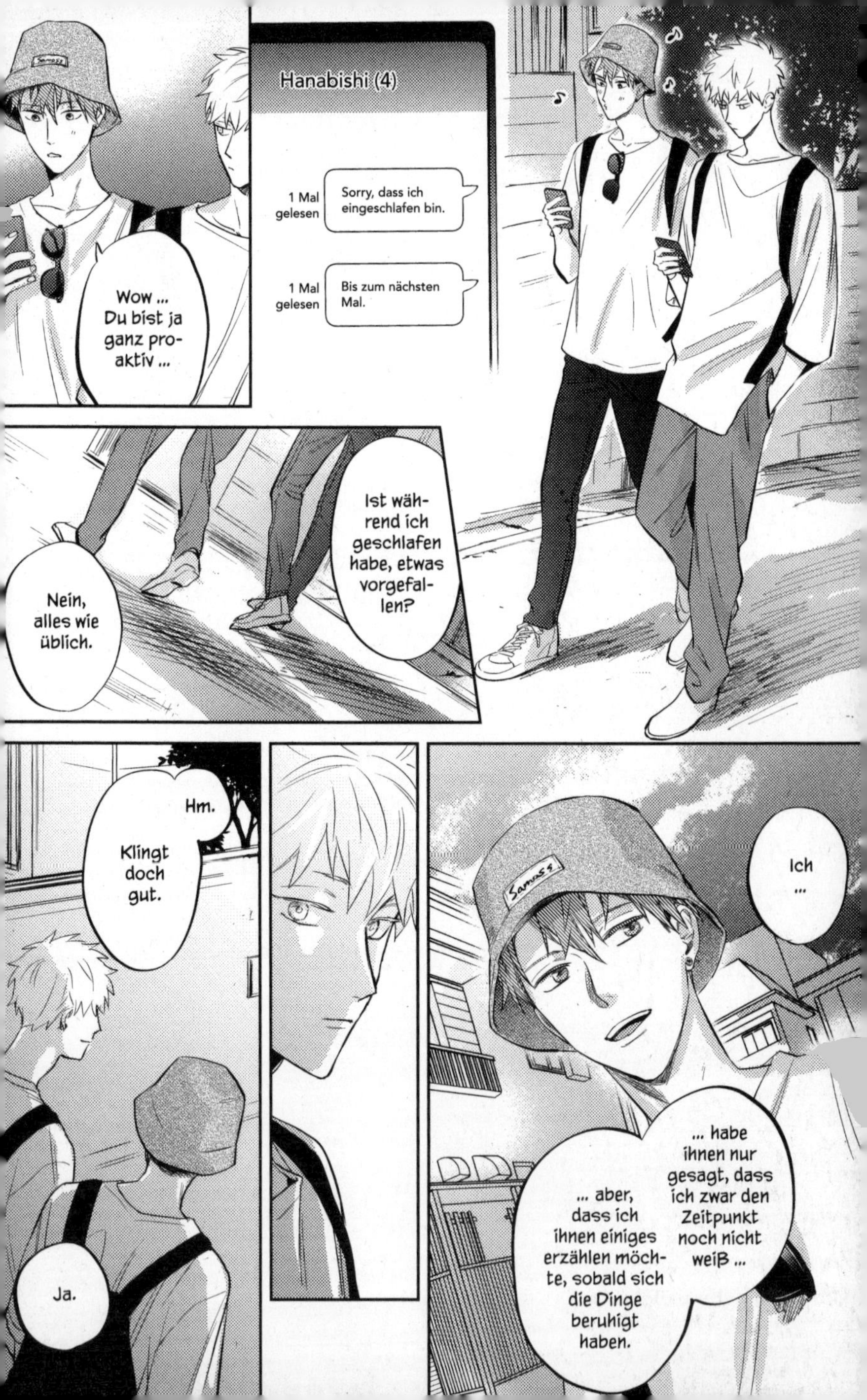
Hanabishi (4)
1 Mal gelesen
Sorry, dass ich eingeschlafen bin.
1 Mal gelesen
Bis zum nächsten Mal.
Wow ... Du bist ja ganz pro-aktiv ...
Ist während ich geschlafen habe, etwas vorgefallen?
Nein, alles wie üblich.
Ich ...
... habe ihnen nur gesagt, dass ich zwar den Zeitpunkt noch nicht weiß ...
... aber, dass ich ihnen einiges erzählen möchte, sobald sich die Dinge beruhigt haben.
Hm.
Klingt doch gut.
Ja.

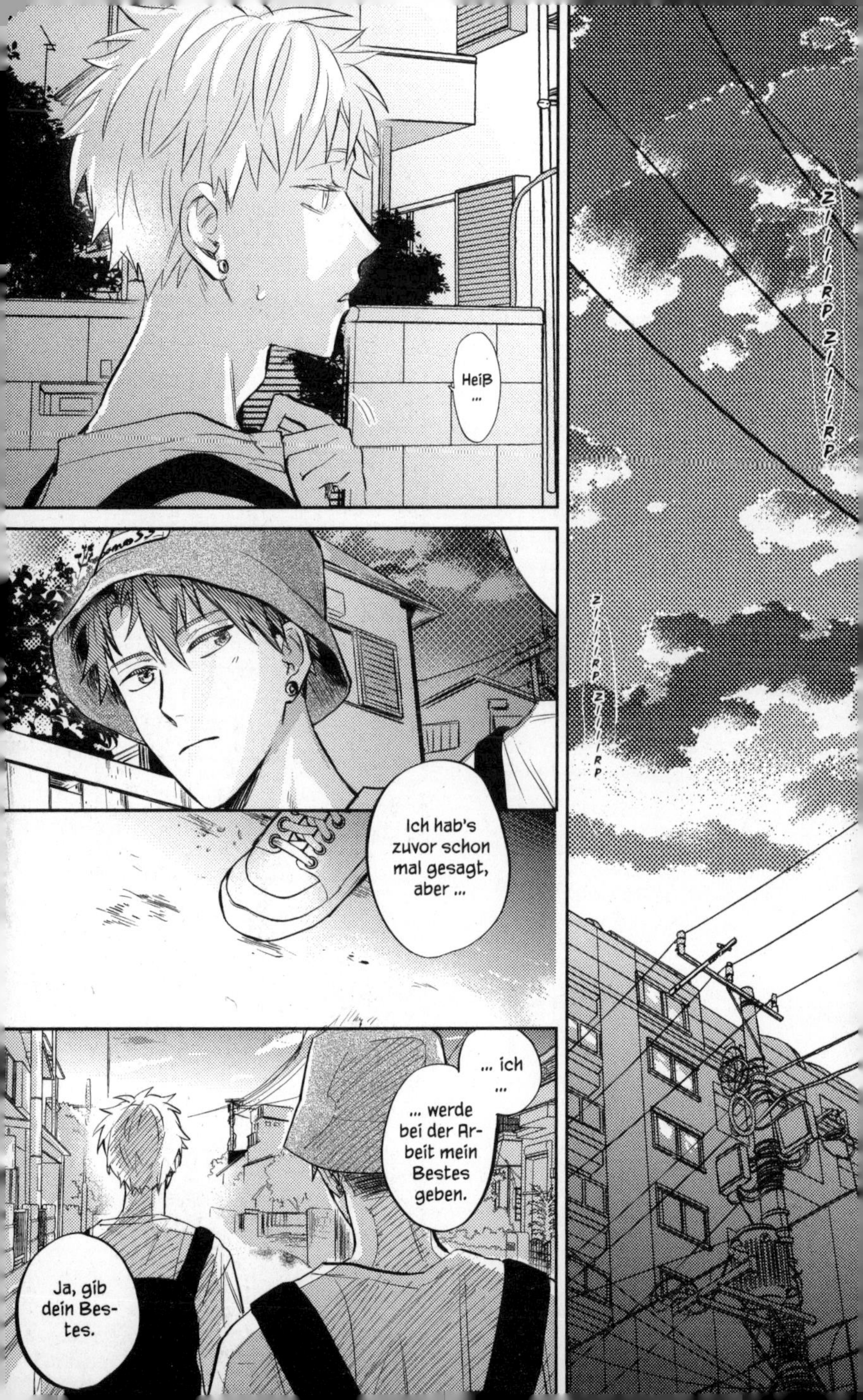
ZIIIIRP ZIIIIRP
ZIIIIRP ZIIIIRP
Heiß ...
Ich hab's zuvor schon mal gesagt, aber ...
... ich ...
... werde bei der Arbeit mein Bestes geben.
Ja, gib dein Bestes.

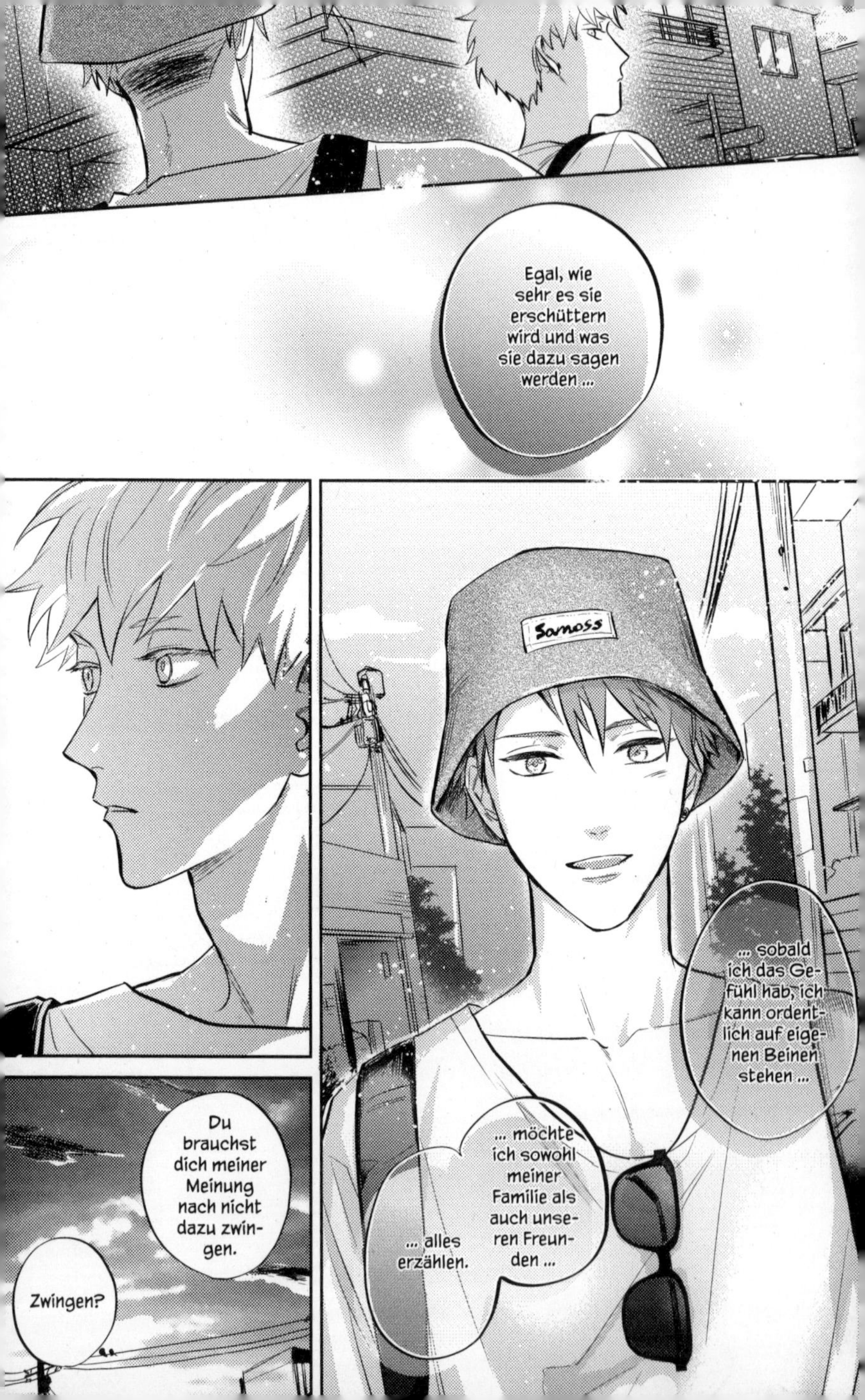
Egal, wie sehr es sie erschüttern wird und was sie dazu sagen werden ...
... sobald ich das Gefühl hab, ich kann ordentlich auf eigenen Beinen stehen ...
... möchte ich sowohl meiner Familie als auch unseren Freunden ...
... alles erzählen.
Du brauchst dich meiner Meinung nach nicht dazu zwingen.
Zwingen?
Samoss

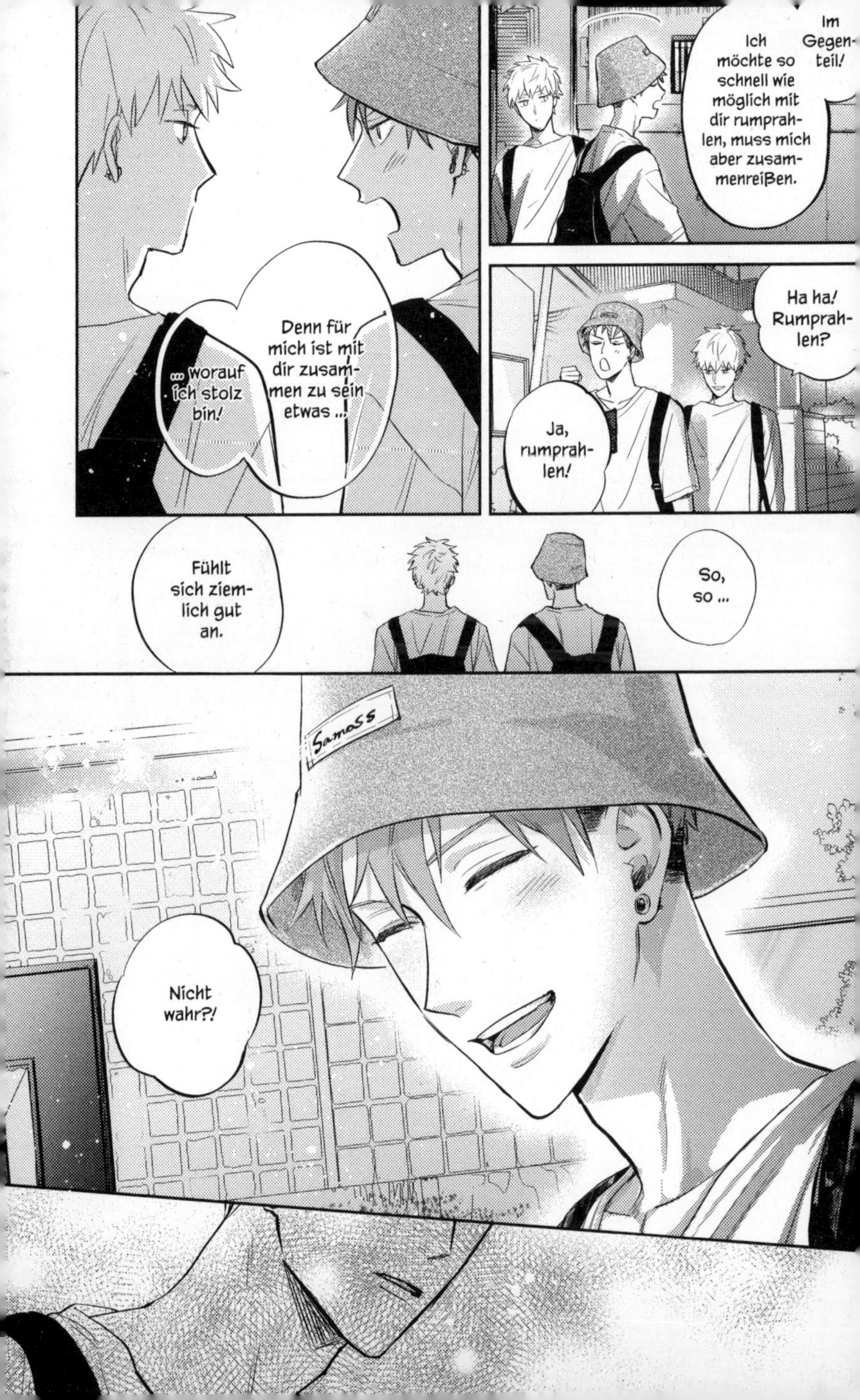
Im Gegenteil! Ich möchte so schnell wie möglich mit dir rumprahlen, muss mich aber zusammenreißen.
Ha ha! Rumprahlen?
Ja, rumprahlen!
Denn für mich ist mit dir zusammen zu sein etwas ...
... worauf ich stolz bin!
So, so ...
Fühlt sich ziemlich gut an.
Nicht wahr?!

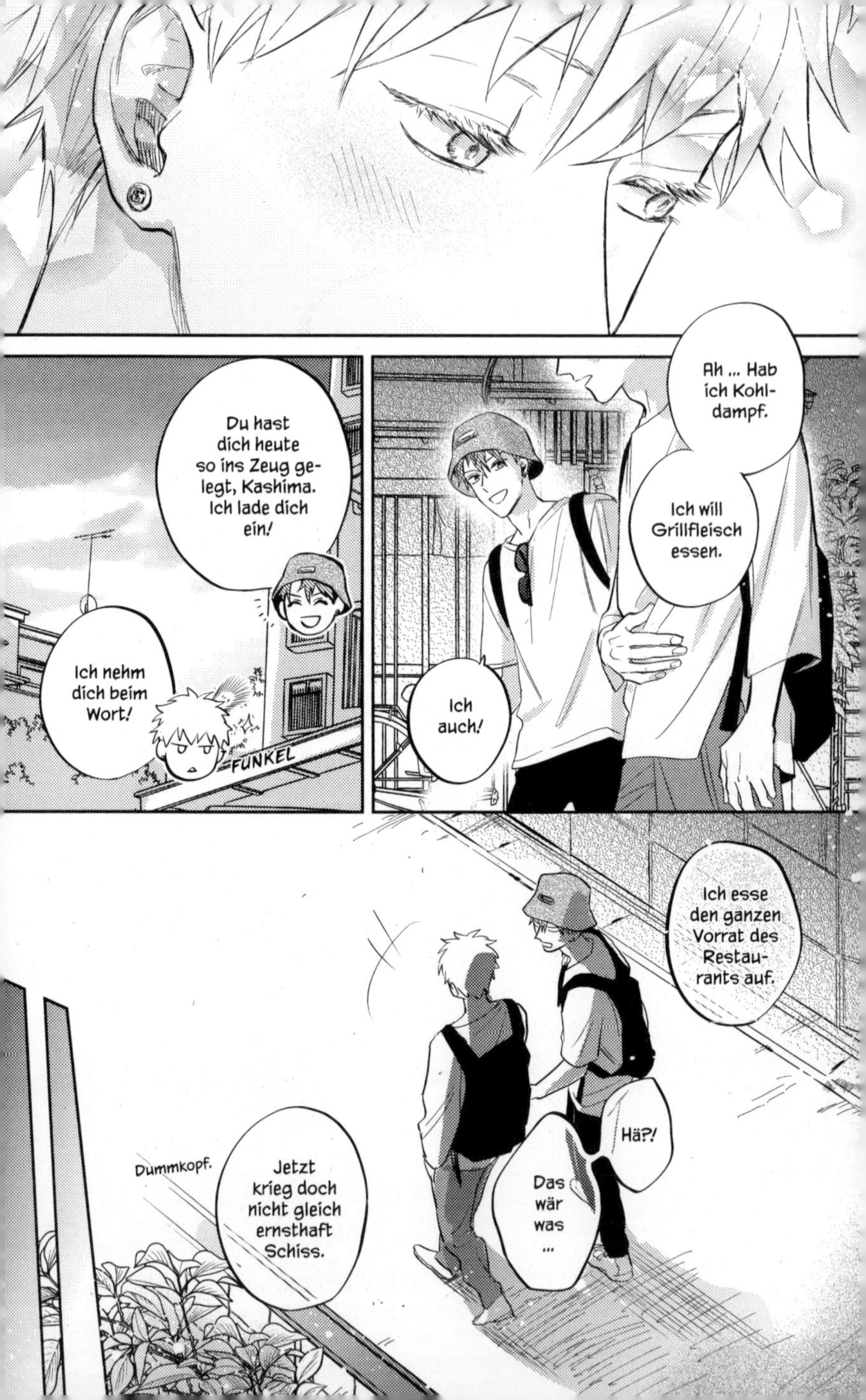
Ah ... Hab ich Kohldampf.
Ich will Grillfleisch essen.
Ich auch!
Du hast dich heute so ins Zeug gelegt, Kashima. Ich lade dich ein!
Ich nehm dich beim Wort!
FUNKEL
Ich esse den ganzen Vorrat des Restaurants auf.
Hä?!
Das wär was ...
Jetzt krieg doch nicht gleich ernsthaft Schiss.
Dummkopf.

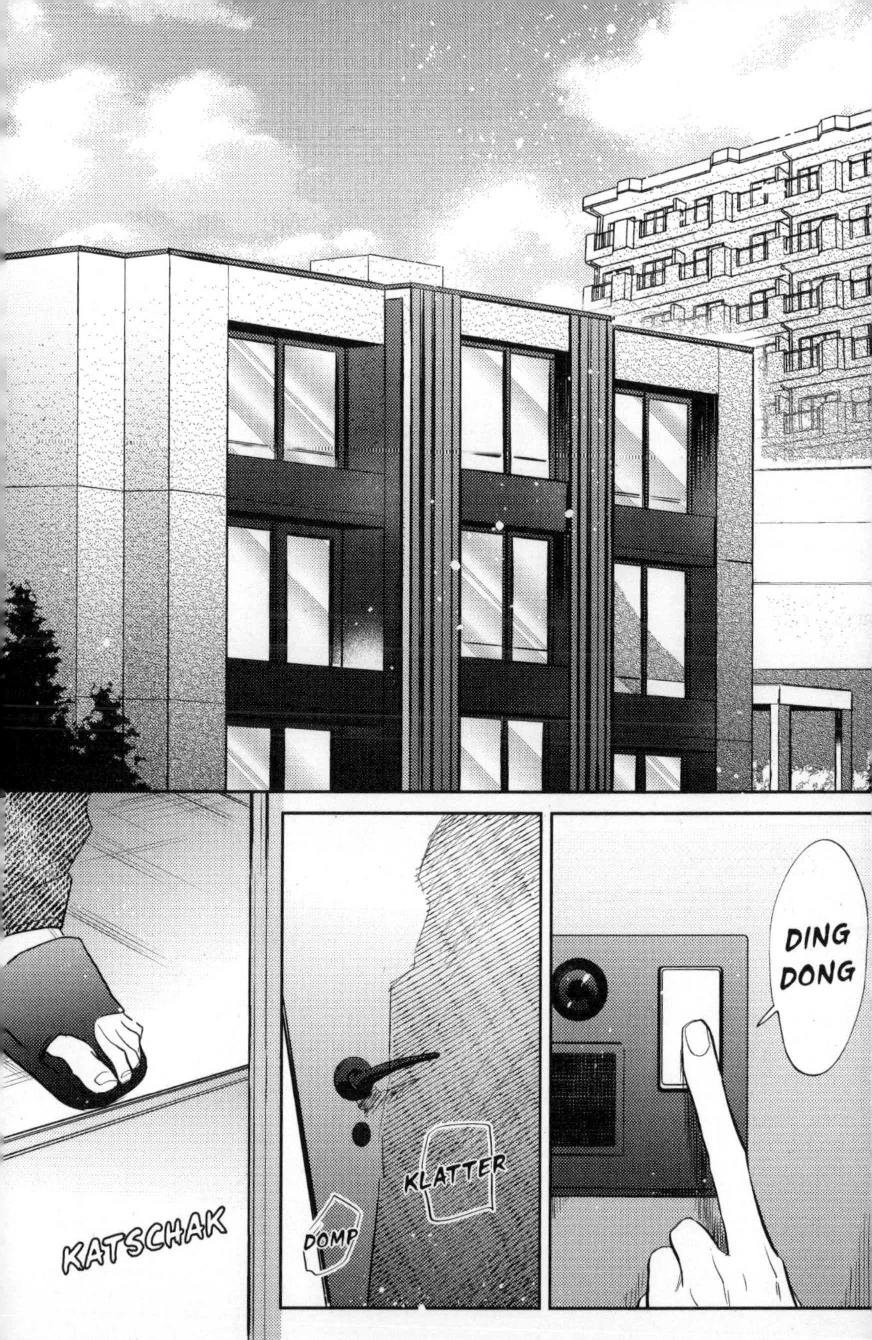
DING DONG
KLATTER
DOMP
KATSCHAK

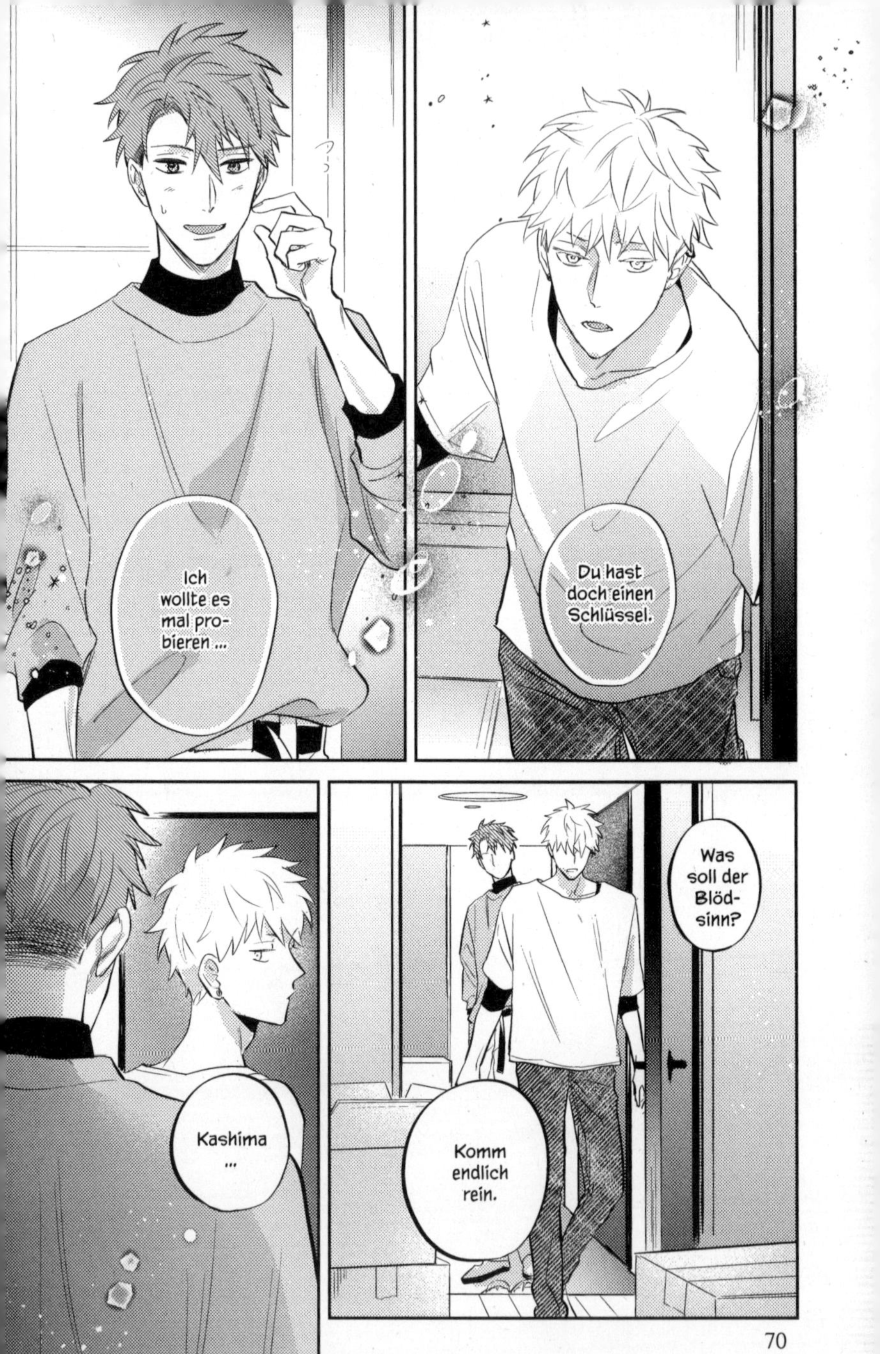
Du hast doch einen Schlüssel.
Ich wollte es mal probieren ...
Was soll der Blödsinn?
Komm endlich rein.
Kashima ...

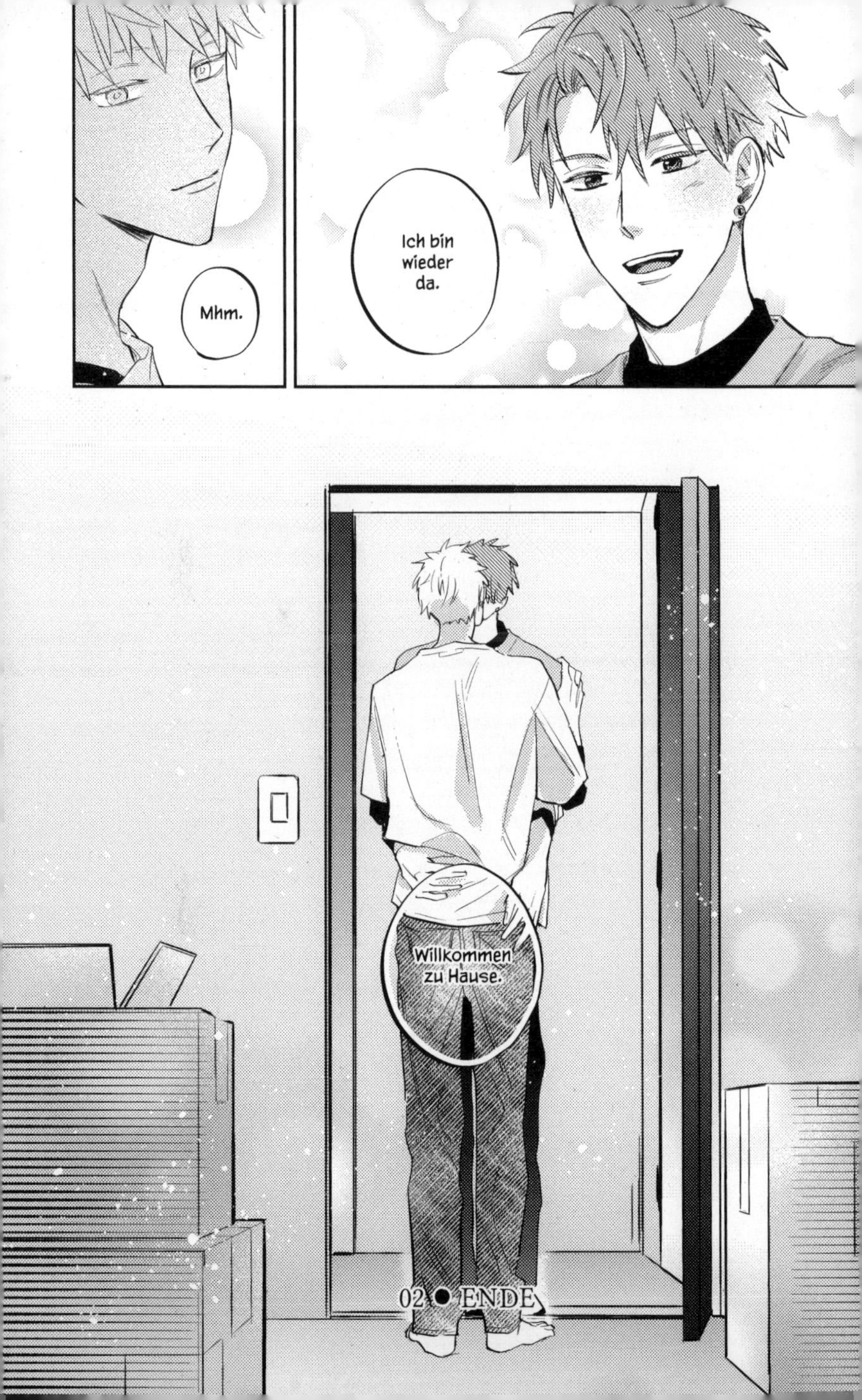
Ich bin wieder da.
Mhm.
Willkommen zu Hause.
02 ● ENDE

SIMPLIFIED PERVERT ROMANCE

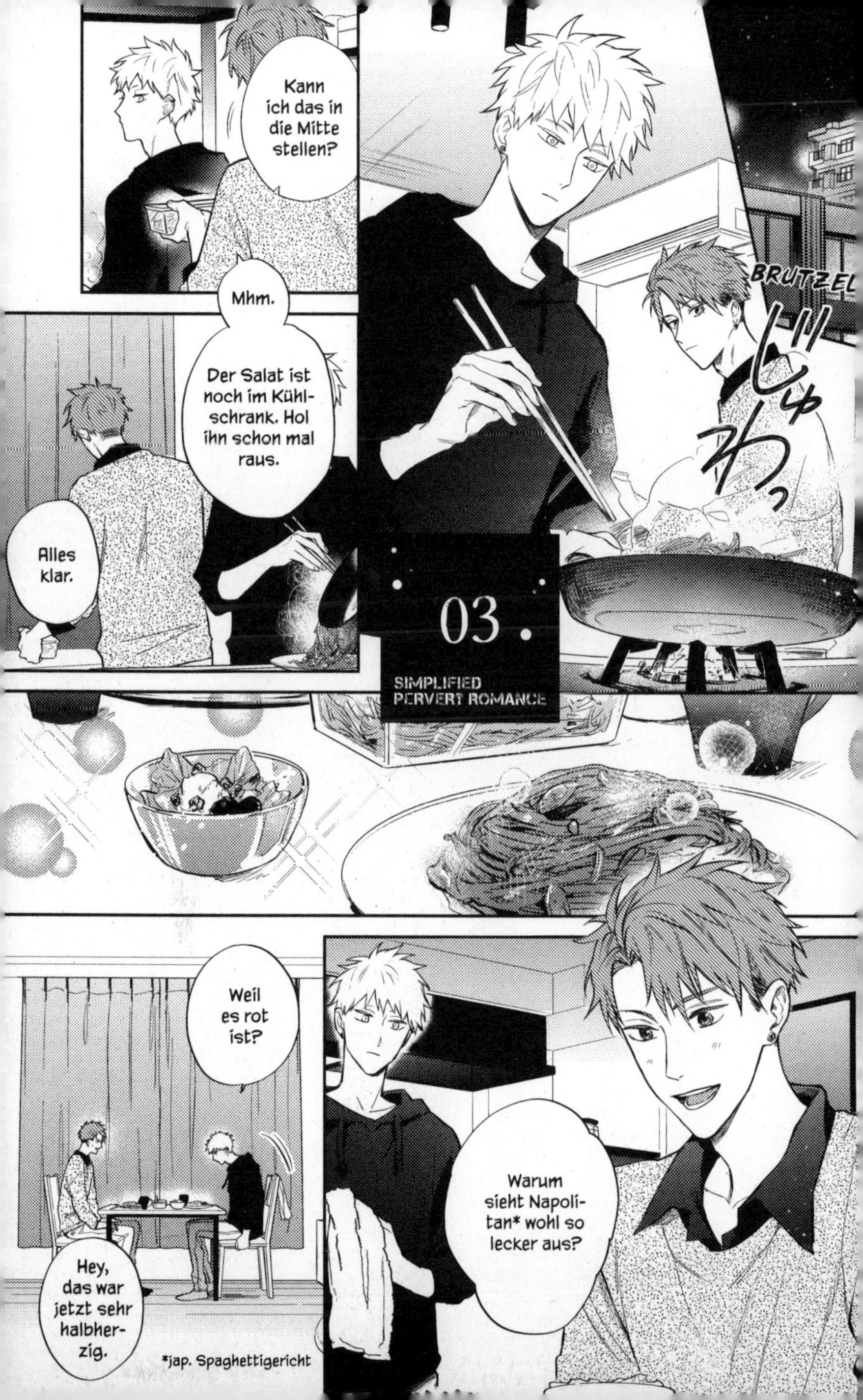
BRUTZEL
03
SIMPLIFIED PERVERT ROMANCE
Kann ich das in die Mitte stellen?
Mhm.
Der Salat ist noch im Kühlschrank. Hol ihn schon mal raus.
Alles klar.
Warum sieht Napolitan* wohl so lecker aus?
Weil es rot ist?
Hey, das war jetzt sehr halbherzig.
*jap. Spaghettigericht

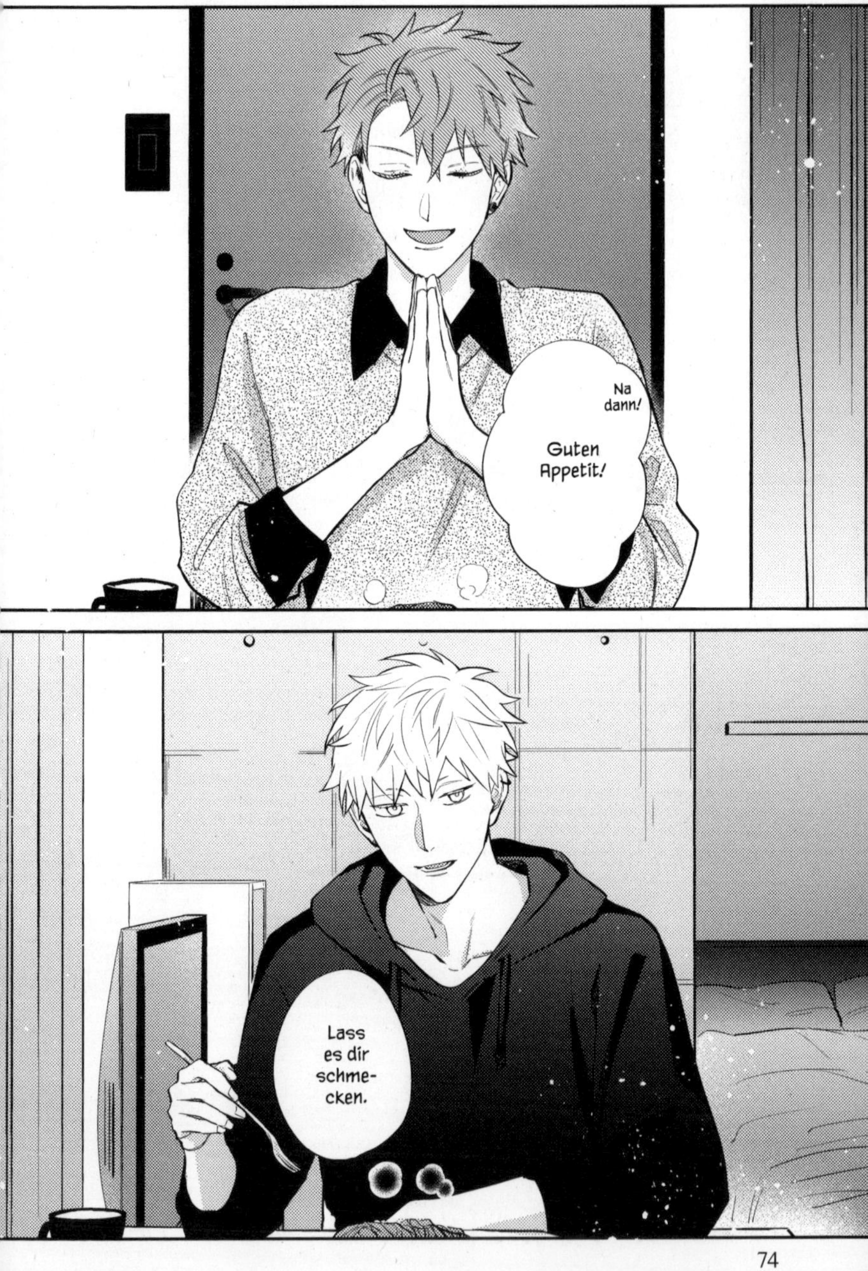
Na dann!
Guten Appetit!
Lass es dir schme-cken.

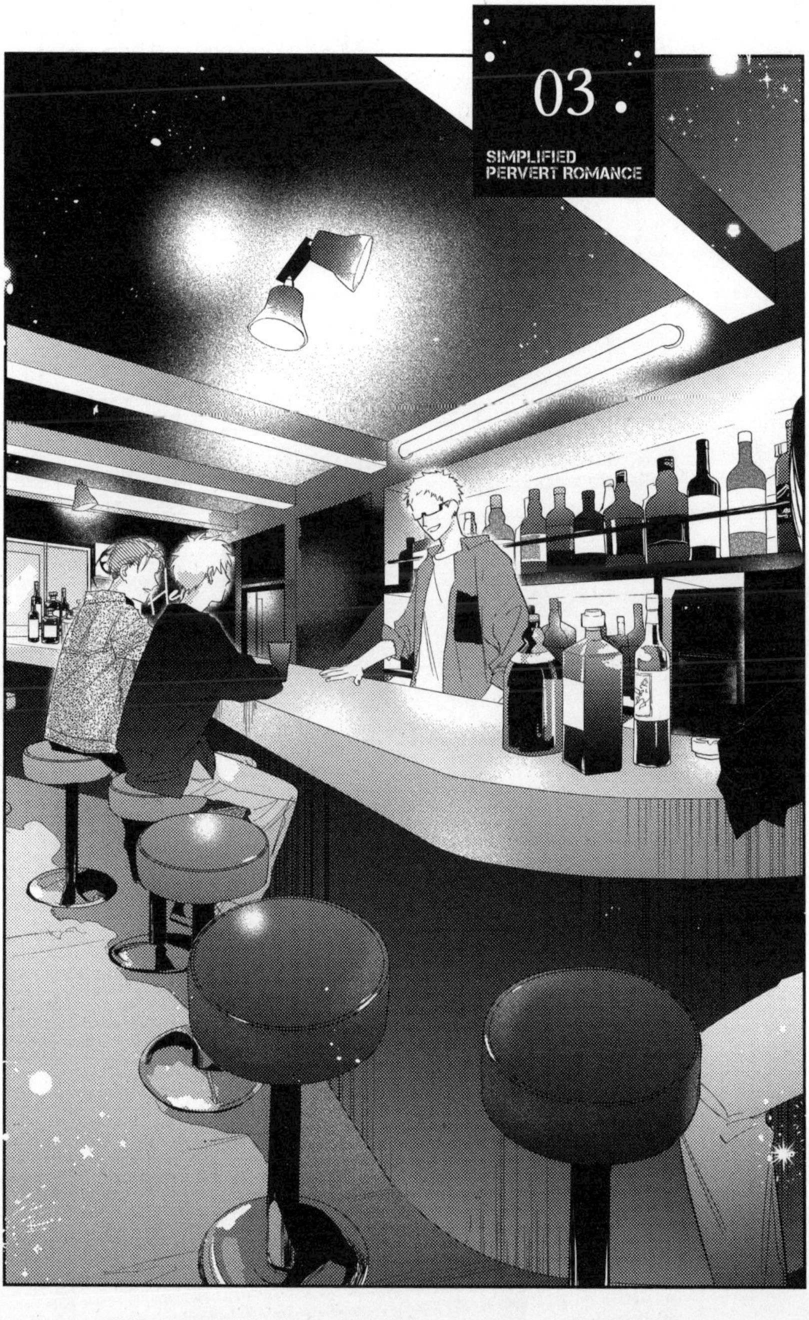
03.
SIMPLIFIED
PERVERT ROMANCE

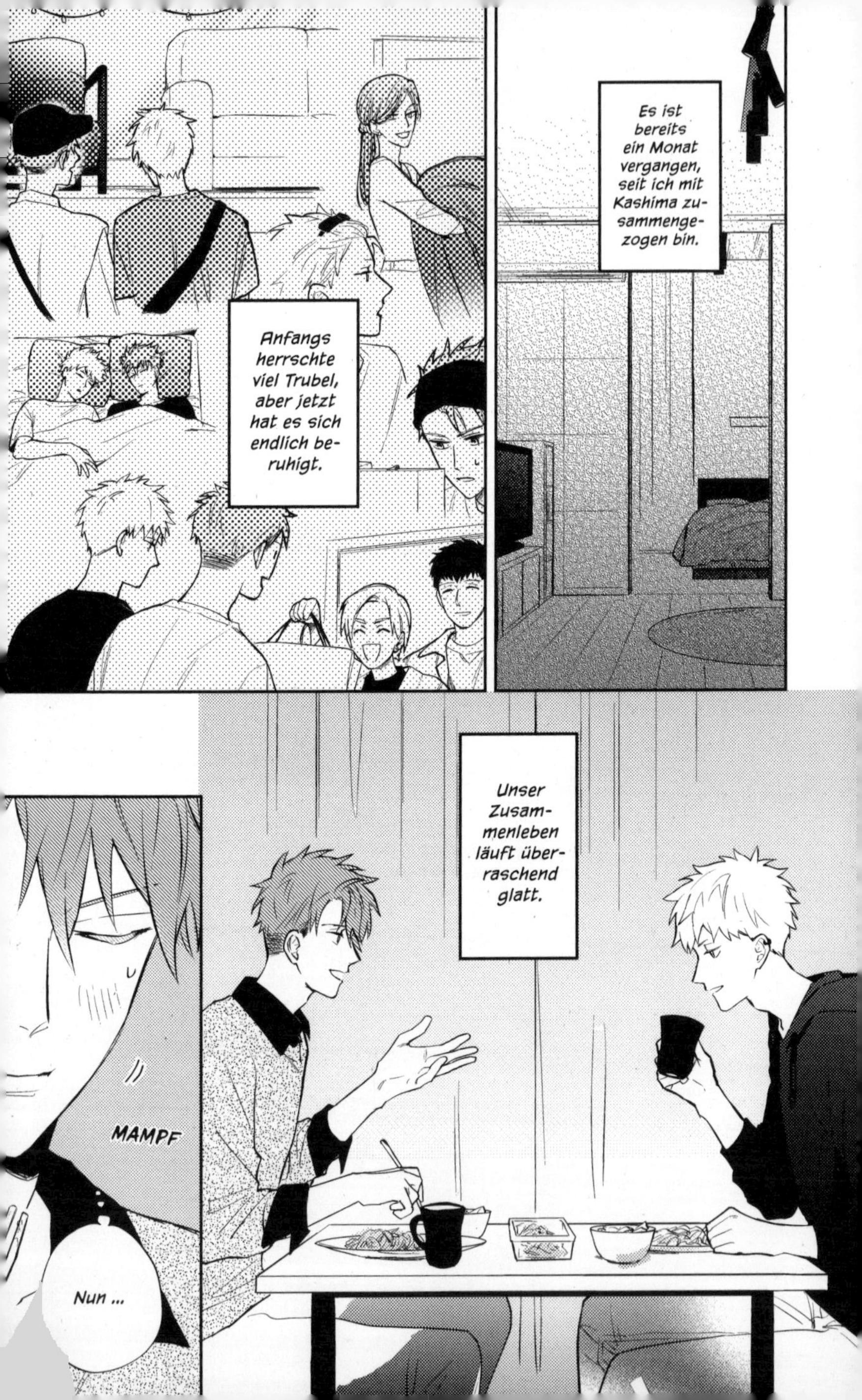

Es ist bereits ein Monat vergangen, seit ich mit Kashima zusammengezogen bin.
Anfangs herrschte viel Trubel, aber jetzt hat es sich endlich beruhigt.
Unser Zusammenleben läuft überraschend glatt.
MAMPF
Nun ...

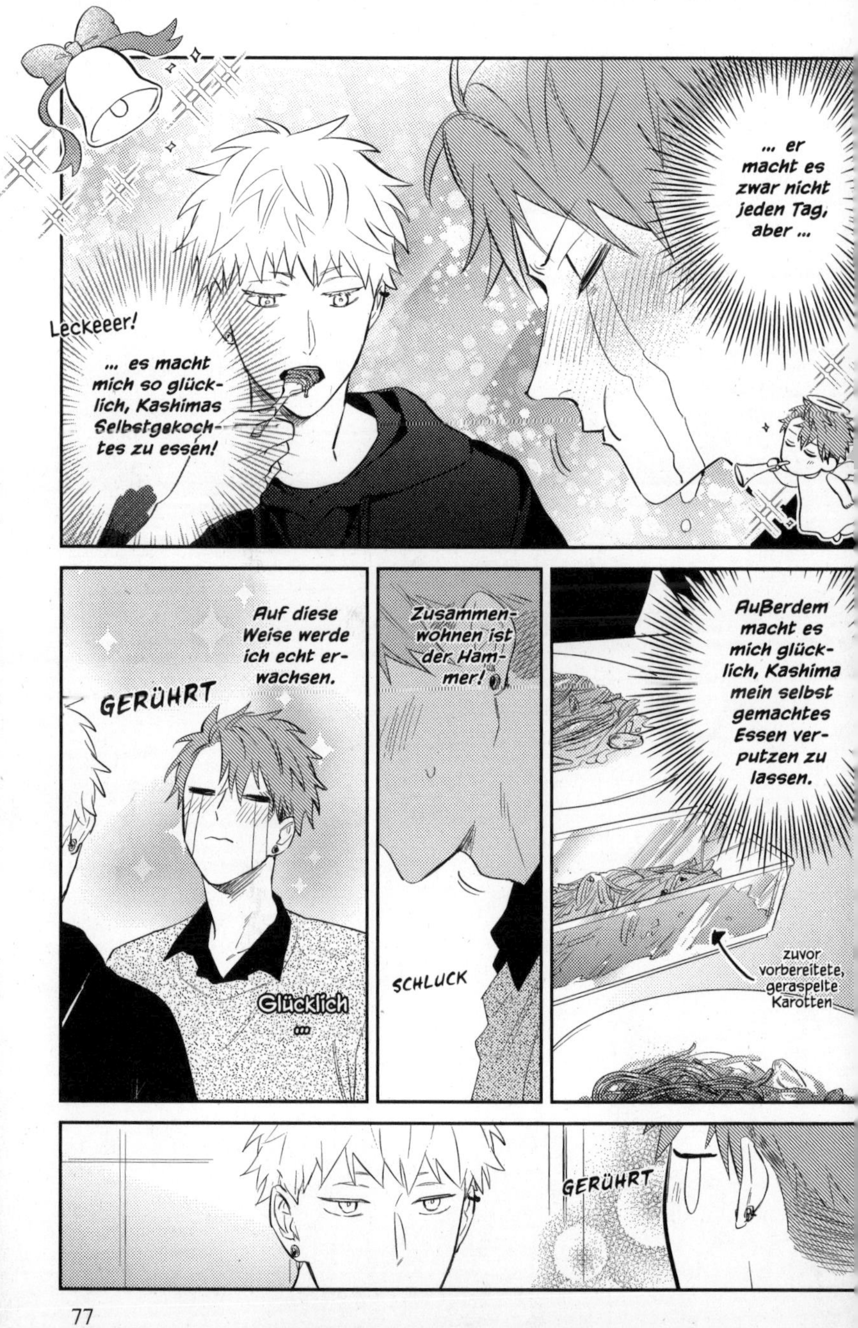
... er macht es zwar nicht jeden Tag, aber ...
Leckeeer!
... es macht mich so glücklich, Kashimas Selbstgekochtes zu essen!
Außerdem macht es mich glücklich, Kashima mein selbst gemachtes Essen verputzen zu lassen.
zuvor vorbereitete, geraspelte Karotten
Zusammenwohnen ist der Hammer!
SCHLUCK
Auf diese Weise werde ich echt erwachsen.
GERÜHRT
Glücklich ...
GERÜHRT

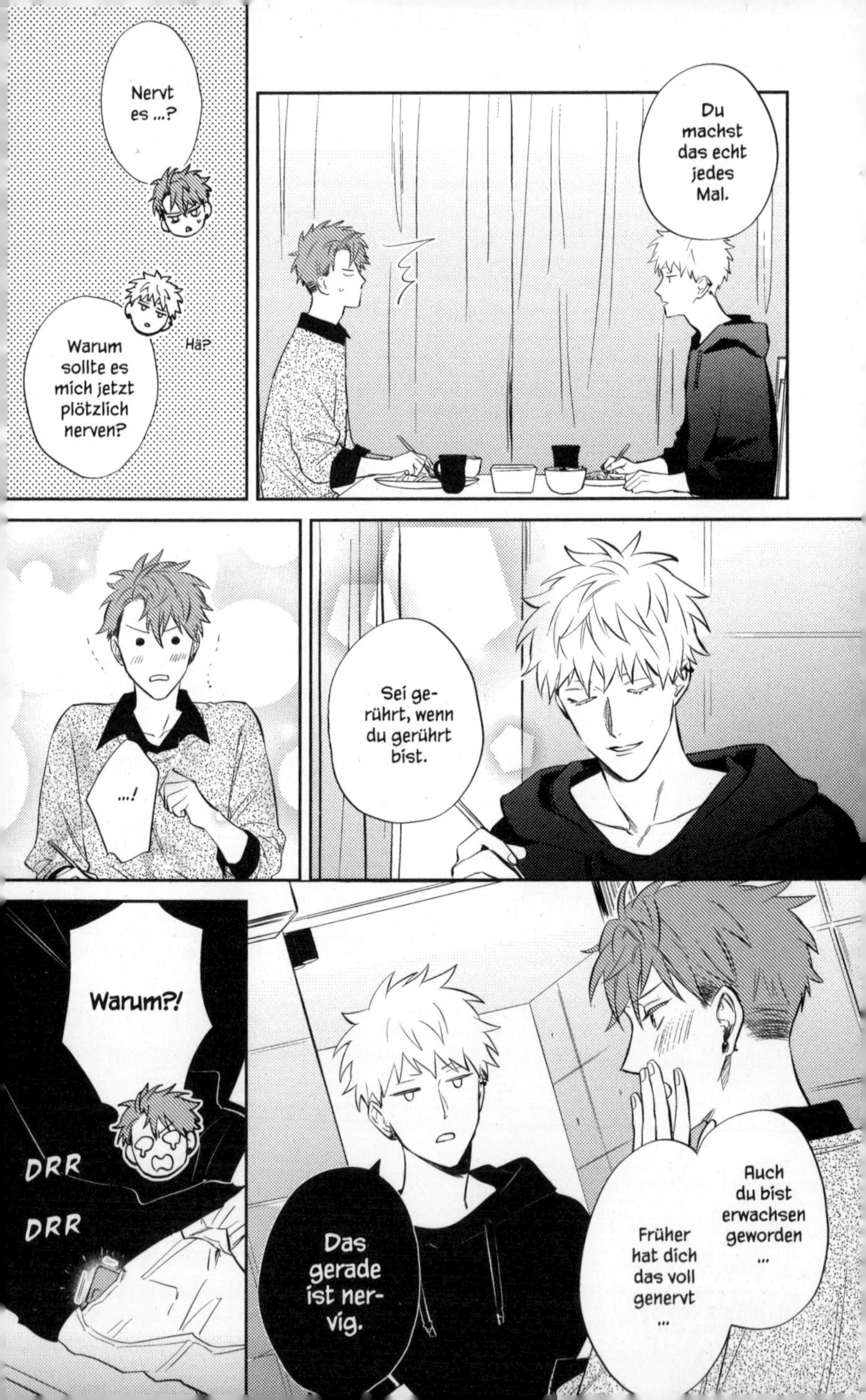
Du machst das echt jedes Mal.
Nervt es ...?
Warum sollte es mich jetzt plötzlich nerven?
Hä?
Sei gerührt, wenn du gerührt bist.
...!
Auch du bist erwachsen geworden ...
Früher hat dich das voll genervt ...
Das gerade ist nervig.
Warum?!
DRR
DRR

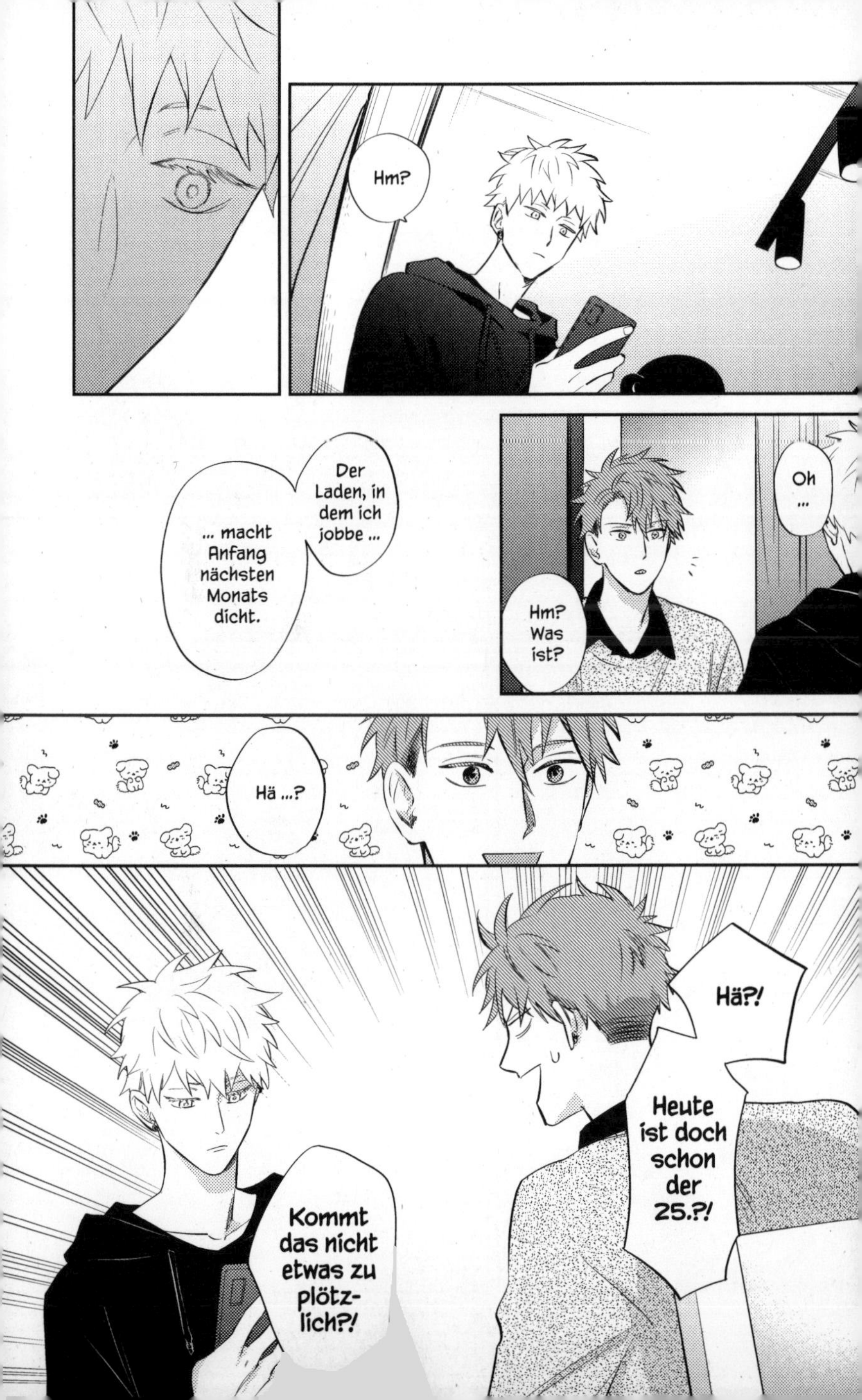
Hm?
Oh ...
Hm? Was ist?
Der Laden, in dem ich jobbe ...
... macht Anfang nächsten Monats dicht.
Hä ...?
Hä?!
Heute ist doch schon der 25.?!
Kommt das nicht etwas zu plötzlich?!

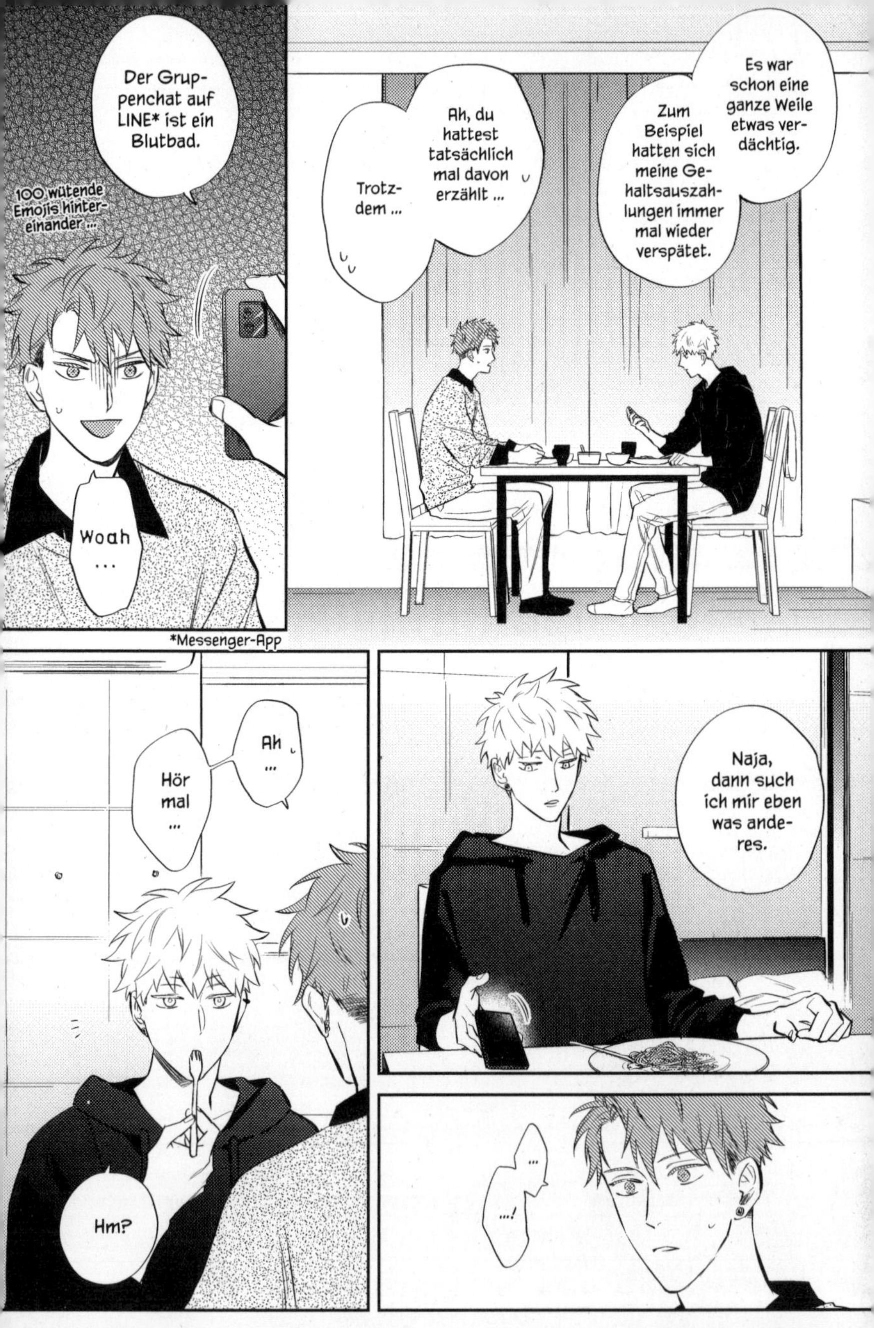

*Messenger-App

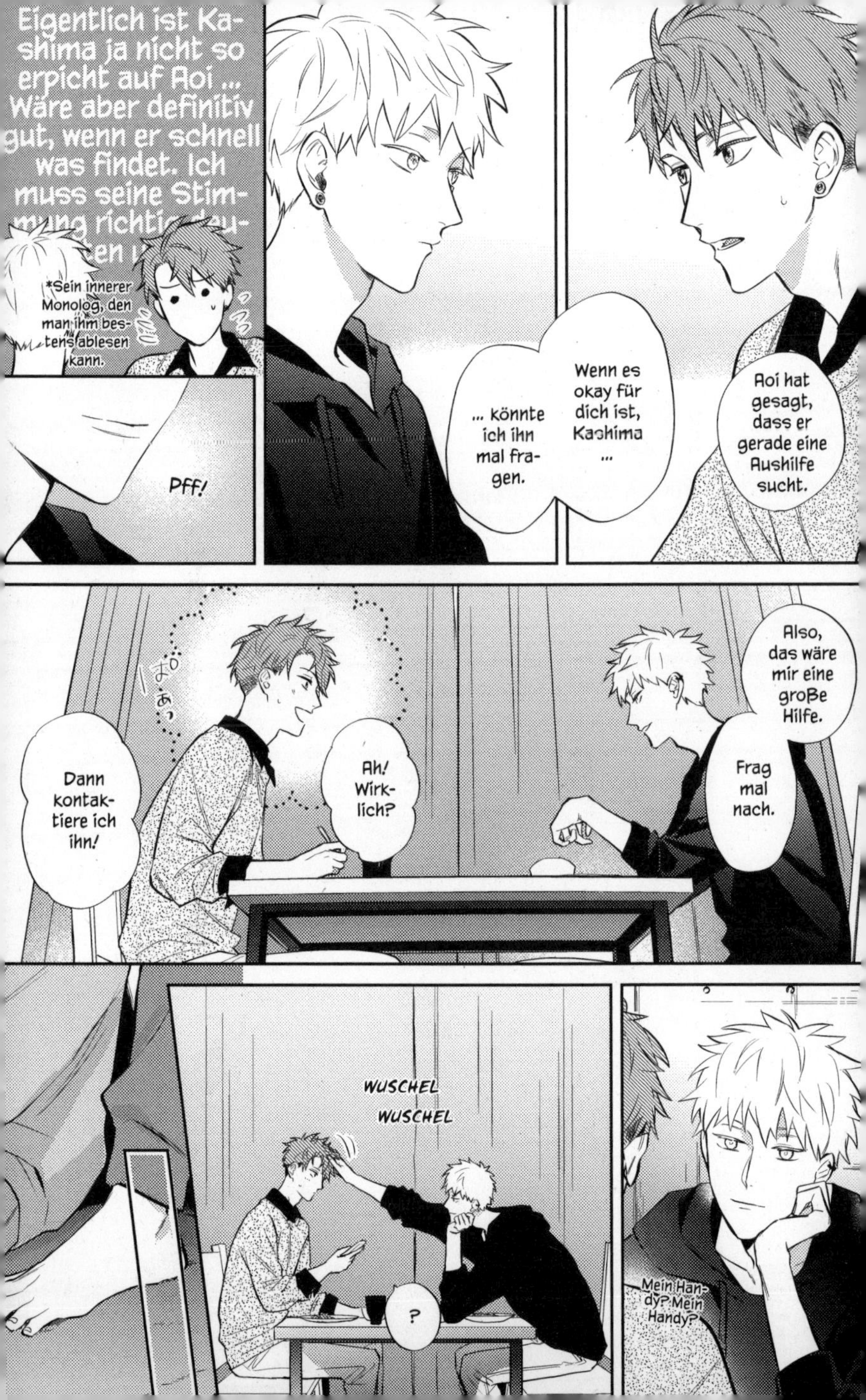
Aoi hat gesagt, dass er gerade eine Aushilfe sucht.
Wenn es okay für dich ist, Kashima ...
... könnte ich ihn mal fragen.
Eigentlich ist Kashima ja nicht so erpicht auf Aoi ... Wäre aber definitiv gut, wenn er schnell was findet. Ich muss seine Stimmung richtig deu-
*Sein innerer Monolog, den man ihm bestens ablesen kann.
Pff!
Also, das wäre mir eine große Hilfe.
Frag mal nach.
Ah! Wirklich?
Dann kontaktiere ich ihn!
Mein Handy? Mein Handy?
WUSCHEL
WUSCHEL
?

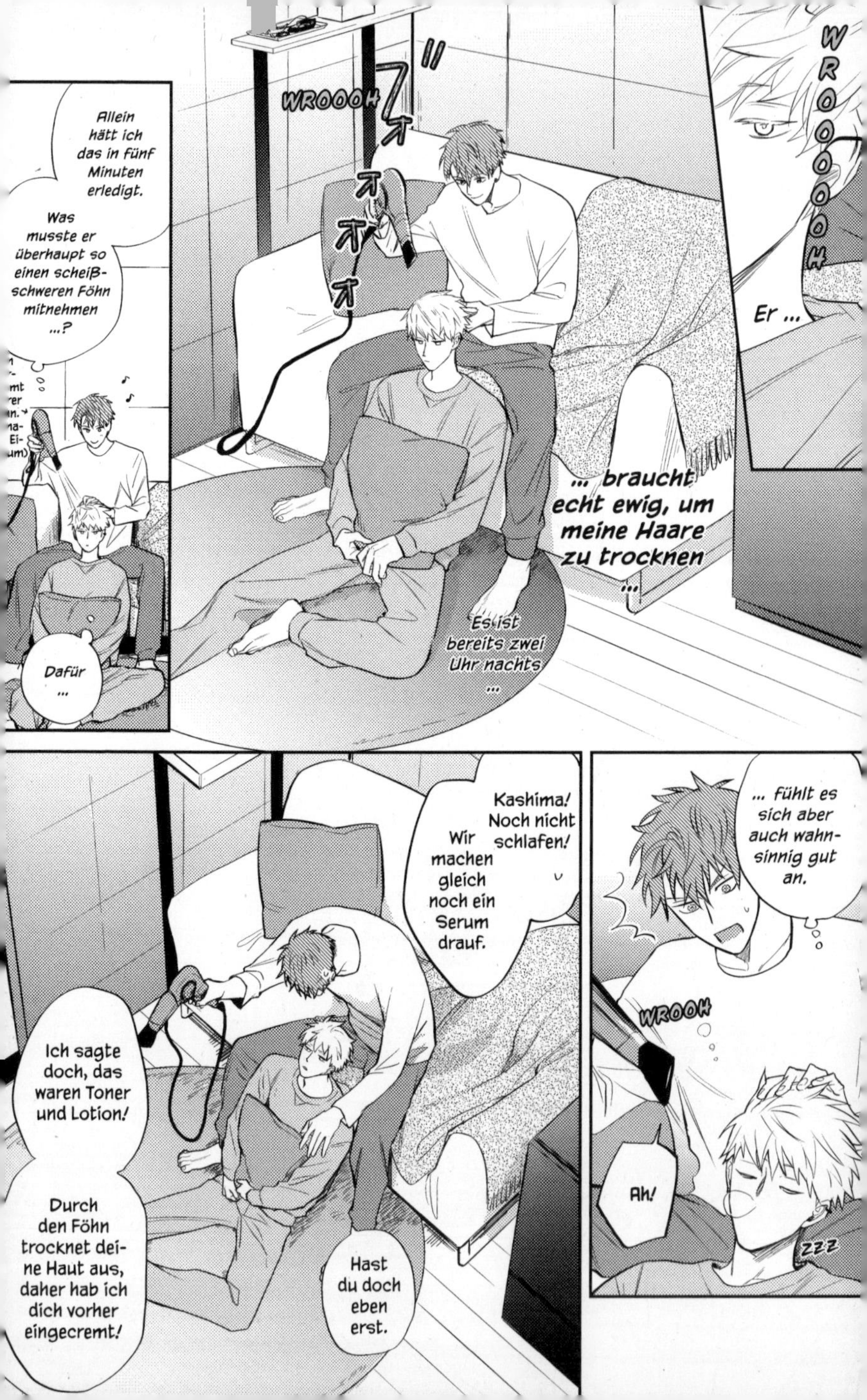
WROOOOOOH
Er ...
... braucht echt ewig, um meine Haare zu trocknen ...
WROOOH
Es ist bereits zwei Uhr nachts ...
Allein hätt ich das in fünf Minuten erledigt.
Was musste er überhaupt so einen scheiß-schweren Föhn mitnehmen ...?
Dafür ...
... fühlt es sich aber auch wahnsinnig gut an.
WROOH
Ah!
ZZZ
Kashima! Noch nicht schlafen!
Wir machen gleich noch ein Serum drauf.
Hast du doch eben erst.
Ich sagte doch, das waren Toner und Lotion!
Durch den Föhn trocknet deine Haut aus, daher hab ich dich vorher eingecremt!

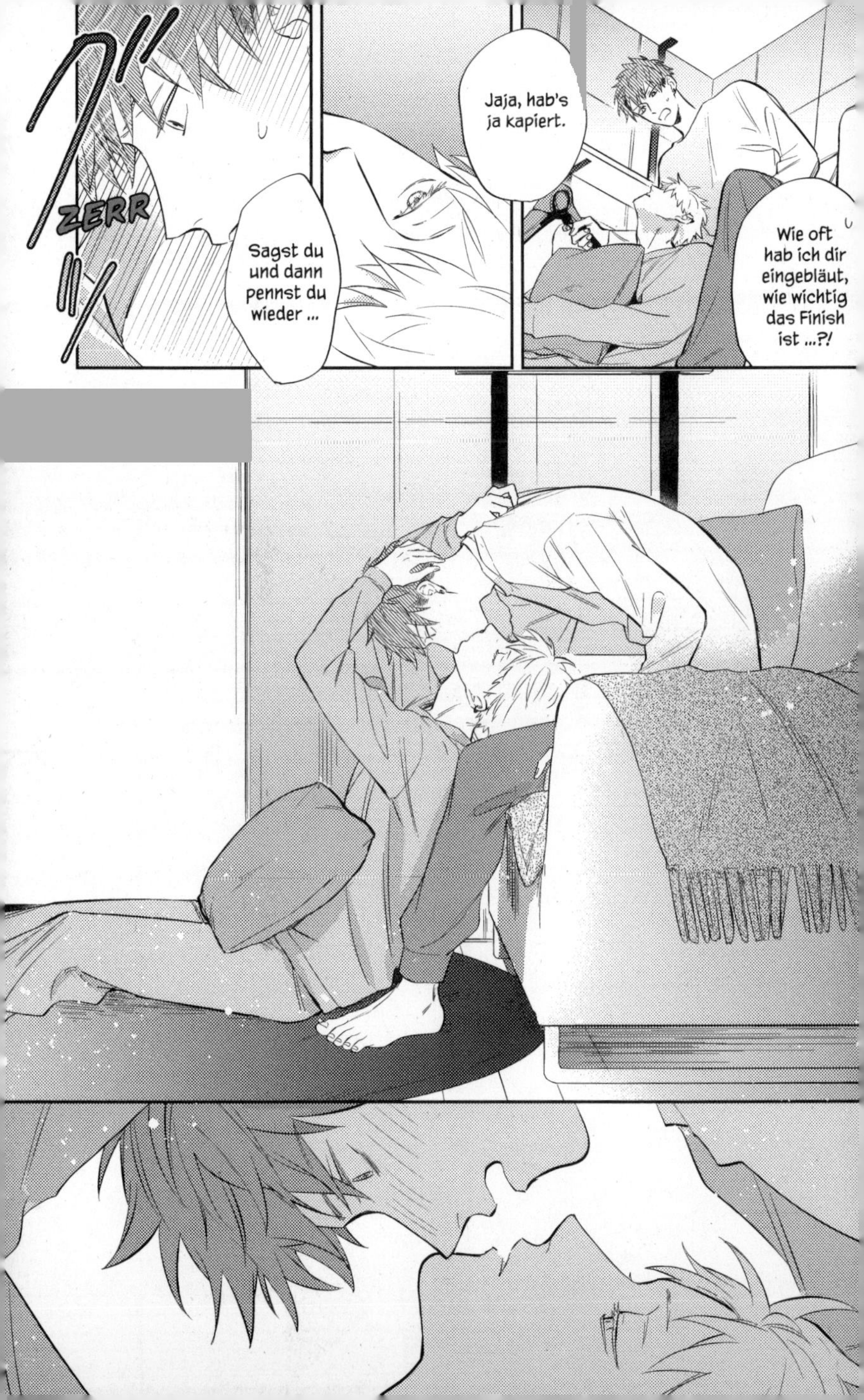
Wie oft
hab ich dir
eingebläut,
wie wichtig
das Finish
ist ...?!
Jaja, hab's
ja kapiert.
Sagst du
und dann
pennst du
wieder ...
ZERR

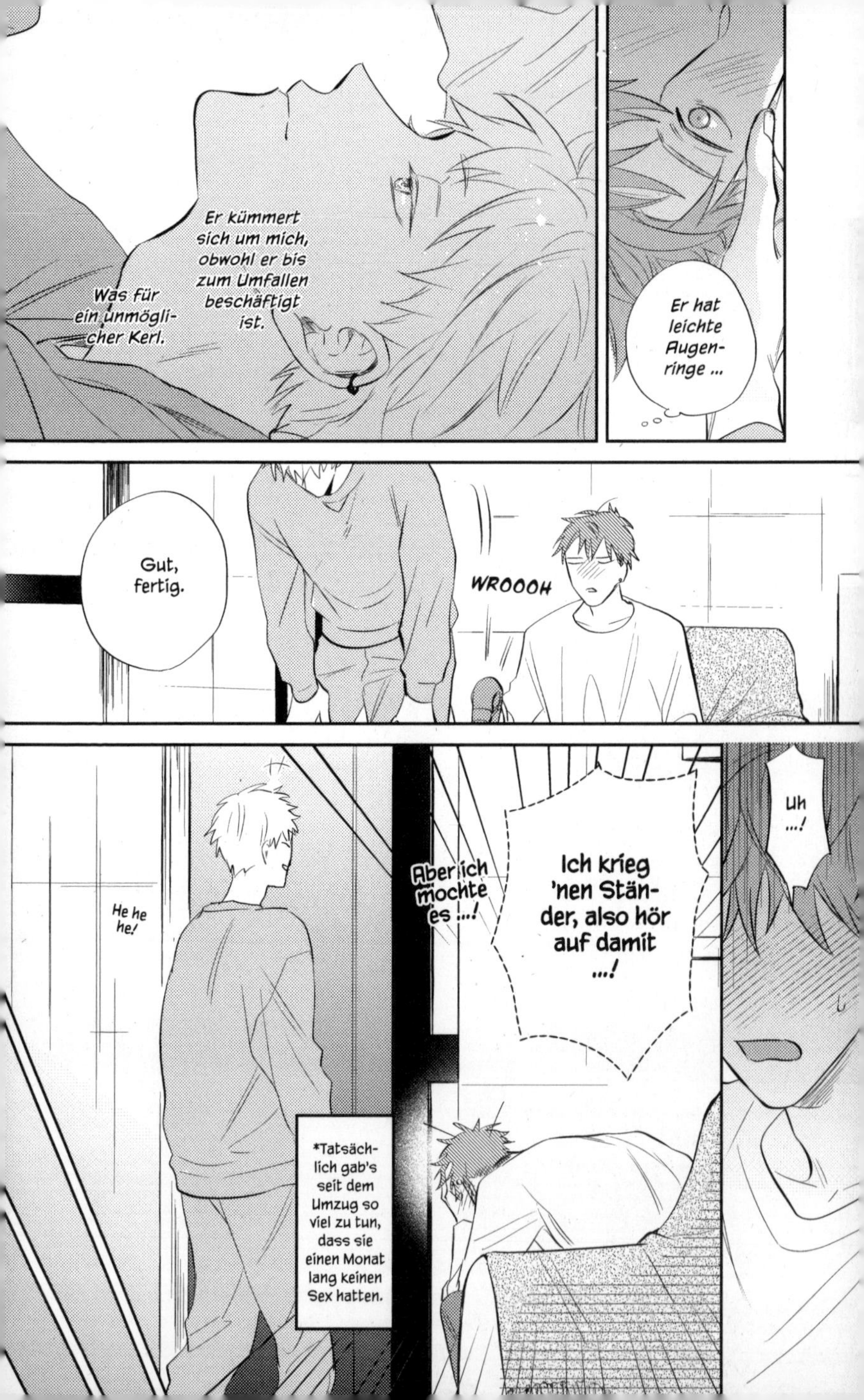
Er hat leichte Augenringe ...
Er kümmert sich um mich, obwohl er bis zum Umfallen beschäftigt ist.
Was für ein unmöglicher Kerl.
WROOOH
Gut, fertig.
Uh ...!
Ich krieg 'nen Ständer, also hör auf damit ...!
Aber ich mochte es ...!
He he he!
*Tatsächlich gab's seit dem Umzug so viel zu tun, dass sie einen Monat lang keinen Sex hatten.

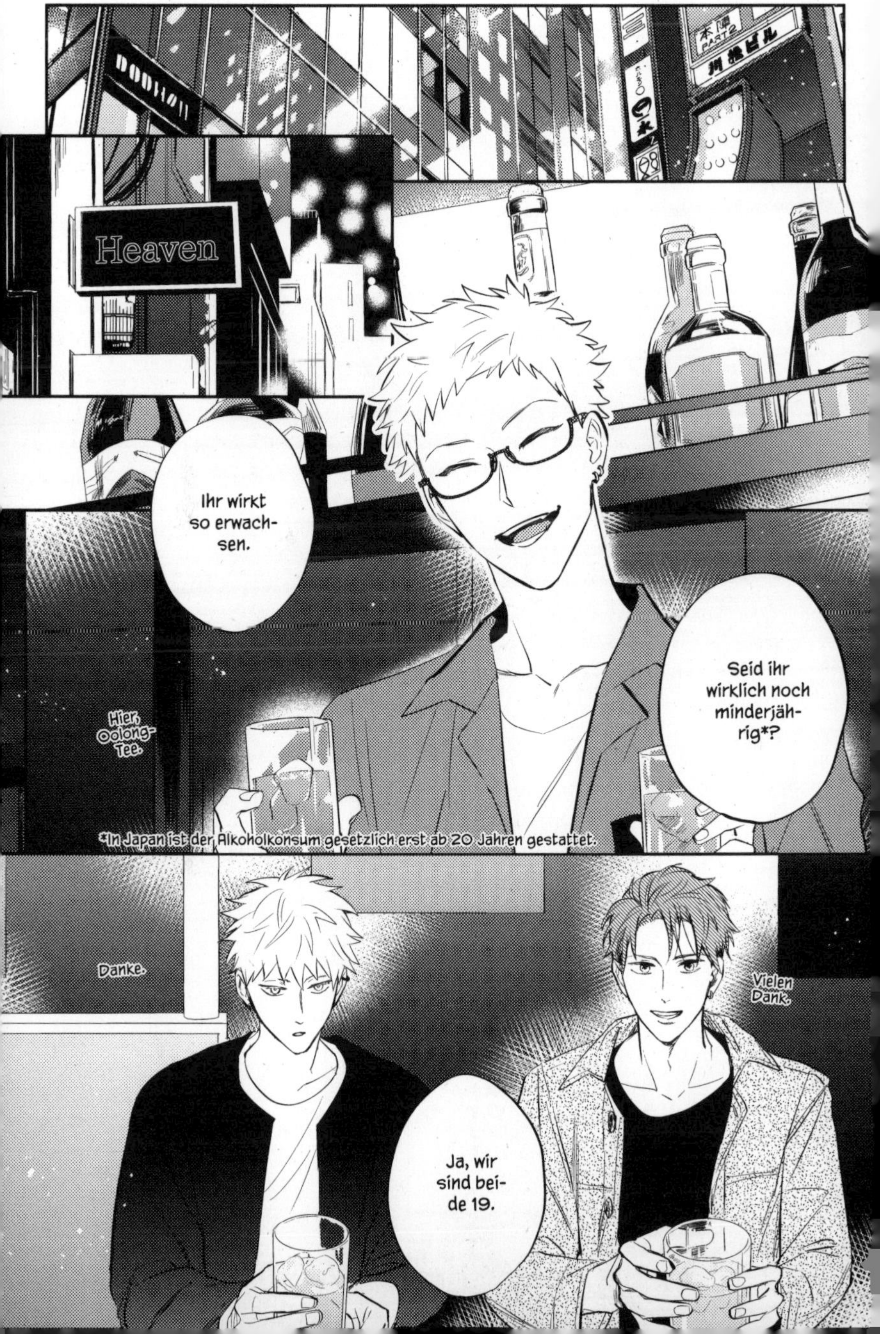
Heaven
Seid ihr wirklich noch minderjährig*?
Ihr wirkt so erwachsen.
Hier, Oolong-Tee.
*In Japan ist der Alkoholkonsum gesetzlich erst ab 20 Jahren gestattet.
Vielen Dank.
Danke.
Ja, wir sind beide 19.

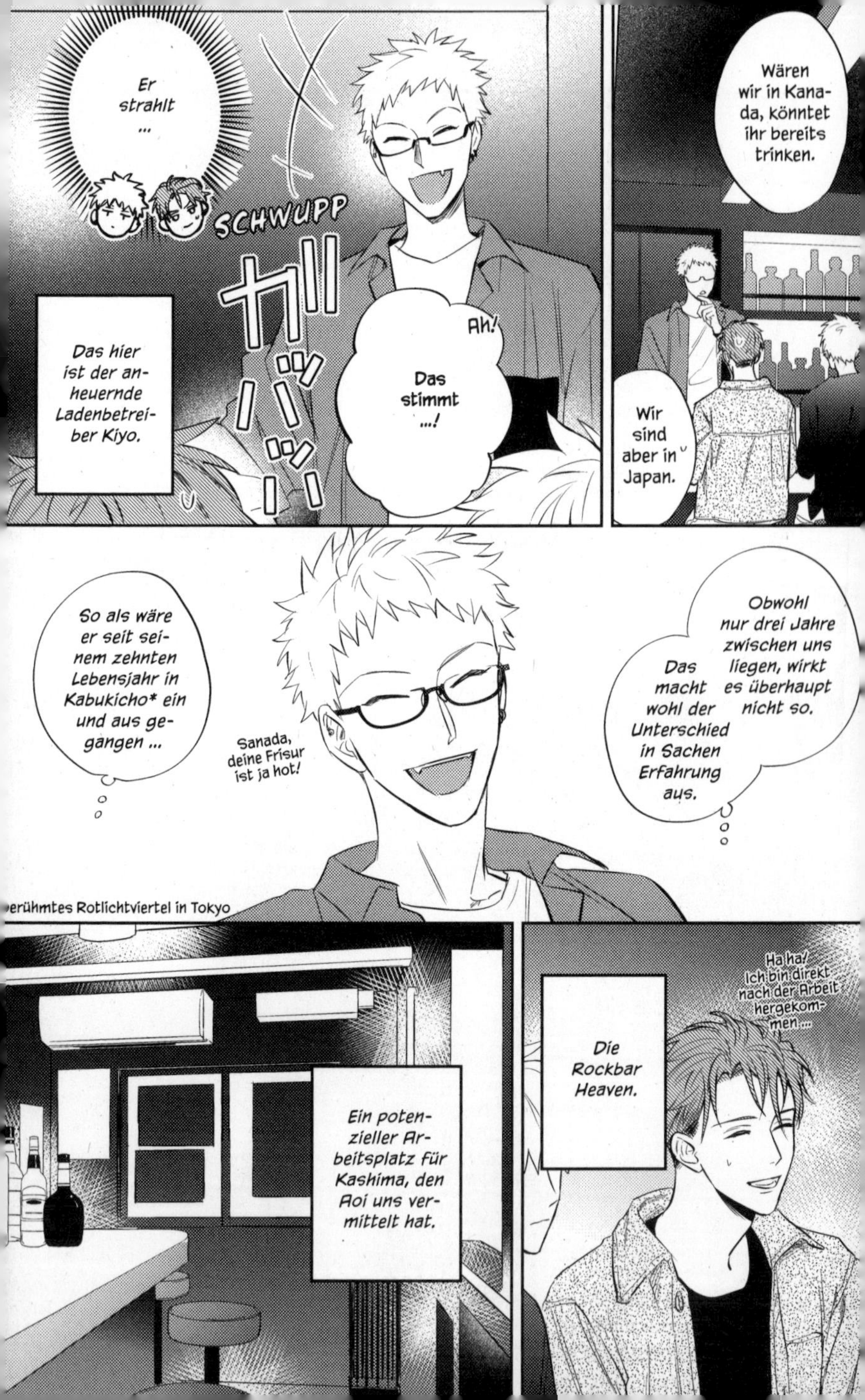
Wären wir in Kanada, könntet ihr bereits trinken.
Wir sind aber in Japan.
Ah!
Das stimmt ...!
Das hier ist der anheuernde Ladenbetreiber Kiyo.
Er strahlt ...
SCHWUPP
Obwohl nur drei Jahre zwischen uns liegen, wirkt es überhaupt nicht so.
Das macht wohl der Unterschied in Sachen Erfahrung aus.
Sanada, deine Frisur ist ja hot!
So als wäre er seit seinem zehnten Lebensjahr in Kabukicho* ein und aus gegangen ...
berühmtes Rotlichtviertel in Tokyo
Ha ha! Ich bin direkt nach der Arbeit hergekommen ...
Die Rockbar Heaven.
Ein potenzieller Arbeitsplatz für Kashima, den Aoi uns vermittelt hat.

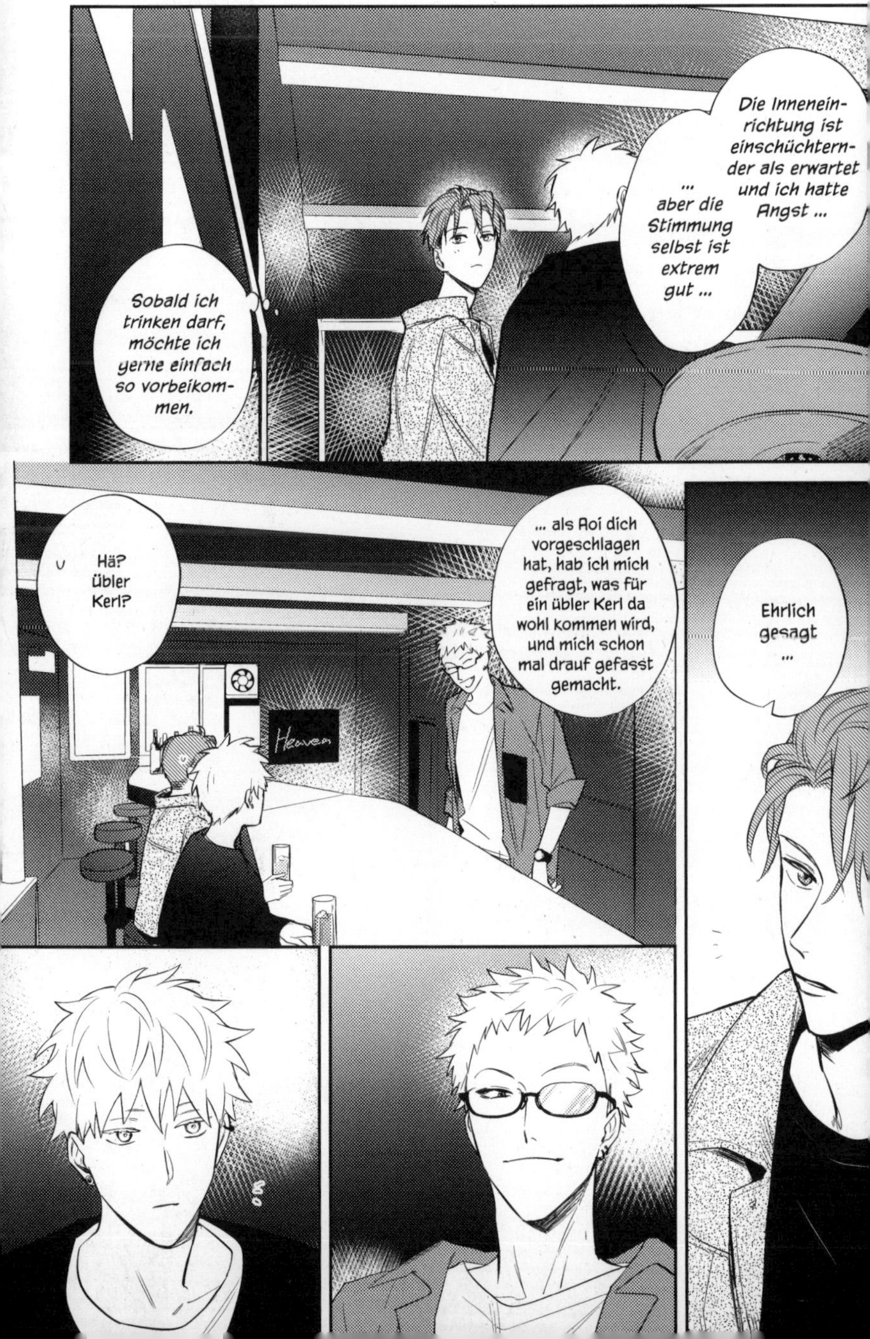
Die Inneneinrichtung ist einschüchternder als erwartet und ich hatte Angst ...
... aber die Stimmung selbst ist extrem gut ...
Sobald ich trinken darf, möchte ich gerne einfach so vorbeikommen.
Ehrlich gesagt ...
... als Aoi dich vorgeschlagen hat, hab ich mich gefragt, was für ein übler Kerl da wohl kommen wird, und mich schon mal drauf gefasst gemacht.
Hä? übler Kerl?
Heaven

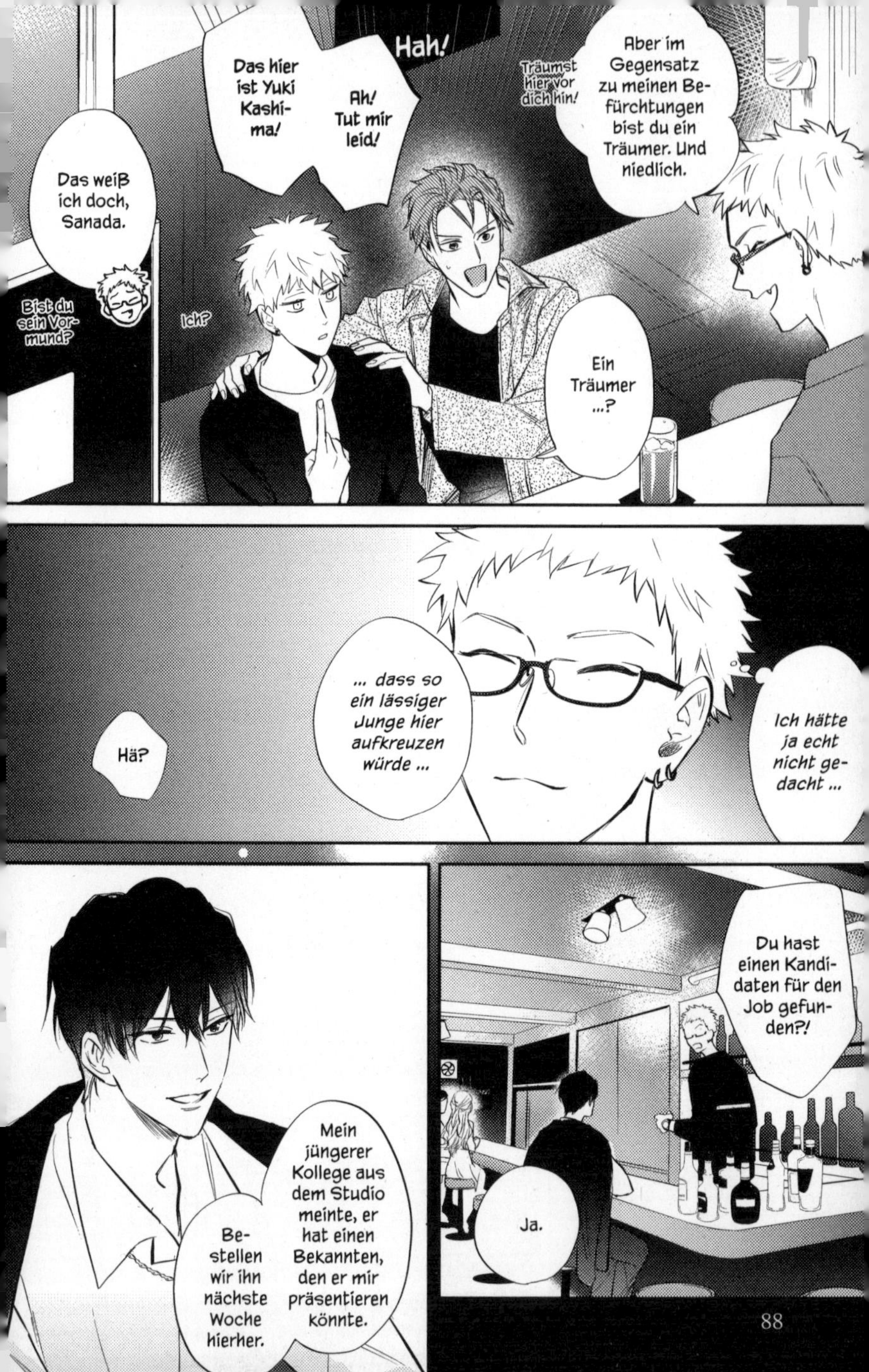
Aber im Gegensatz zu meinen Befürchtungen bist du ein Träumer. Und niedlich.
Träumst hier vor dich hin!
Hah!
Ah! Tut mir leid!
Das hier ist Yuki Kashima!
Ein Träumer ...?
Ich?
Das weiß ich doch, Sanada.
Bist du sein Vormund?
Ich hätte ja echt nicht gedacht ...
... dass so ein lässiger Junge hier aufkreuzen würde ...
Hä?
Du hast einen Kandidaten für den Job gefunden?!
Ja.
Mein jüngerer Kollege aus dem Studio meinte, er hat einen Bekannten, den er mir präsentieren könnte.
Bestellen wir ihn nächste Woche hierher.

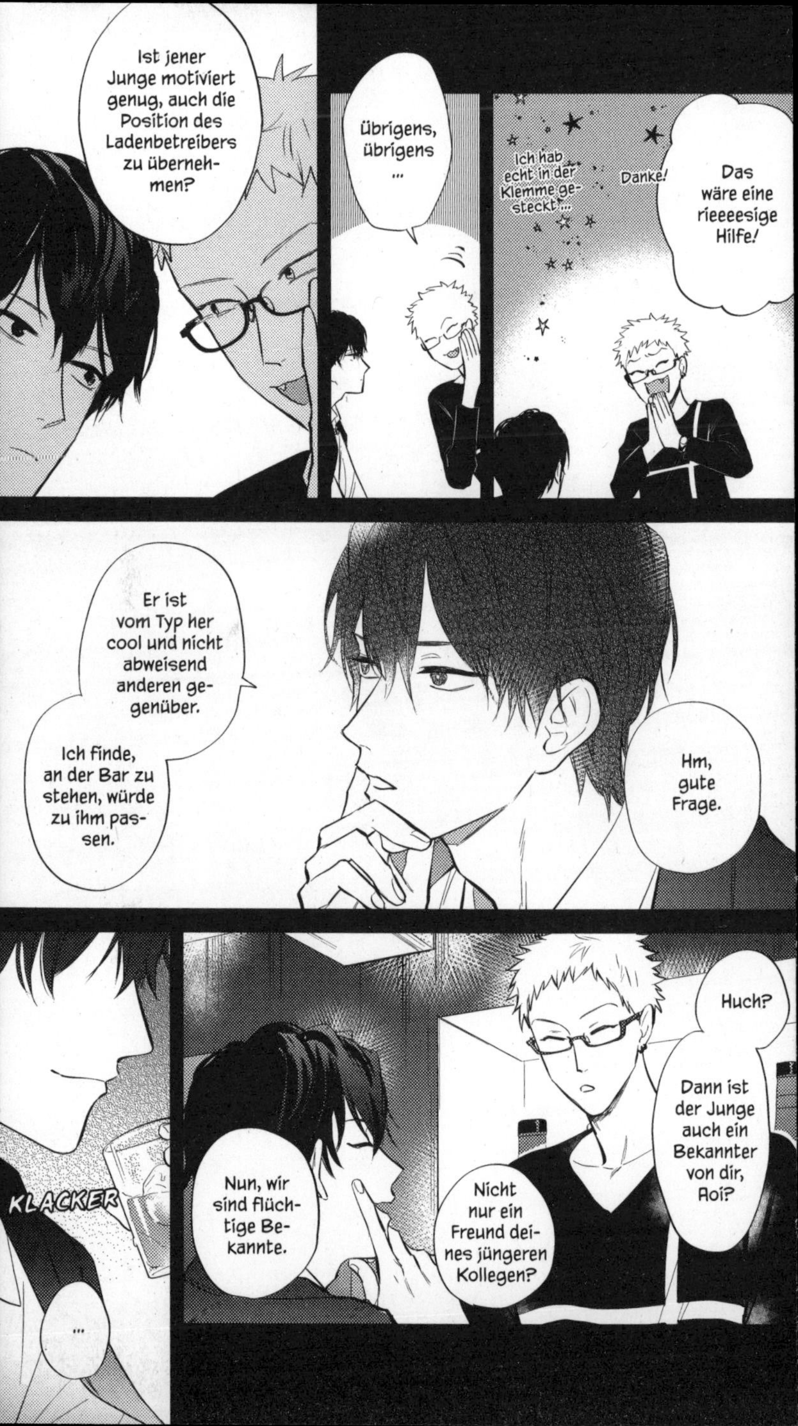
Das wäre eine rieeeesige Hilfe!
Danke!
Ich hab echt in der Klemme gesteckt!...
übrigens, übrigens ...
Ist jener Junge motiviert genug, auch die Position des Ladenbetreibers zu übernehmen?
Hm, gute Frage.
Er ist vom Typ her cool und nicht abweisend anderen gegenüber.
Ich finde, an der Bar zu stehen, würde zu ihm passen.
Huch?
Dann ist der Junge auch ein Bekannter von dir, Aoi?
Nicht nur ein Freund deines jüngeren Kollegen?
Nun, wir sind flüchtige Bekannte.
KLACKER
...

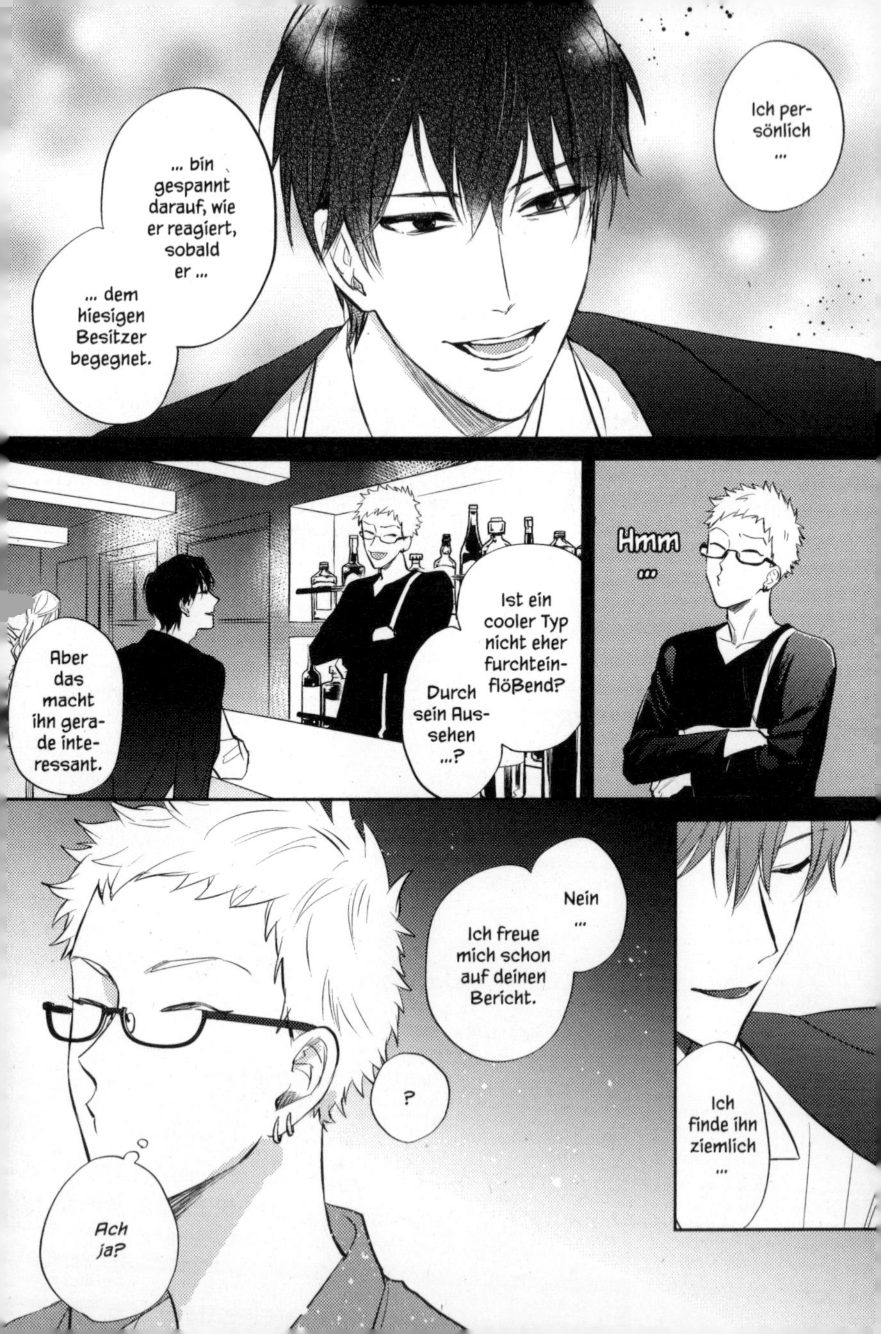
Ich persönlich …
… bin gespannt darauf, wie er reagiert, sobald er …
… dem hiesigen Besitzer begegnet.
Hmm …
Ist ein cooler Typ nicht eher furchteinflößend?
Durch sein Aussehen …?
Aber das macht ihn gerade interessant.
Ich finde ihn ziemlich …
Nein …
Ich freue mich schon auf deinen Bericht.
?
Ach ja?

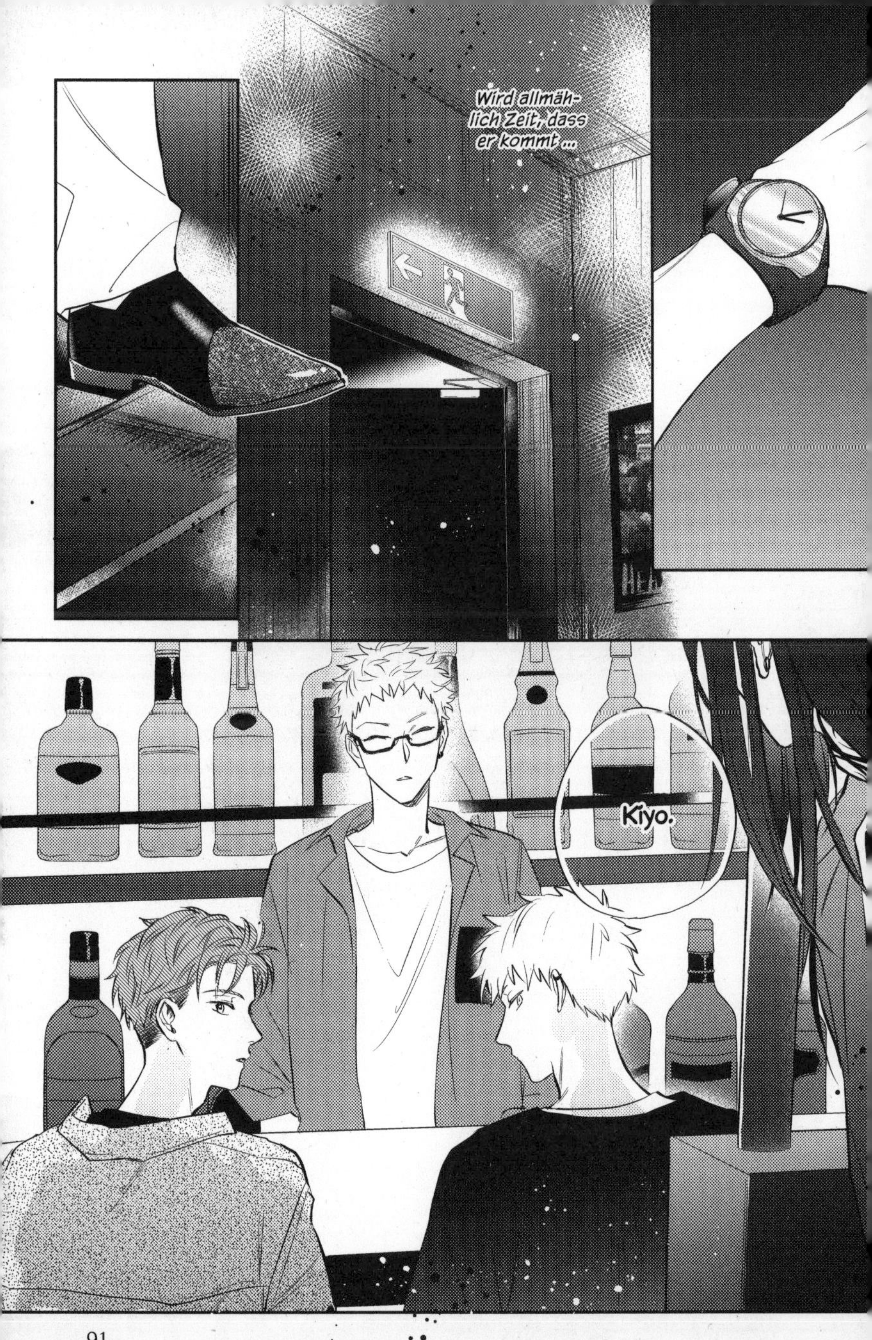
Wird allmählich Zeit, dass er kommt ...
Kiyo.

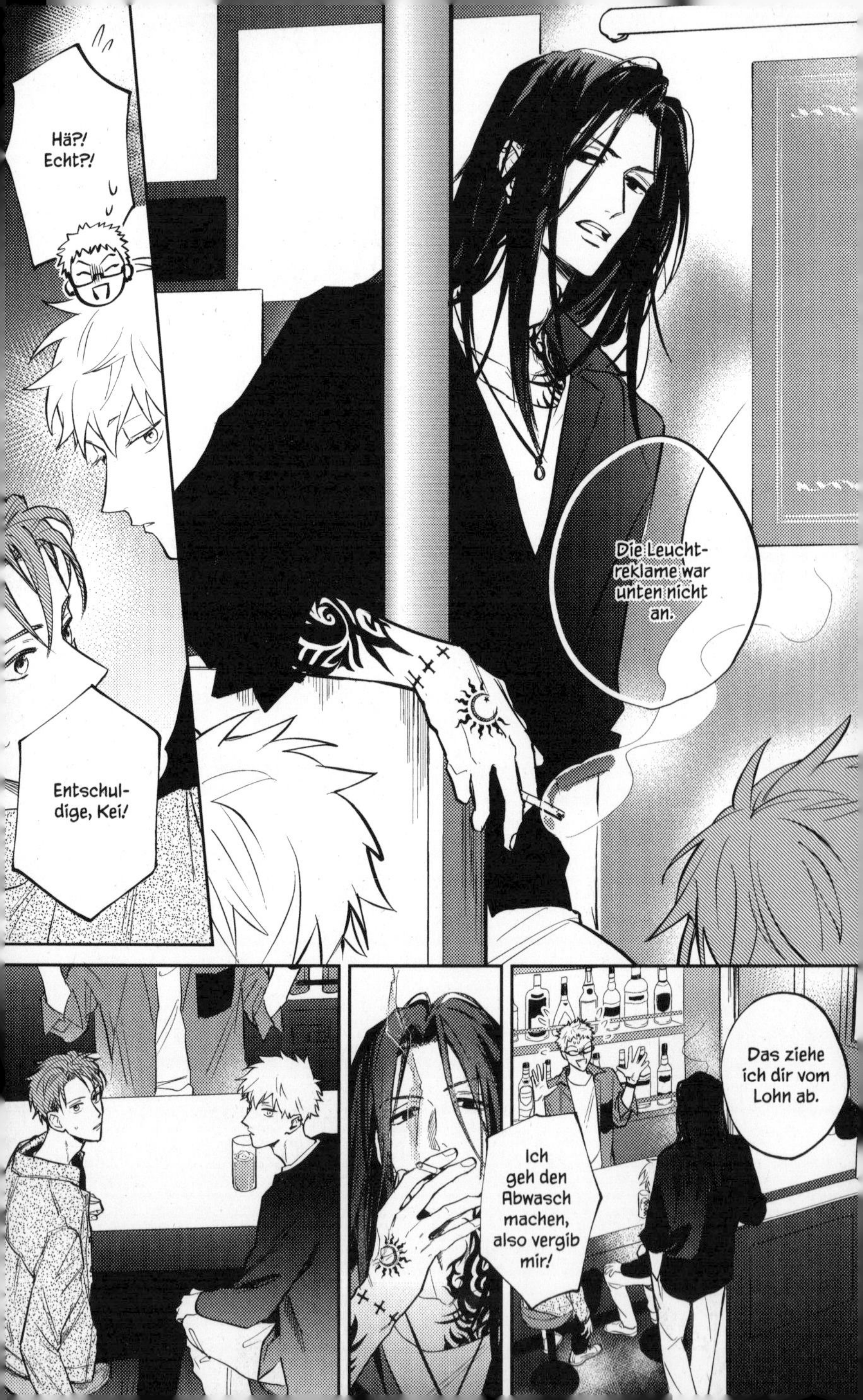
Die Leucht-reklame war unten nicht an.
Hä?! Echt?!
Entschul-dige, Kei!
Das ziehe ich dir vom Lohn ab.
Ich geh den Abwasch machen, also vergib mir!

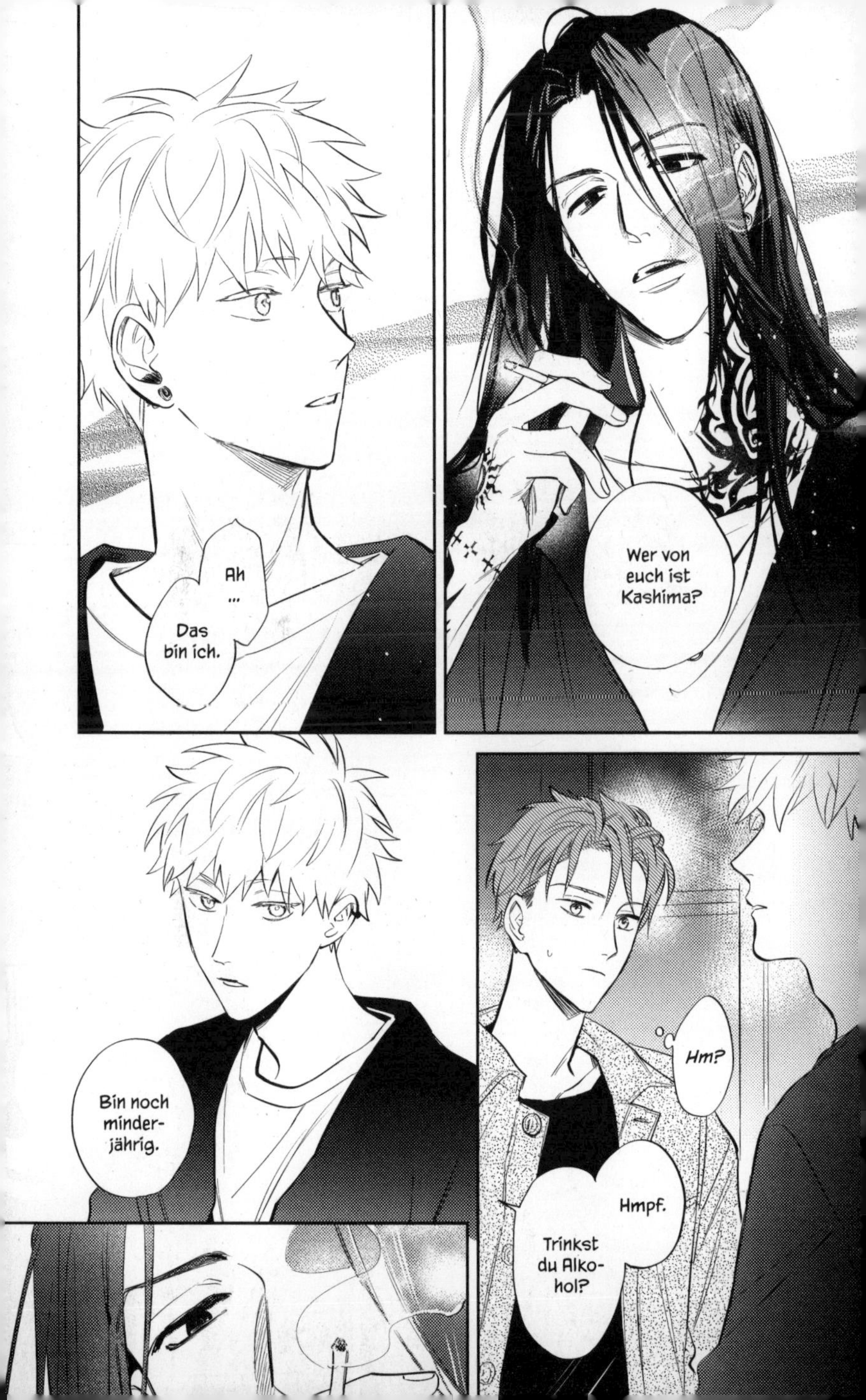
Wer von euch ist Kashima?
Ah ... Das bin ich.
Hm?
Hmpf. Trinkst du Alko-hol?
Bin noch minder-jährig.

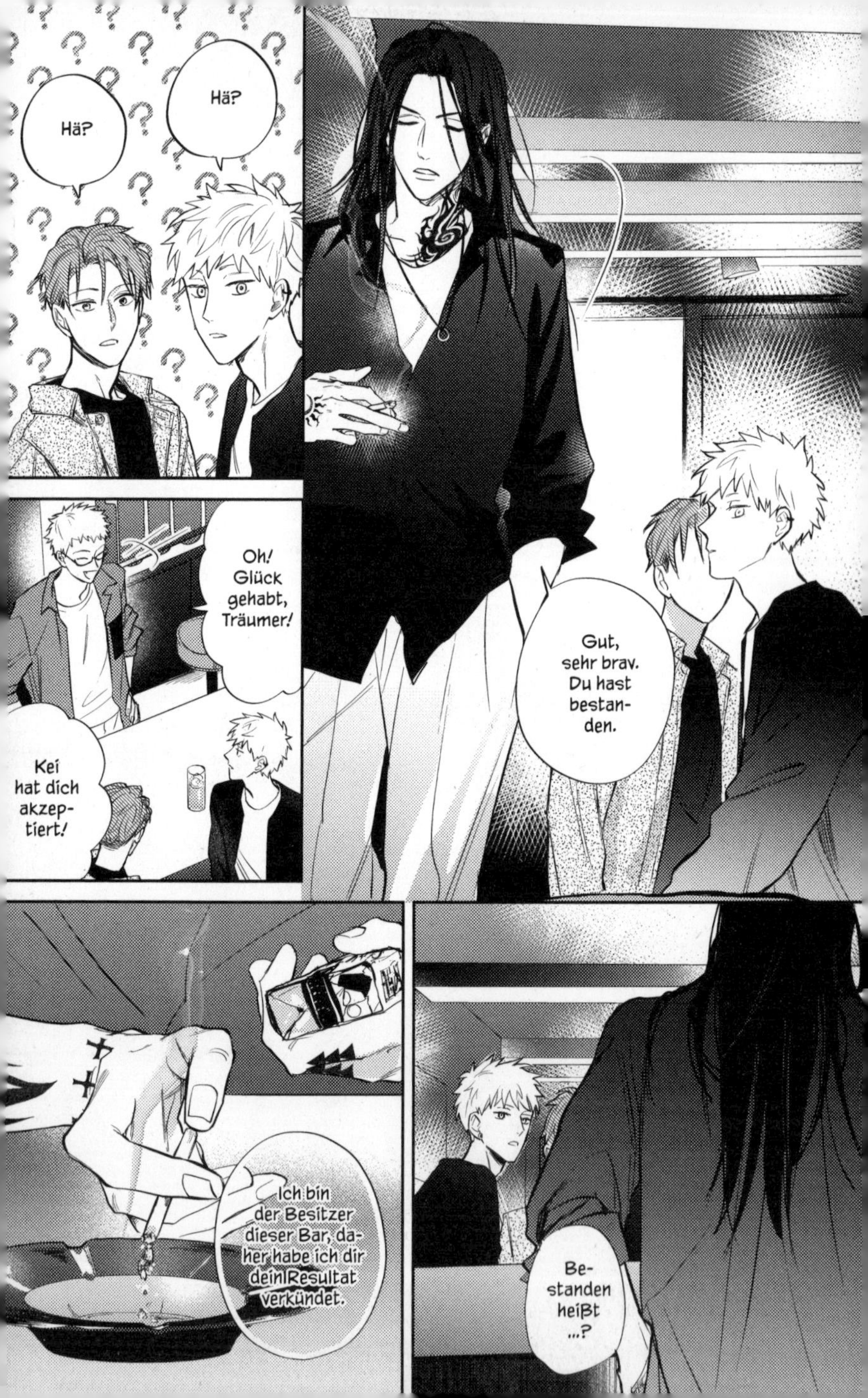
Gut, sehr brav. Du hast bestanden.
Hä?
Hä?
Oh! Glück gehabt, Träumer!
Kei hat dich akzeptiert!
Bestanden heißt ...?
Ich bin der Besitzer dieser Bar, daher habe ich dir dein Resultat verkündet.

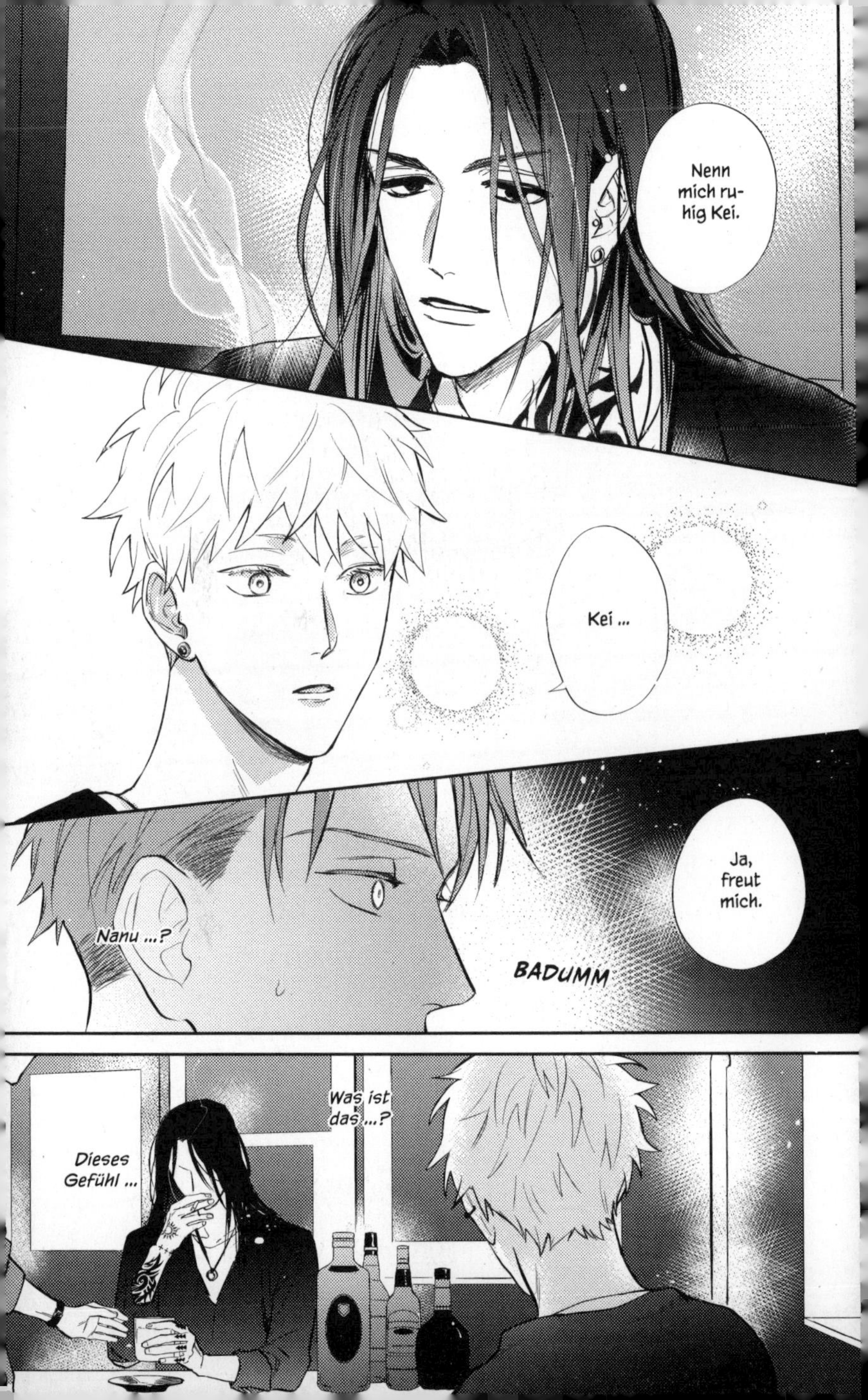
Nenn mich ru-hig Kei.
Kei ...
Ja, freut mich.
Nanu ...?
BADUMM
Was ist das ...?
Dieses Gefühl ...

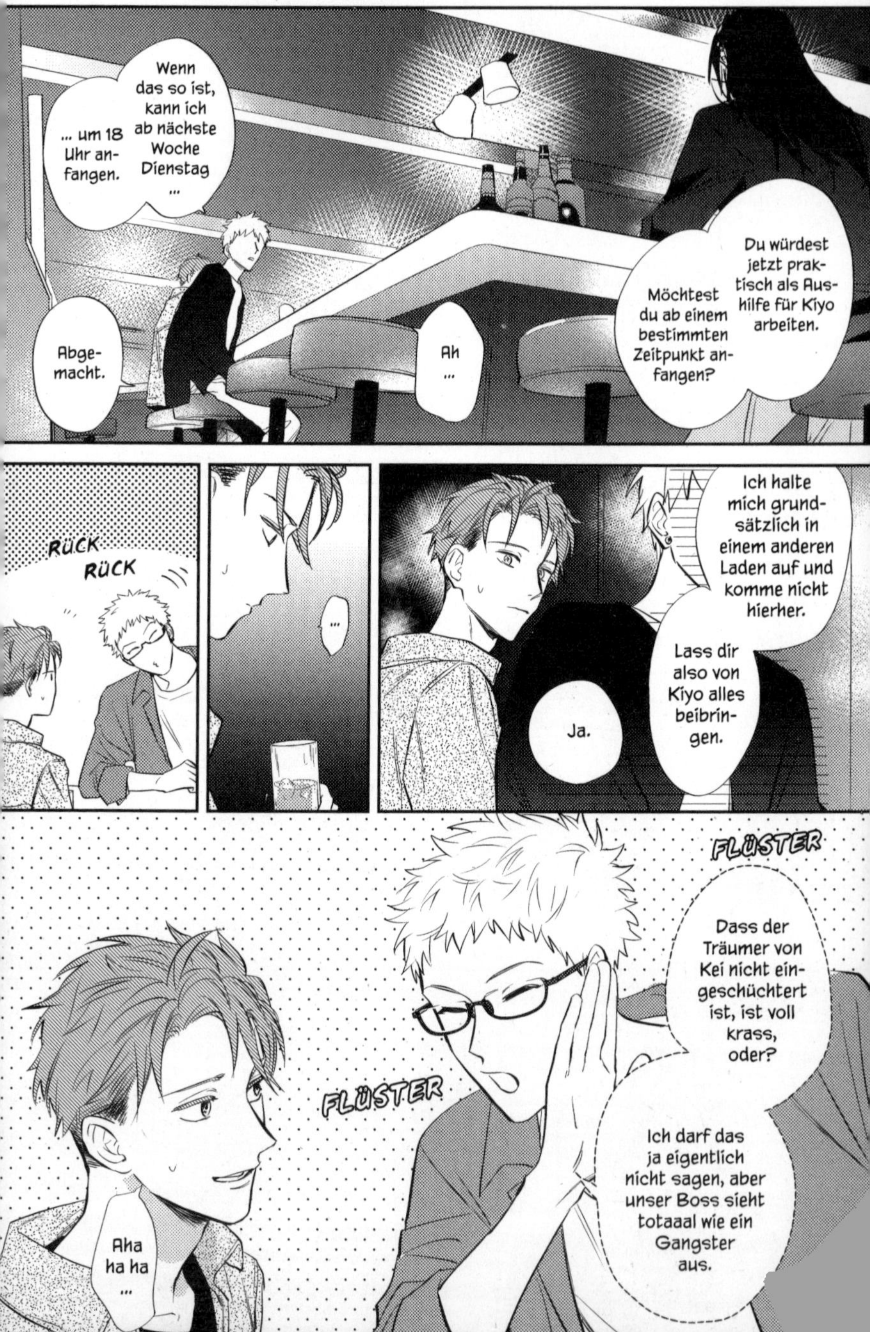
Du würdest jetzt praktisch als Aushilfe für Kiyo arbeiten.
Möchtest du ab einem bestimmten Zeitpunkt anfangen?
Ah ...
Wenn das so ist, kann ich ab nächste Woche Dienstag ...
... um 18 Uhr anfangen.
Abgemacht.
Ich halte mich grundsätzlich in einem anderen Laden auf und komme nicht hierher.
Lass dir also von Kiyo alles beibringen.
Ja.
...
RÜCK
RÜCK
FLÜSTER
Dass der Träumer von Kei nicht eingeschüchtert ist, ist voll krass, oder?
FLÜSTER
Ich darf das ja eigentlich nicht sagen, aber unser Boss sieht totaaal wie ein Gangster aus.
Aha ha ha ...

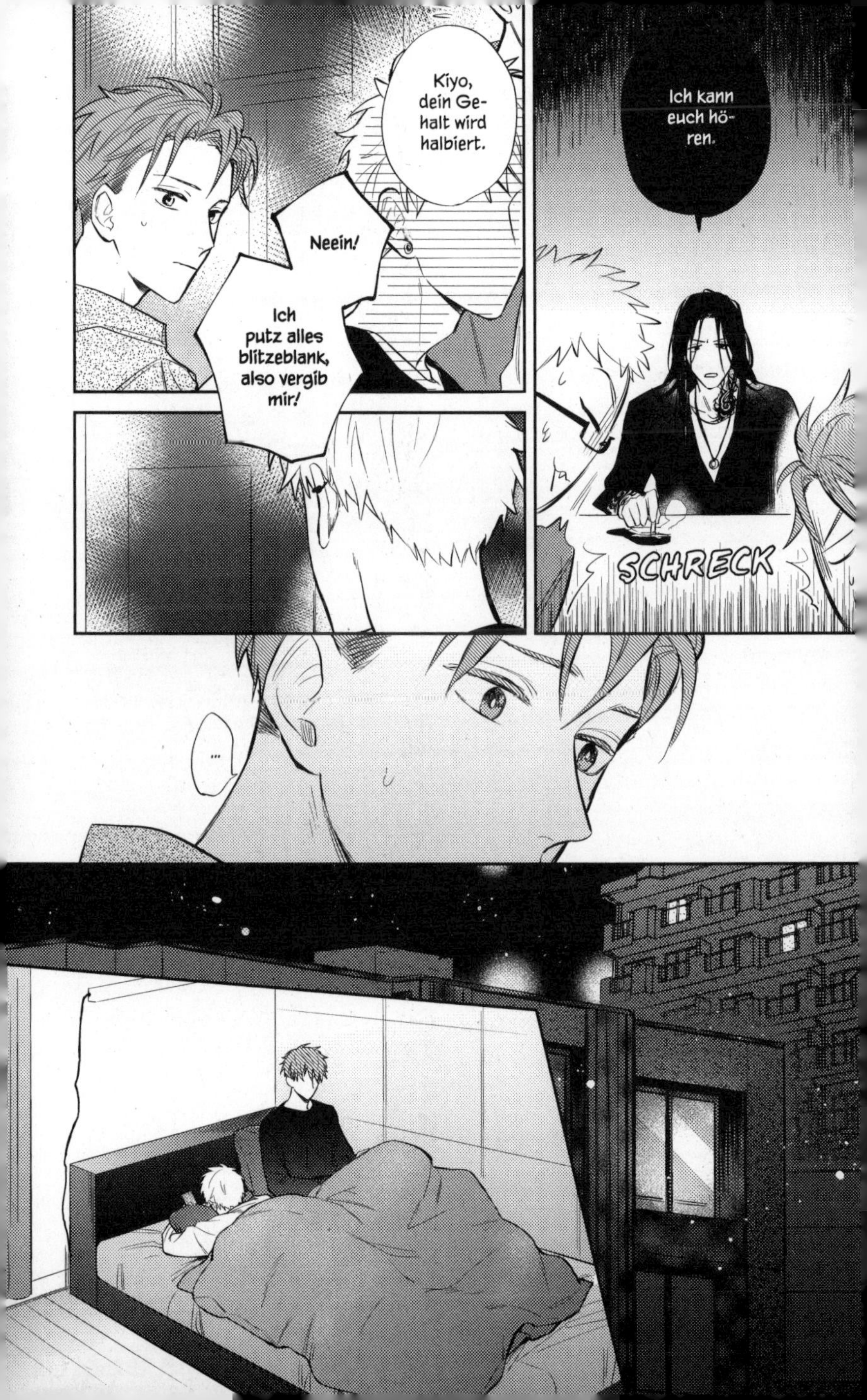
Ich kann euch hö-ren.
SCHRECK
Kiyo, dein Ge-halt wird halbiert.
Neein!
Ich putz alles blitzeblank, also vergib mir!
...

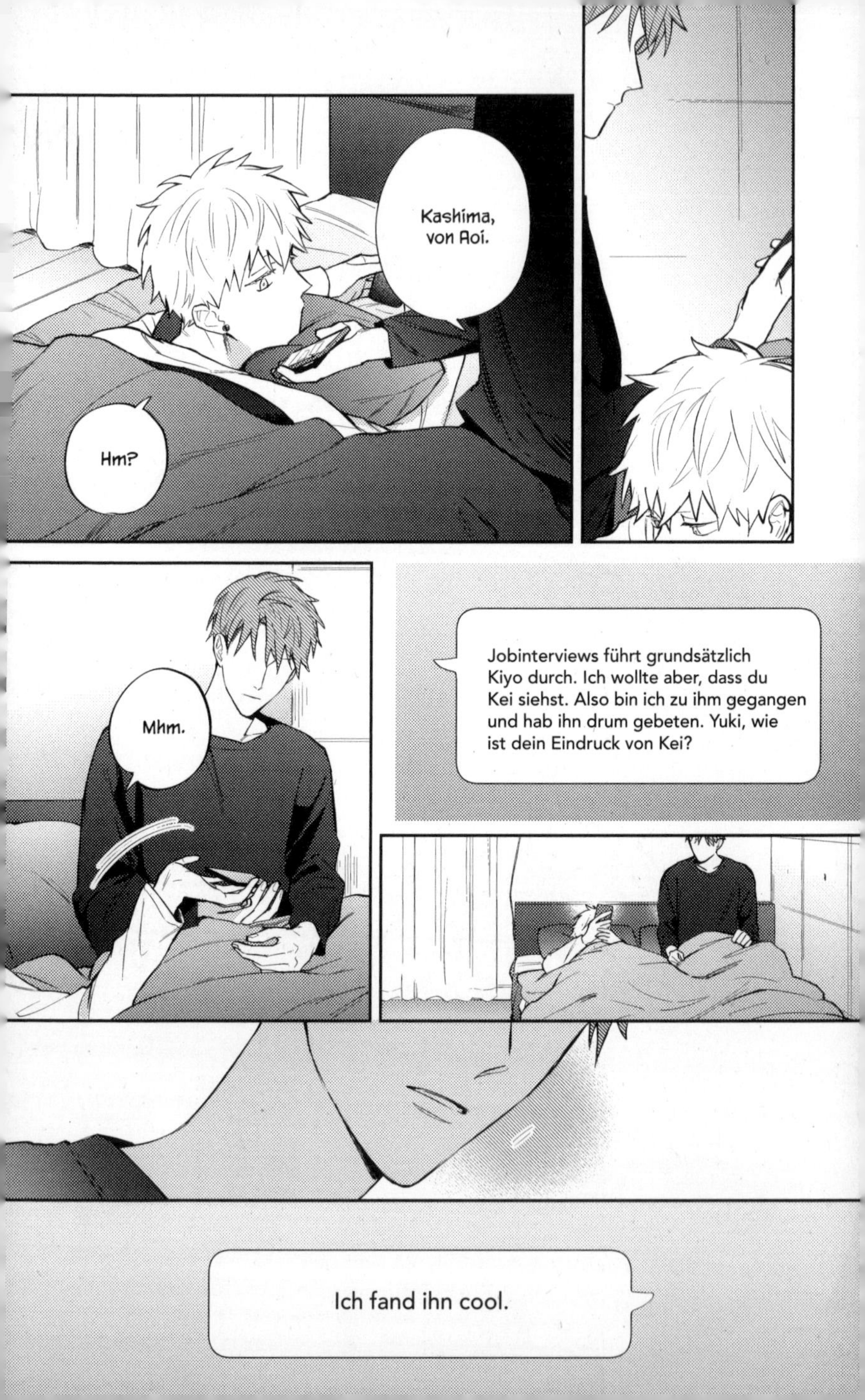
Kashima,
von Aoi.
Hm?
Jobinterviews führt grundsätzlich Kiyo durch. Ich wollte aber, dass du Kei siehst. Also bin ich zu ihm gegangen und hab ihn drum gebeten. Yuki, wie ist dein Eindruck von Kei?
Mhm.
Ich fand ihn cool.

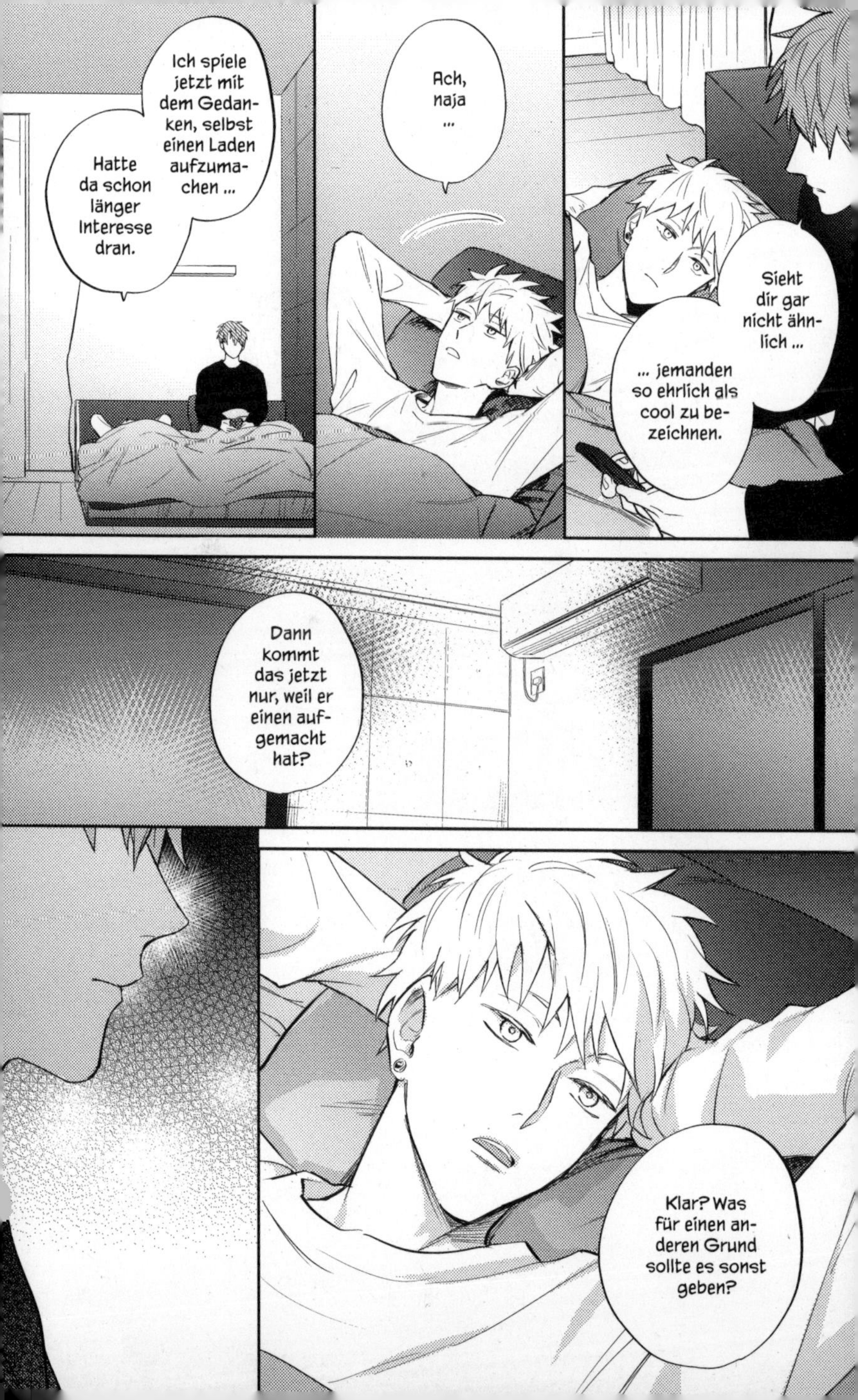
Sieht dir gar nicht ähnlich ...
... jemanden so ehrlich als cool zu bezeichnen.
Ach, naja ...
Ich spiele jetzt mit dem Gedanken, selbst einen Laden aufzumachen ...
Hatte da schon länger Interesse dran.
Dann kommt das jetzt nur, weil er einen aufgemacht hat?
Klar? Was für einen anderen Grund sollte es sonst geben?

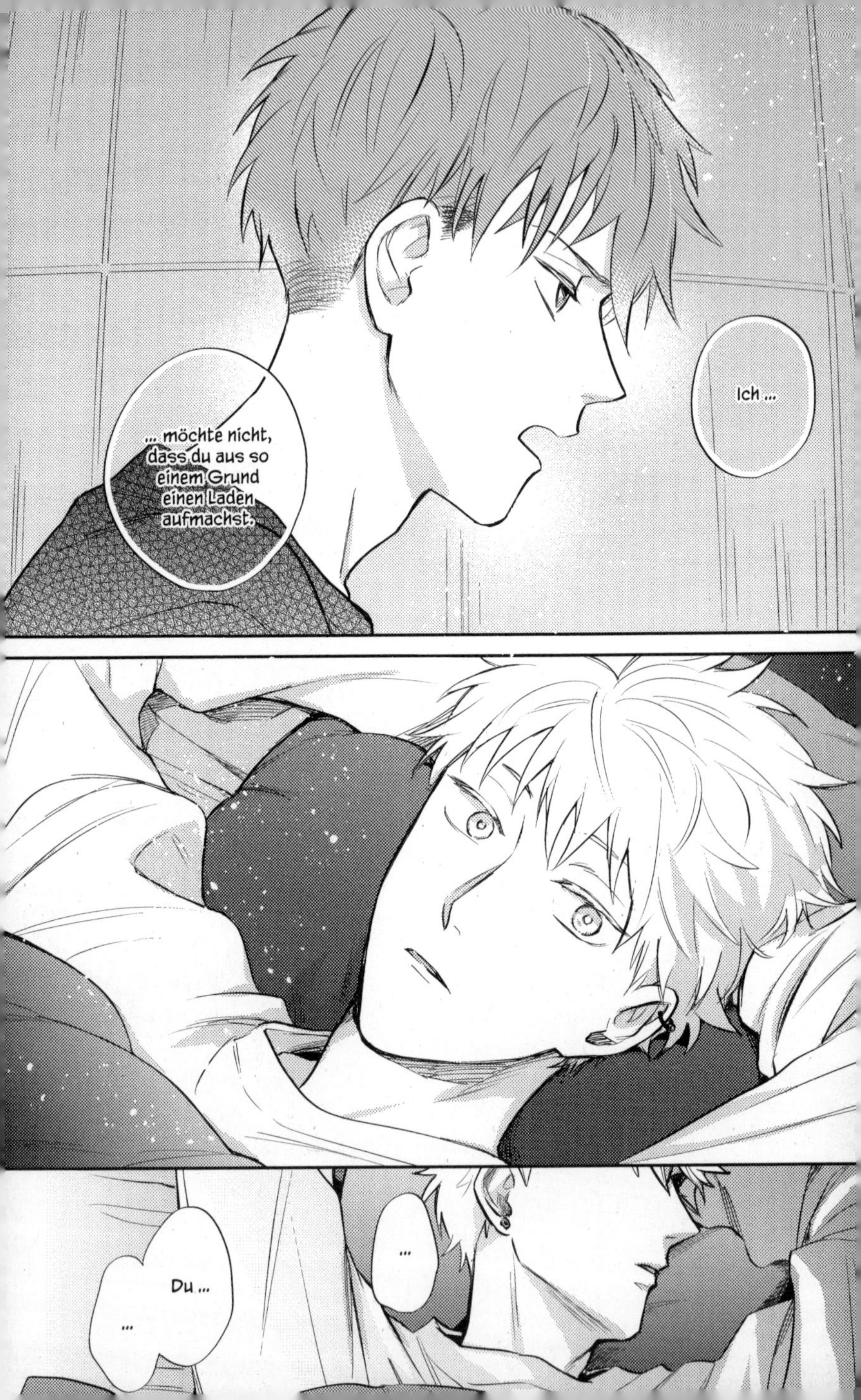
Ich …
… möchte nicht, dass du aus so einem Grund einen Laden aufmachst.
…
Du …
…

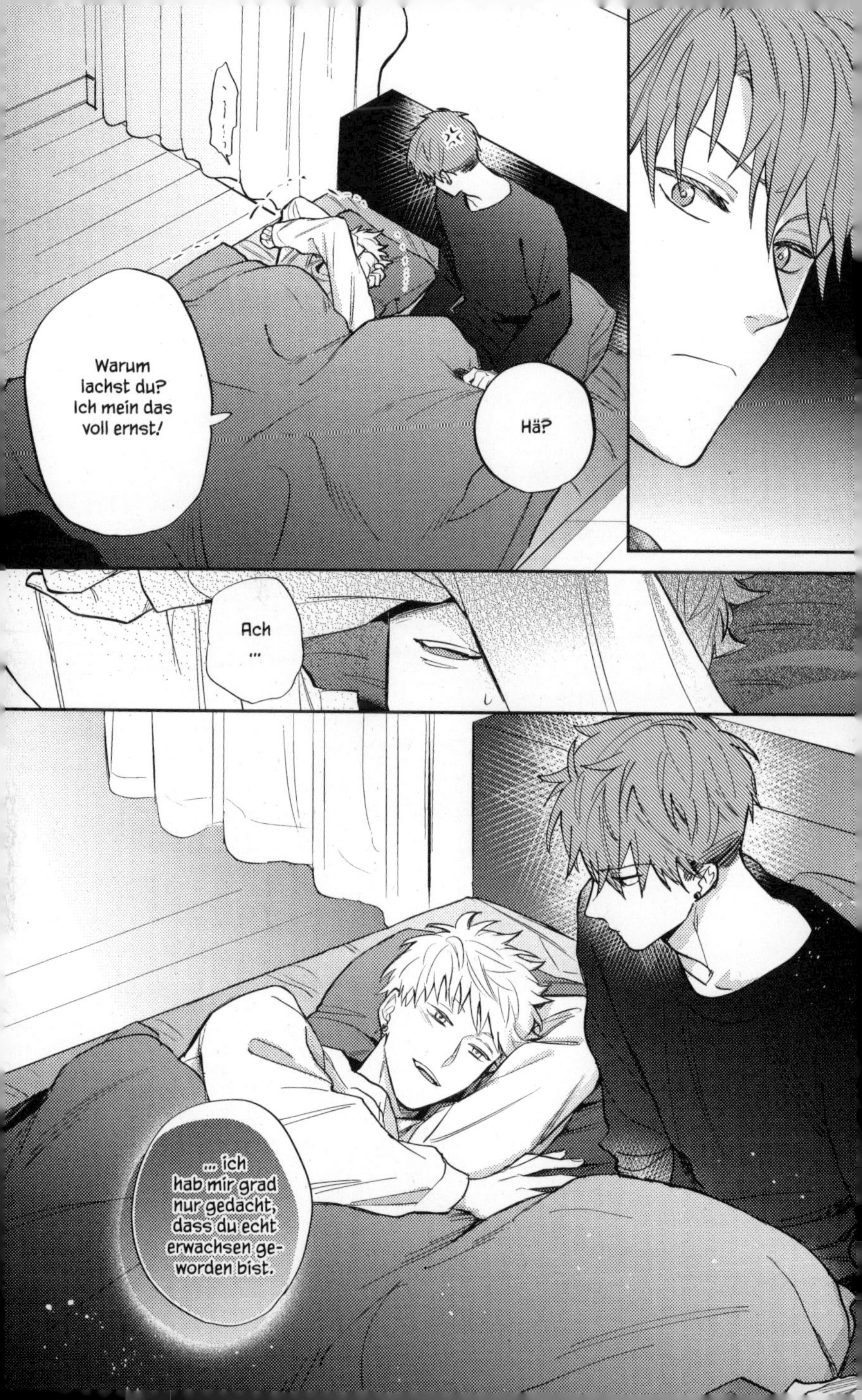
…!
Hä?
Warum lachst du? Ich mein das voll ernst!
Ach …
… ich hab mir grad nur gedacht, dass du echt erwachsen geworden bist.

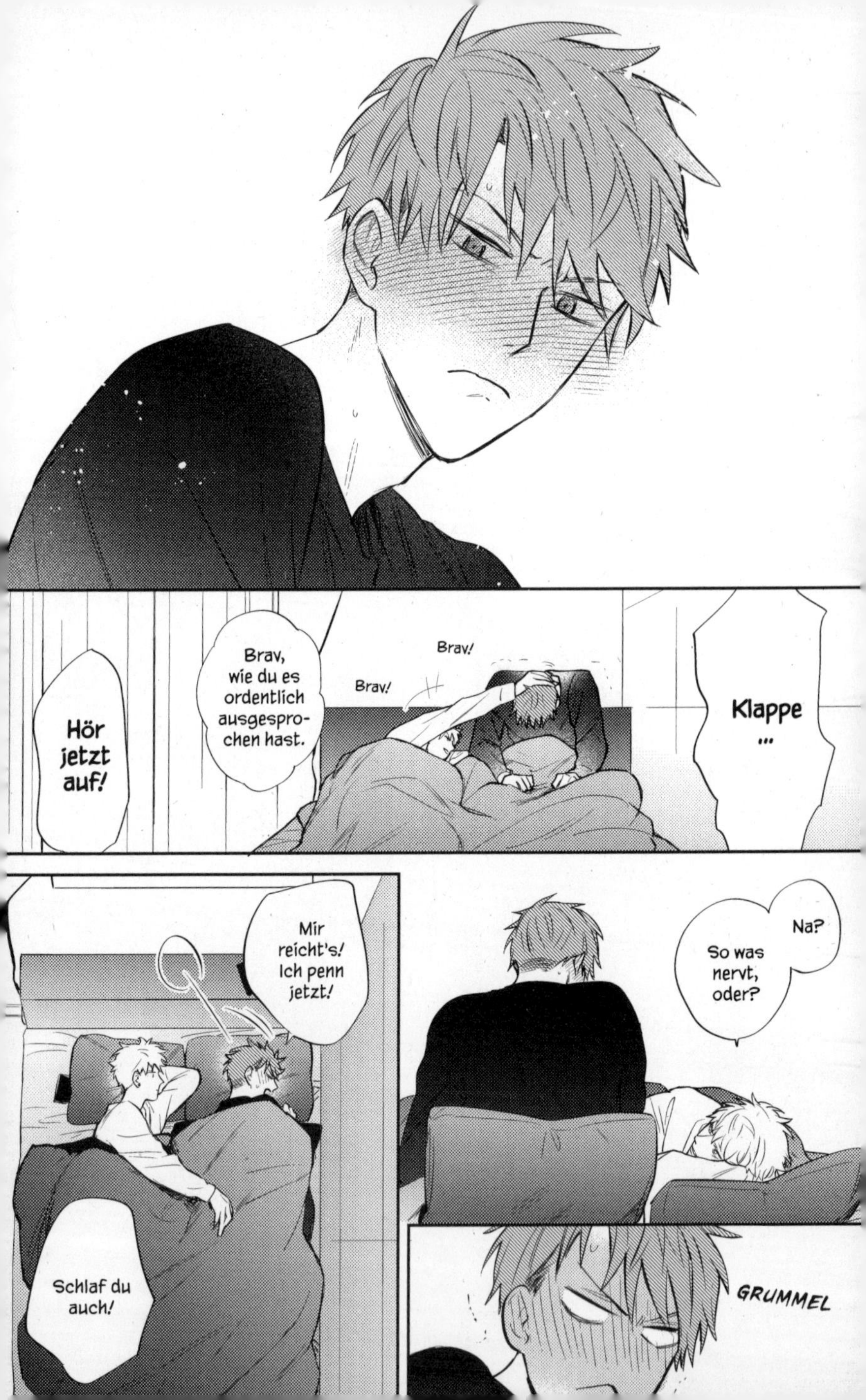
Klappe ...
Brav!
Brav!
Brav, wie du es ordentlich ausgesprochen hast.
Hör jetzt auf!
Na?
So was nervt, oder?
GRUMMEL
Mir reicht's! Ich penn jetzt!
Schlaf du auch!

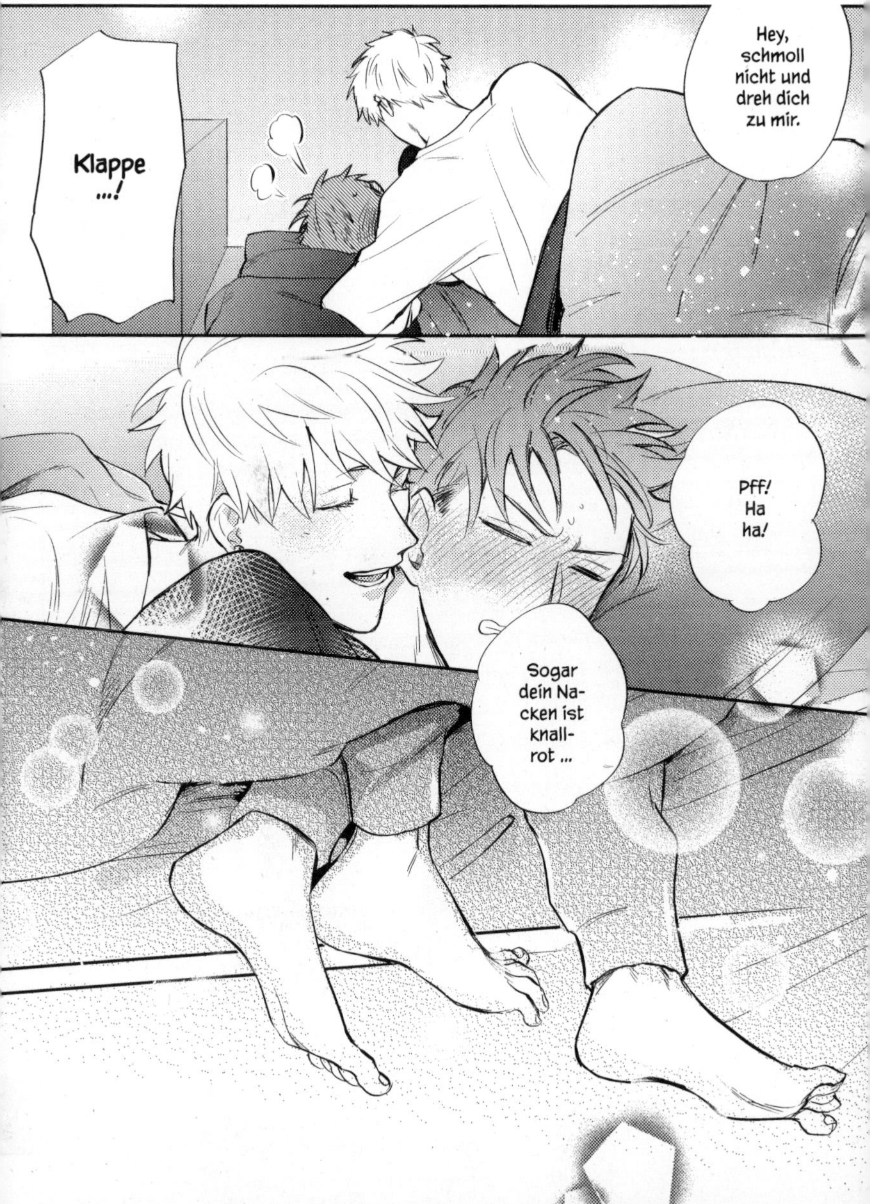
Hey, schmoll nicht und dreh dich zu mir.
Klappe ...!
Pff! Ha ha!
Sogar dein Nacken ist knallrot ...

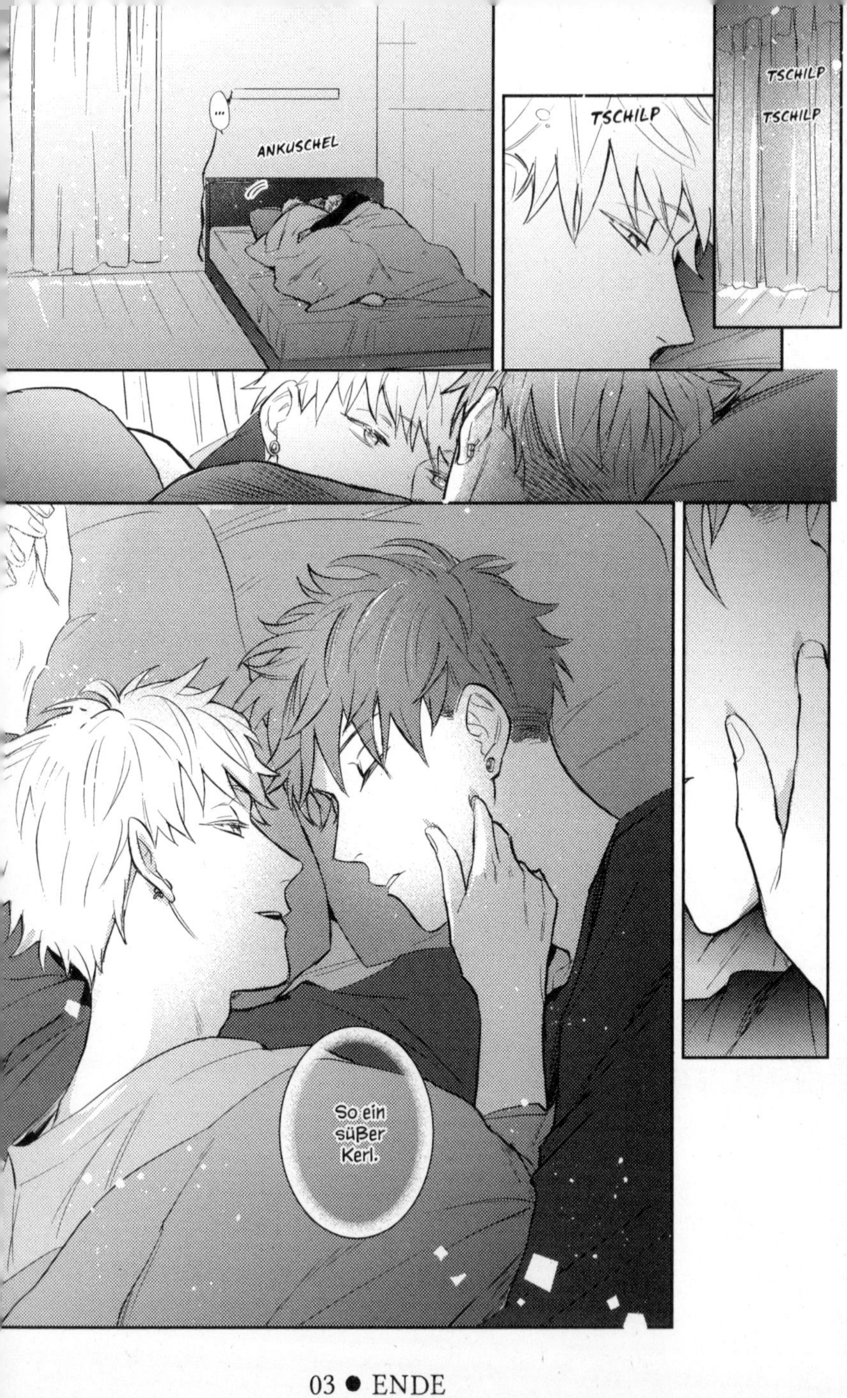

03 ● ENDE

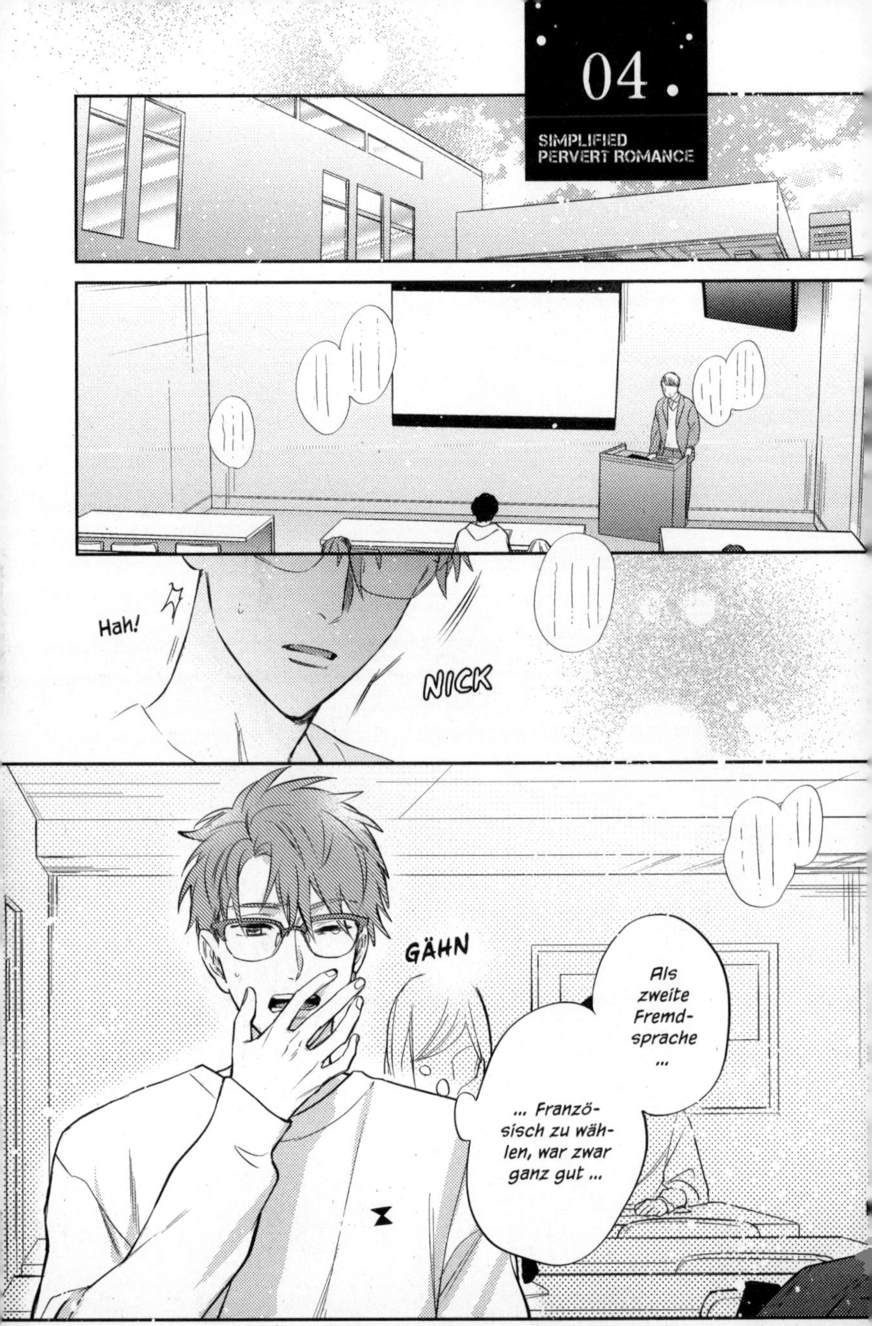
04
SIMPLIFIED PERVERT ROMANCE
Hah!
NICK
GÄHN
Als zweite Fremdsprache ...
... Französisch zu wählen, war zwar ganz gut ...

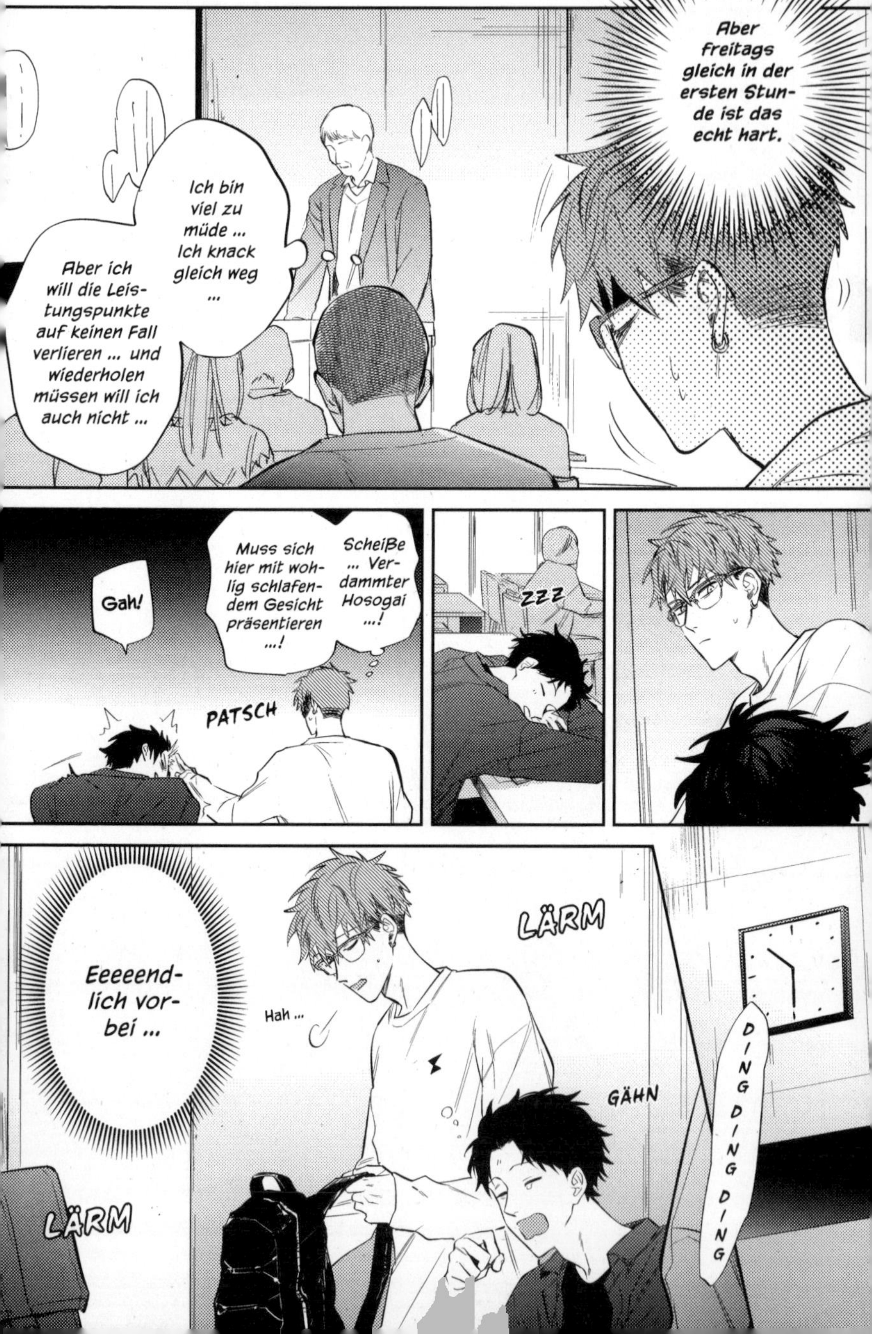
Aber freitags gleich in der ersten Stunde ist das echt hart.
Ich bin viel zu müde ... Ich knack gleich weg ...
Aber ich will die Leistungspunkte auf keinen Fall verlieren ... und wiederholen müssen will ich auch nicht ...
ZZZ
Scheiße ... Verdammter Hosogai ...!
Muss sich hier mit wohlig schlafendem Gesicht präsentieren ...!
Gah!
PATSCH
DING DING DING DING
LÄRM
Eeeeendlich vorbei ...
Hah ...
GÄHN
LÄRM

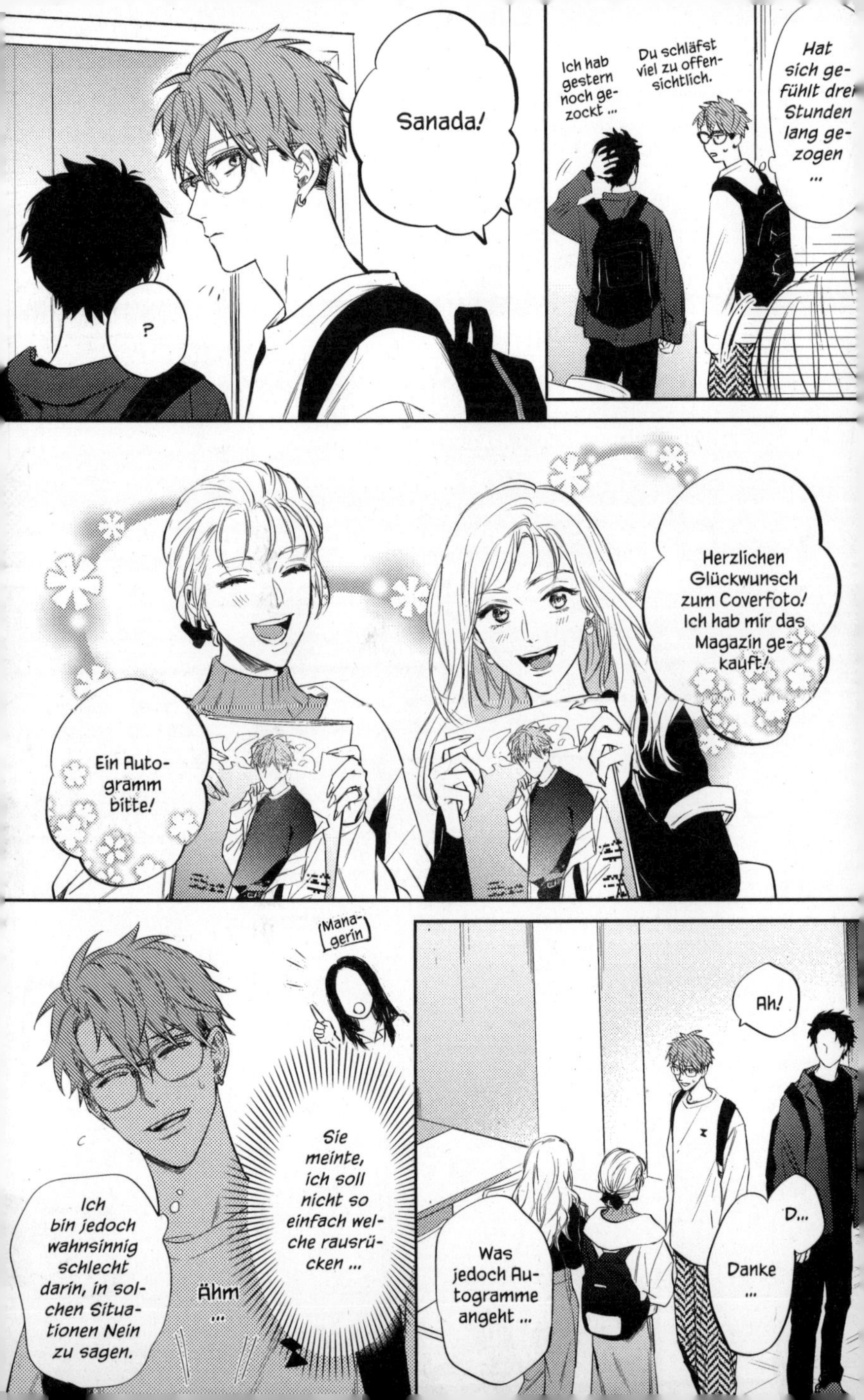
Hat sich gefühlt drei Stunden lang gezogen …
Du schläfst viel zu offensichtlich.
Ich hab gestern noch gezockt …
Sanada!
?
Herzlichen Glückwunsch zum Coverfoto! Ich hab mir das Magazin gekauft!
Ein Autogramm bitte!
Ah!
D…
Danke …
Was jedoch Autogramme angeht …
Managerin
Sie meinte, ich soll nicht so einfach welche rausrücken …
Ähm …
Ich bin jedoch wahnsinnig schlecht darin, in solchen Situationen Nein zu sagen.

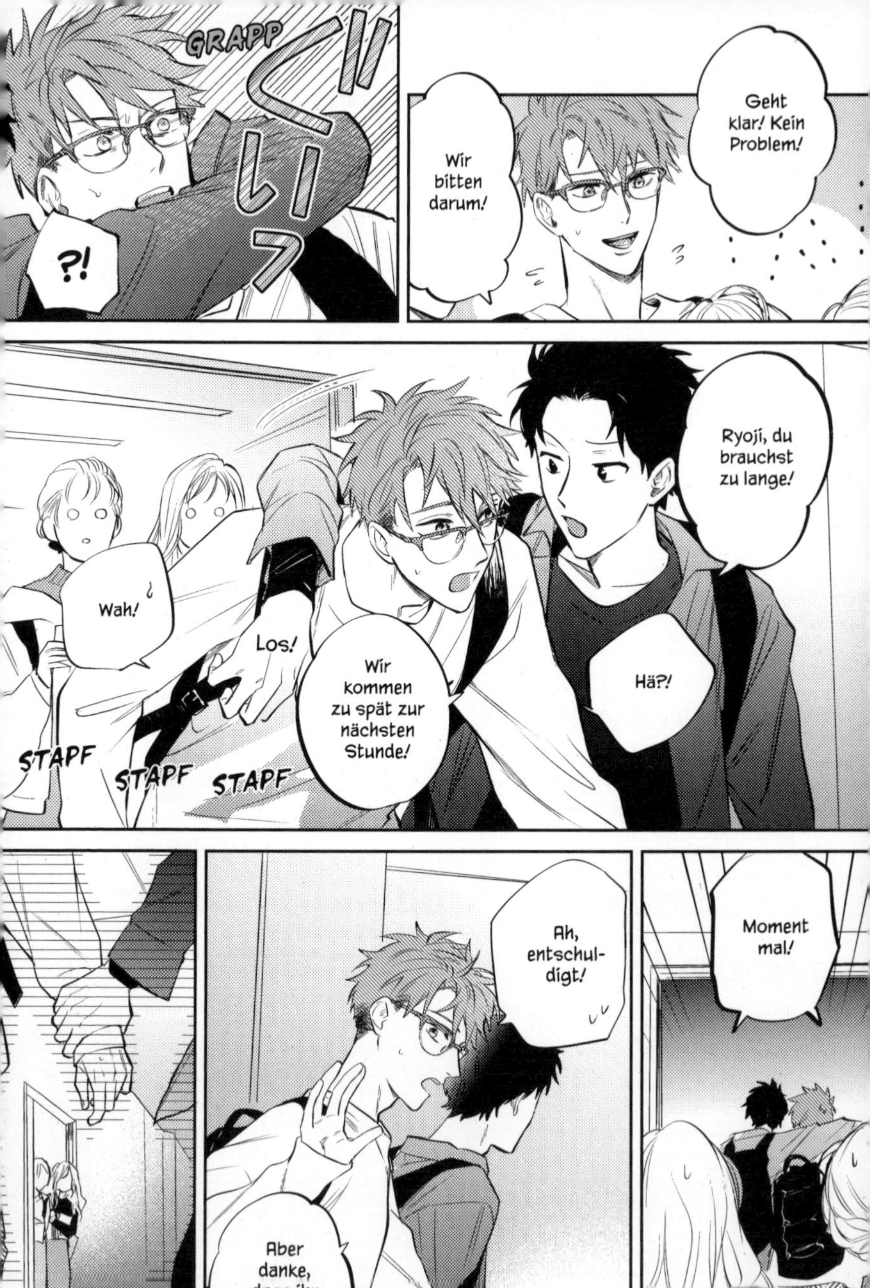
Geht klar! Kein Problem!
Wir bitten darum!
GRAPP
?!
Ryoji, du brauchst zu lange!
Hä?!
Wir kommen zu spät zur nächsten Stunde!
Los!
Wah!
STAPF
STAPF
STAPF
Moment mal!
Ah, entschul-digt!
Aber danke, dass ihr mich ange-sprochen habt!

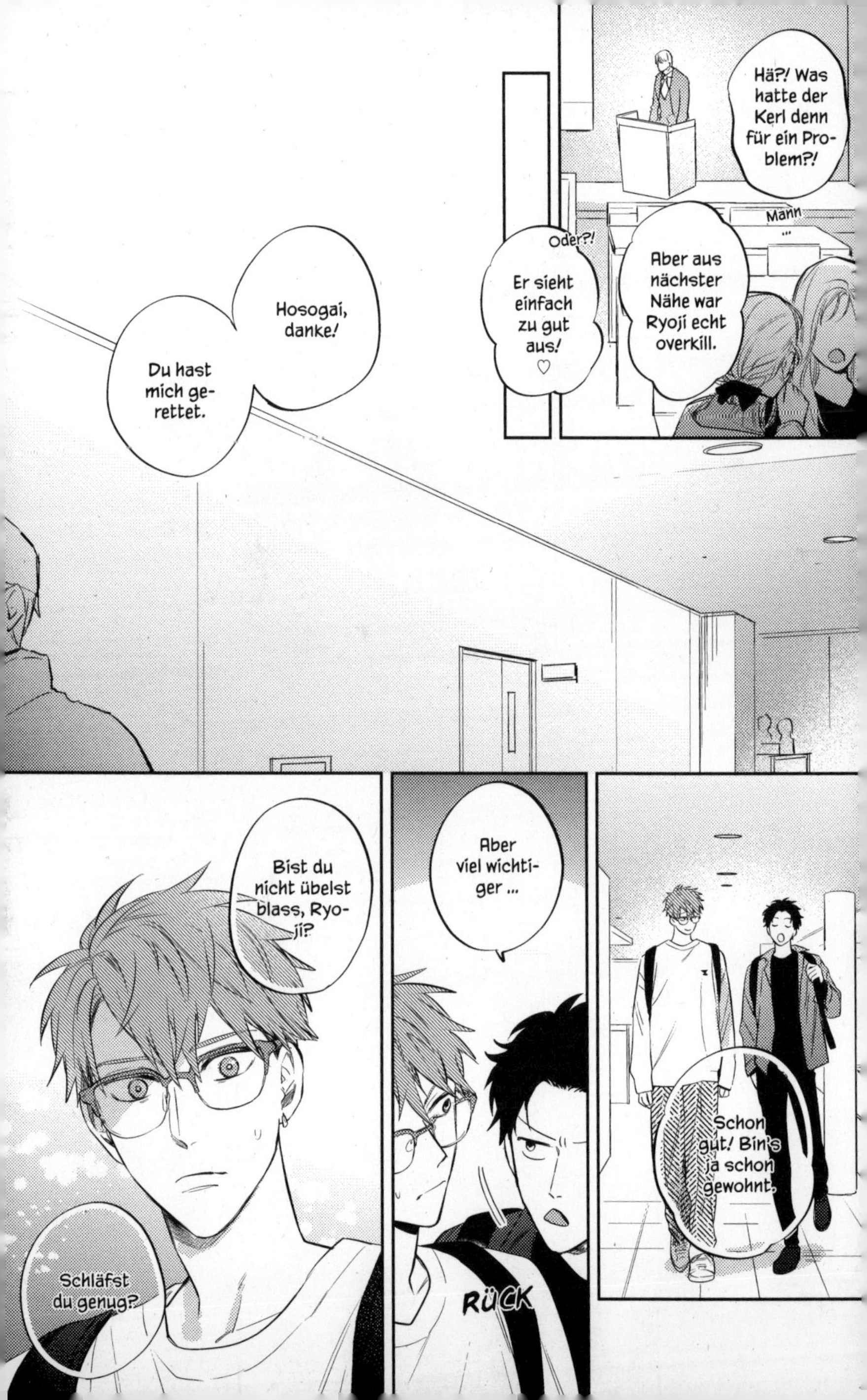
Hä?! Was hatte der Kerl denn für ein Problem?!
Mann ...
Aber aus nächster Nähe war Ryoji echt overkill.
Oder?!
Er sieht einfach zu gut aus! ♡
Hosogai, danke!
Du hast mich gerettet.
Schon gut! Bin's ja schon gewohnt.
Aber viel wichtiger ...
RÜCK
Bist du nicht übelst blass, Ryoji?
Schläfst du genug?

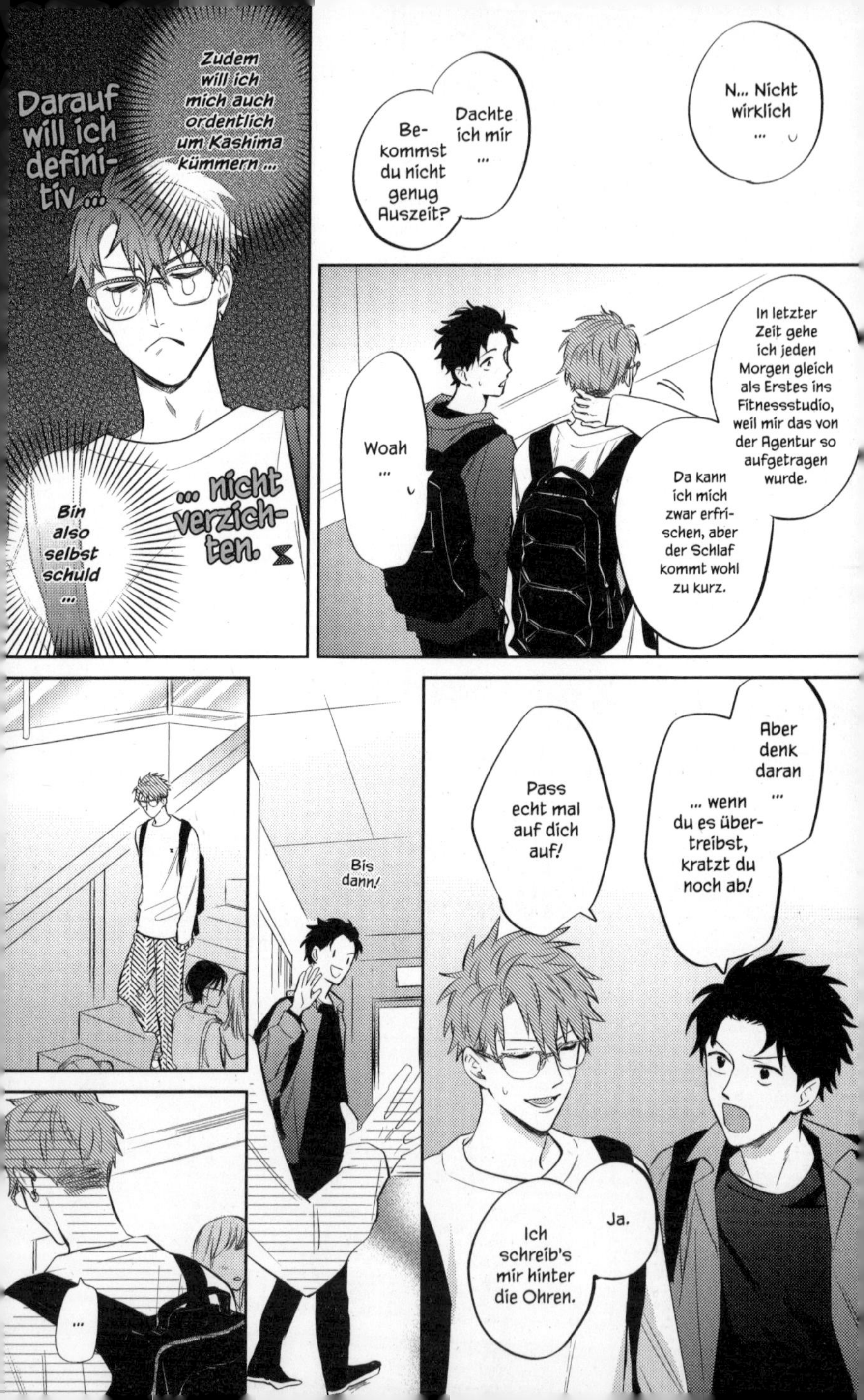
N... Nicht wirklich ...
Dachte ich mir ...
Bekommst du nicht genug Auszeit?
Zudem will ich mich auch ordentlich um Kashima kümmern ...
Darauf will ich definitiv ...
... nicht verzichten.
Bin also selbst schuld ...
In letzter Zeit gehe ich jeden Morgen gleich als Erstes ins Fitnessstudio, weil mir das von der Agentur so aufgetragen wurde.
Da kann ich mich zwar erfrischen, aber der Schlaf kommt wohl zu kurz.
Woah ...
Aber denk daran ...
... wenn du es übertreibst, kratzt du noch ab!
Pass echt mal auf dich auf!
Ja.
Ich schreib's mir hinter die Ohren.
Bis dann!
...

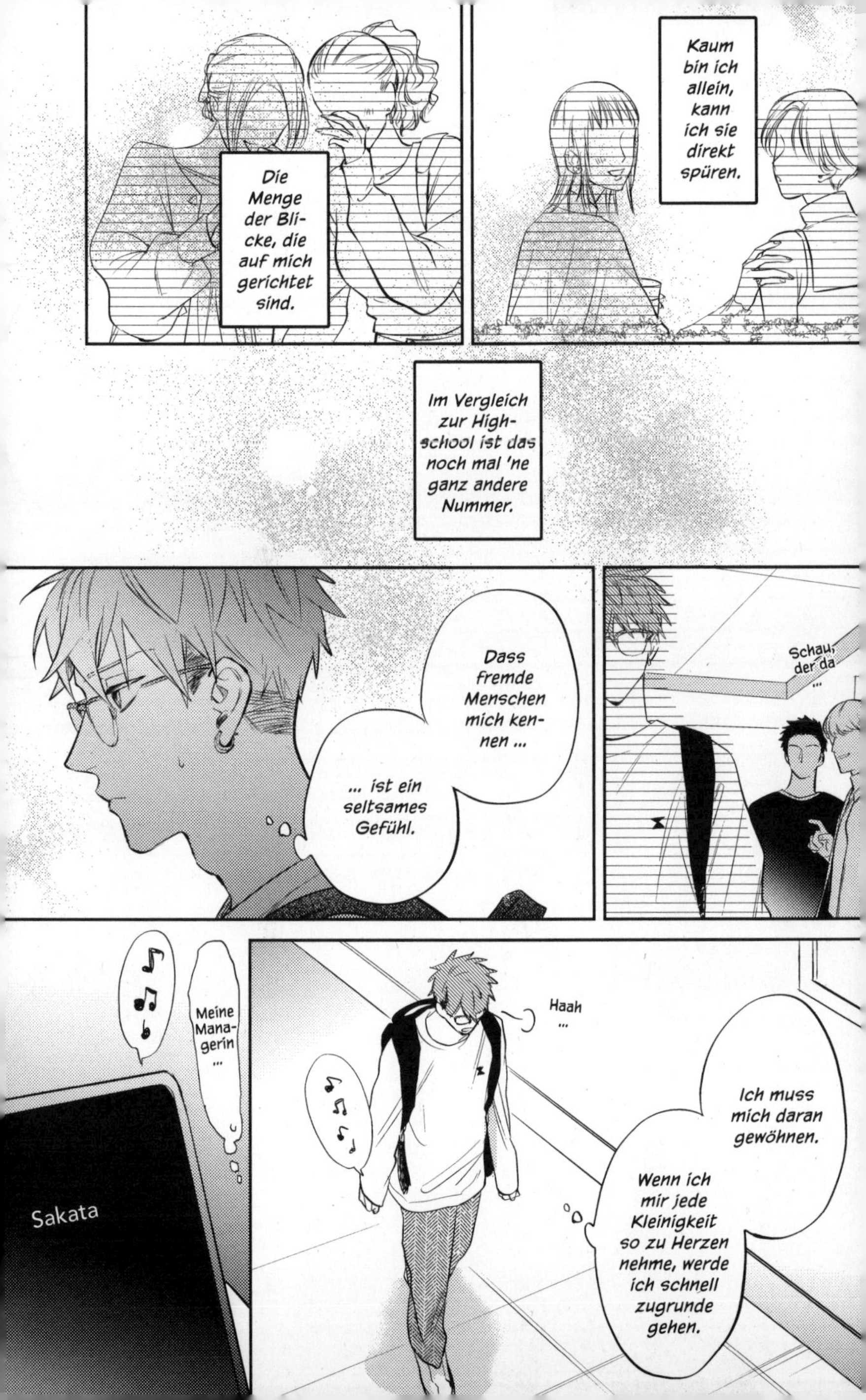
Kaum bin ich allein, kann ich sie direkt spüren.
Die Menge der Bli-cke, die auf mich gerichtet sind.
Im Vergleich zur High-school ist das noch mal 'ne ganz andere Nummer.
Schau, der da ...
Dass fremde Menschen mich ken-nen ...
... ist ein seltsames Gefühl.
Ich muss mich daran gewöhnen.
Wenn ich mir jede Kleinigkeit so zu Herzen nehme, werde ich schnell zugrunde gehen.
Haah ...
Meine Mana-gerin ...
Sakata

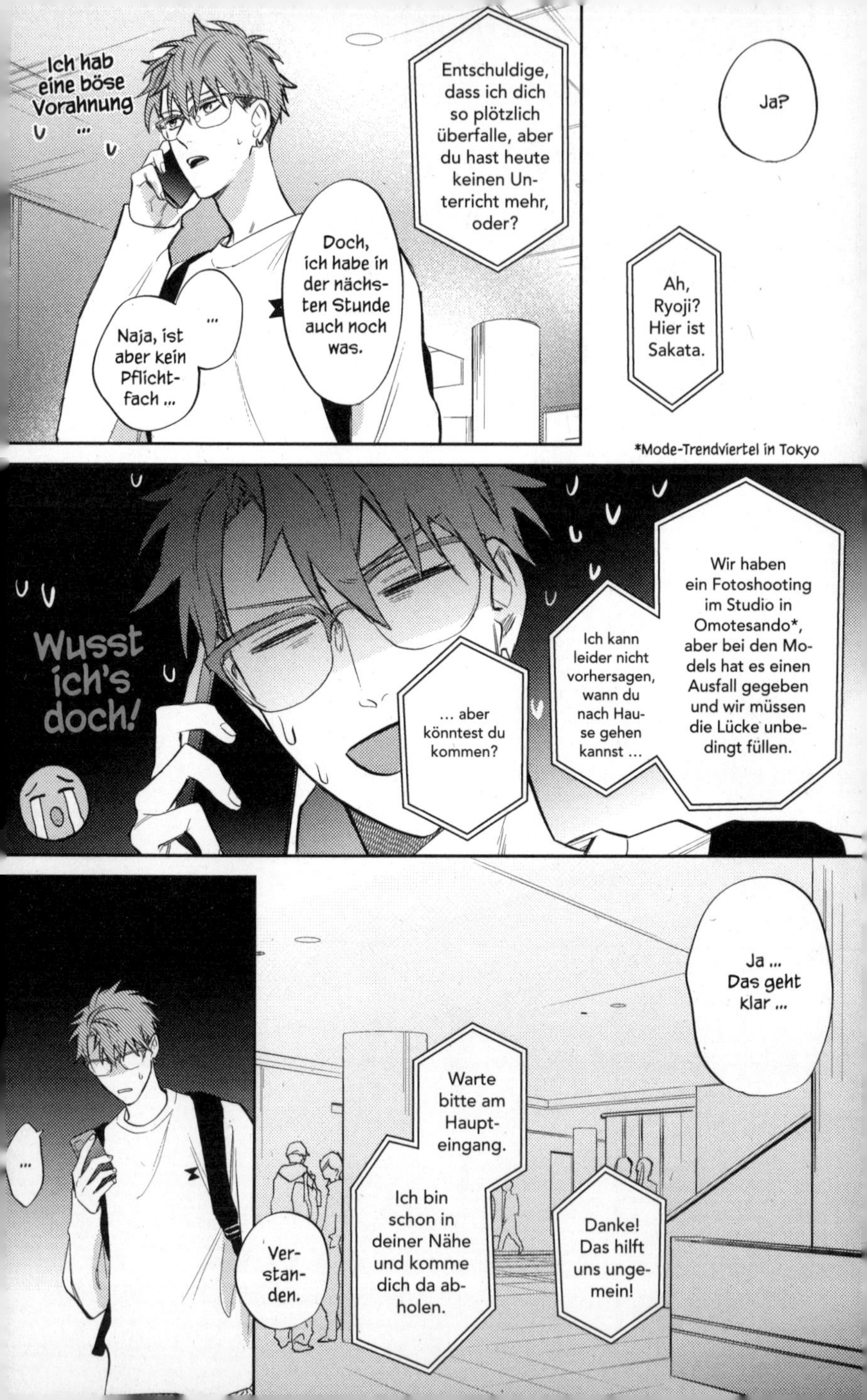

*Mode-Trendviertel in Tokyo

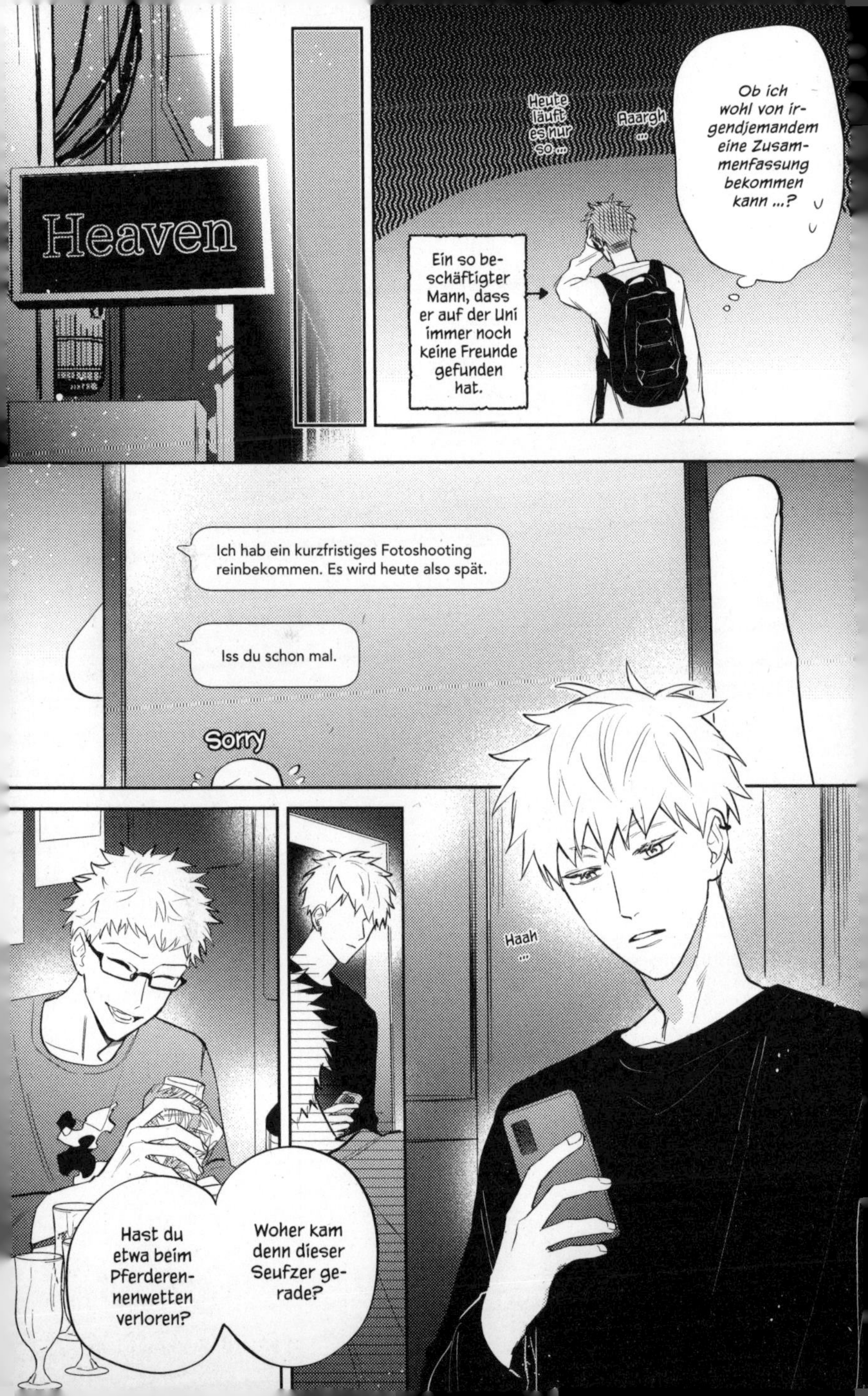
Heaven
Ob ich wohl von irgendjemandem eine Zusammenfassung bekommen kann ...?
Aaargh ...
Heute läuft es nur so ...
Ein so beschäftigter Mann, dass er auf der Uni immer noch keine Freunde gefunden hat.
Ich hab ein kurzfristiges Fotoshooting reinbekommen. Es wird heute also spät.
Iss du schon mal.
Sorry
Haah ...
Woher kam denn dieser Seufzer gerade?
Hast du etwa beim Pferderennenwetten verloren?

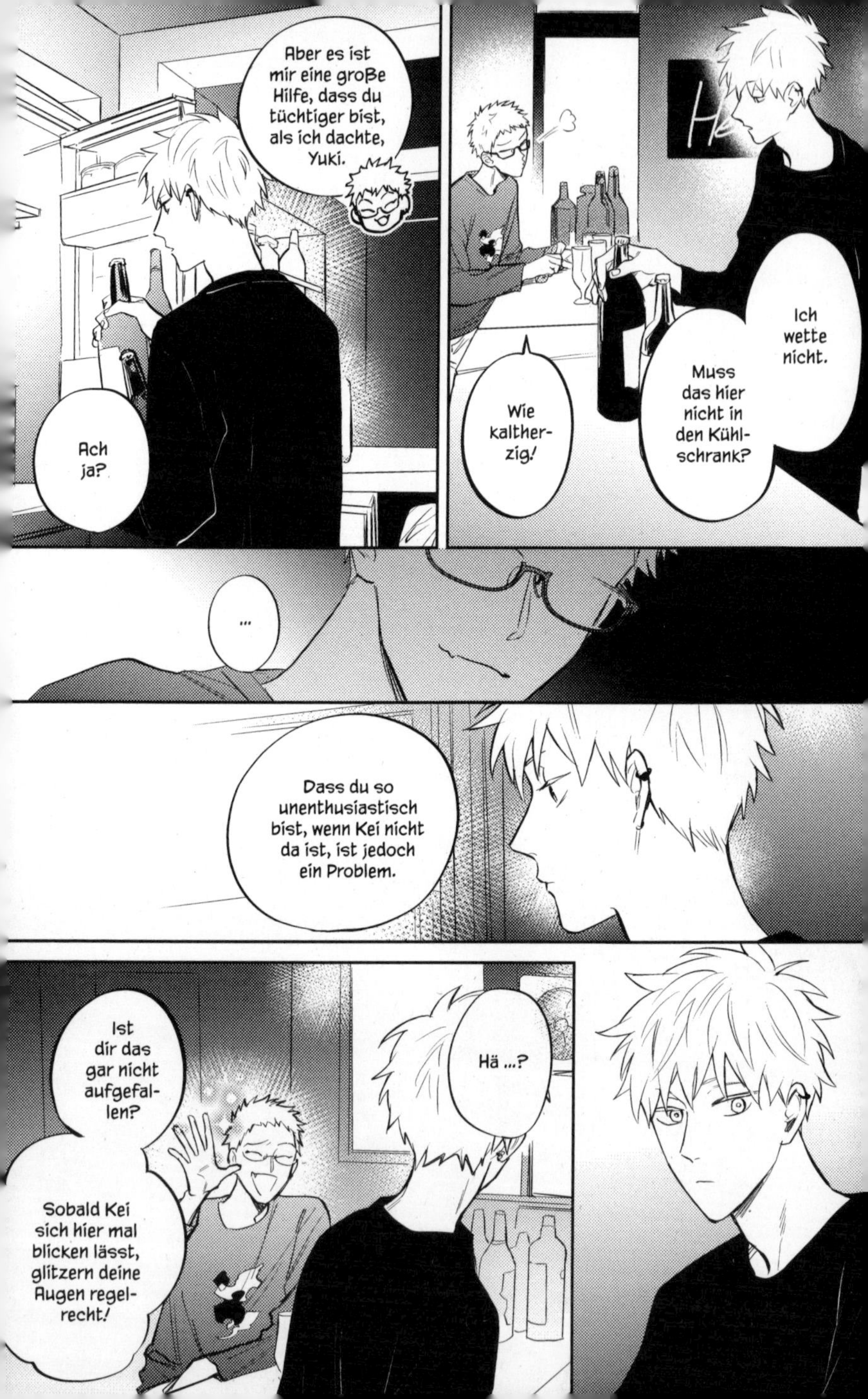
Ich wette nicht.
Muss das hier nicht in den Kühlschrank?
Wie kaltherzig!
Aber es ist mir eine große Hilfe, dass du tüchtiger bist, als ich dachte, Yuki.
Ach ja?
...
Dass du so unenthusiastisch bist, wenn Kei nicht da ist, ist jedoch ein Problem.
Hä ...?
Ist dir das gar nicht aufgefallen?
Sobald Kei sich hier mal blicken lässt, glitzern deine Augen regelrecht!

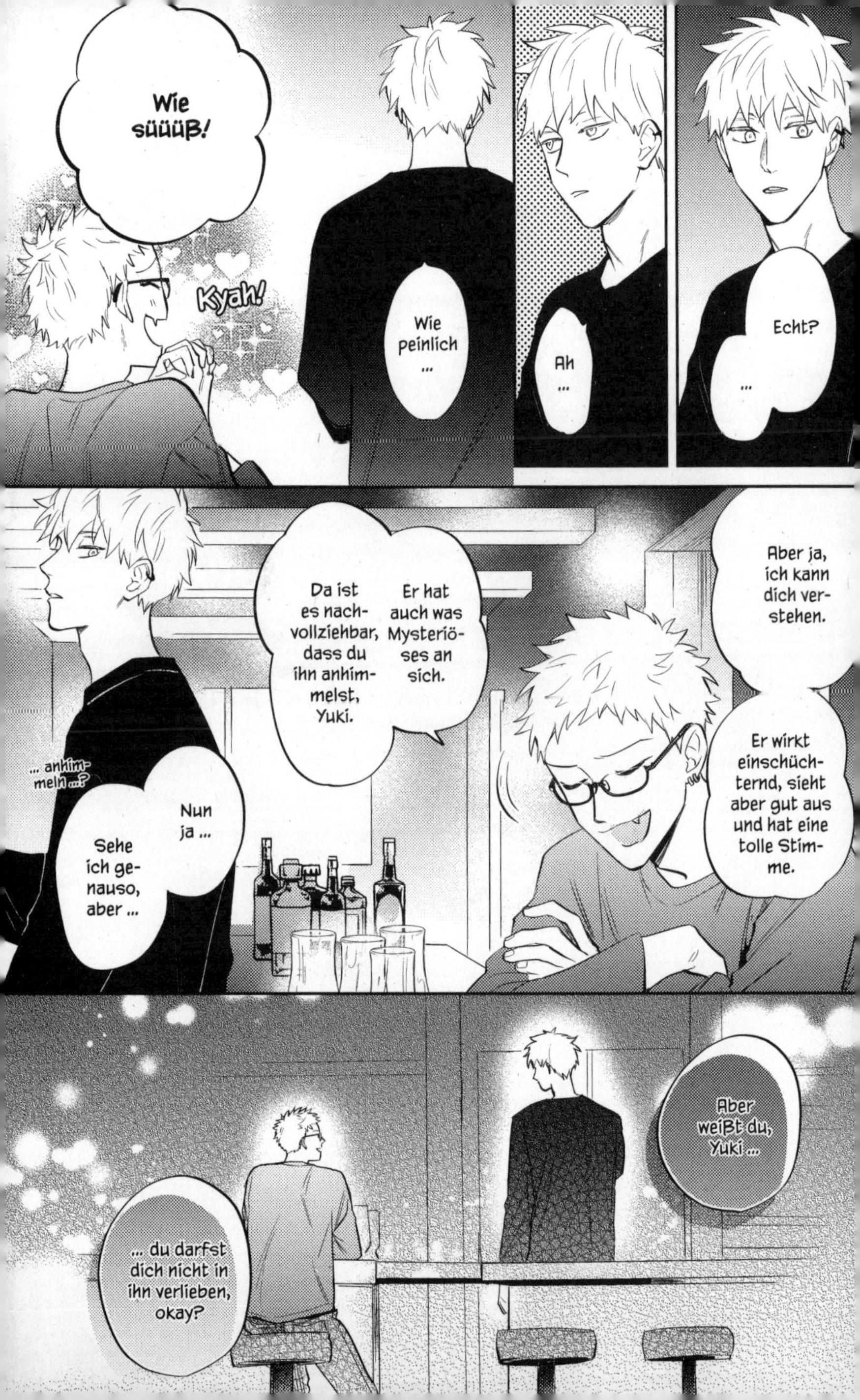
Echt?
...
Ah
...
Wie peinlich ...
Wie süüüß!
Kyah!
Aber ja, ich kann dich verstehen.
Er wirkt einschüchternd, sieht aber gut aus und hat eine tolle Stimme.
Er hat auch was Mysteriöses an sich.
Da ist es nachvollziehbar, dass du ihn anhimmelst, Yuki.
Nun ja ...
Sehe ich genauso, aber ...
... anhimmeln ...?
Aber weißt du, Yuki ...
... du darfst dich nicht in ihn verlieben, okay?

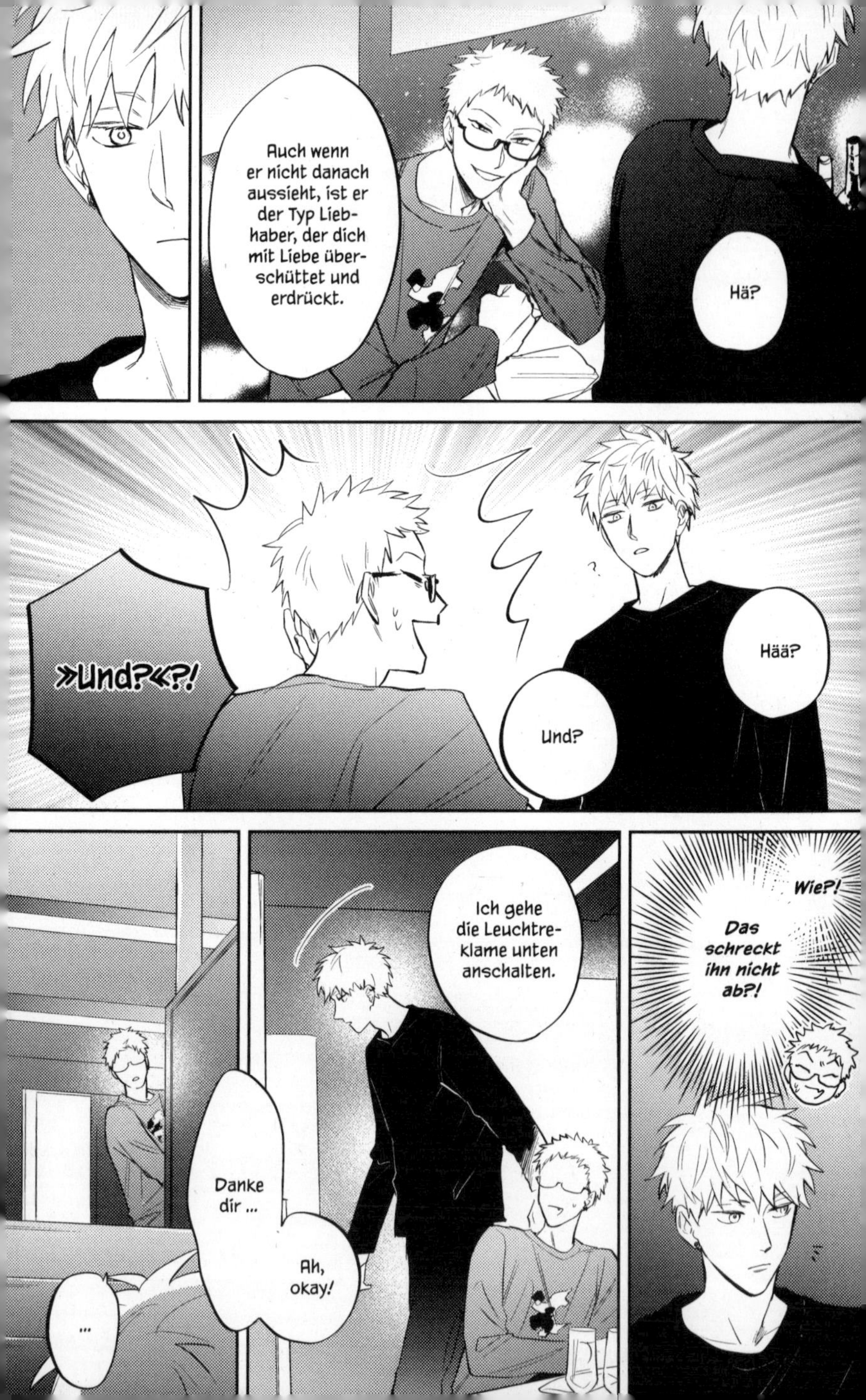
Hä?
Auch wenn er nicht danach aussieht, ist er der Typ Liebhaber, der dich mit Liebe überschüttet und erdrückt.
Hää?
Und?
»Und?«?!
Wie?!
Das schreckt ihn nicht ab?!
Ich gehe die Leuchtreklame unten anschalten.
Danke dir ...
Ah, okay!
...

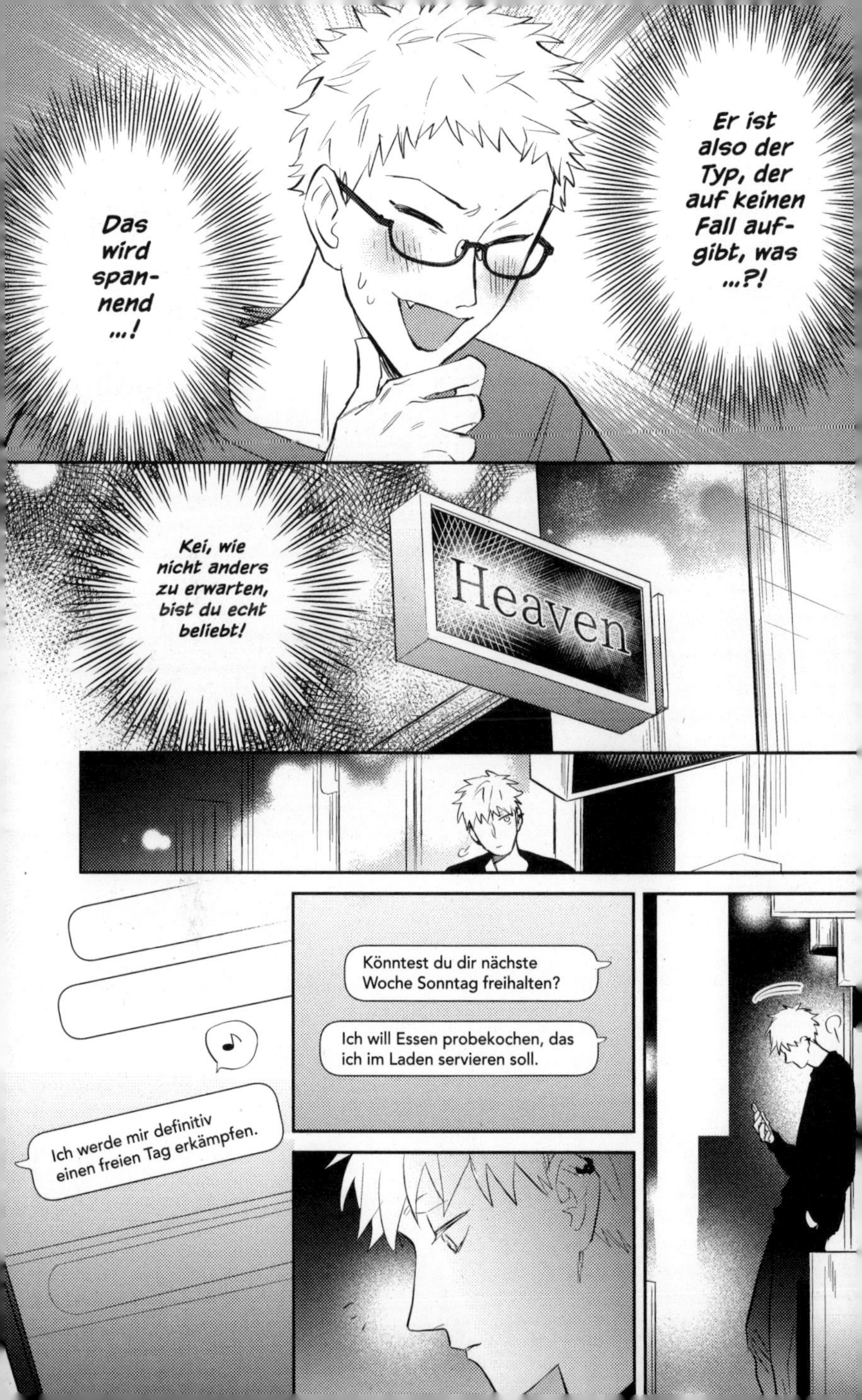
Er ist also der Typ, der auf keinen Fall aufgibt, was ...?!
Das wird spannend ...!
Kei, wie nicht anders zu erwarten, bist du echt beliebt!
Heaven
Könntest du dir nächste Woche Sonntag freihalten?
Ich will Essen probekochen, das ich im Laden servieren soll.
Ich werde mir definitiv einen freien Tag erkämpfen.

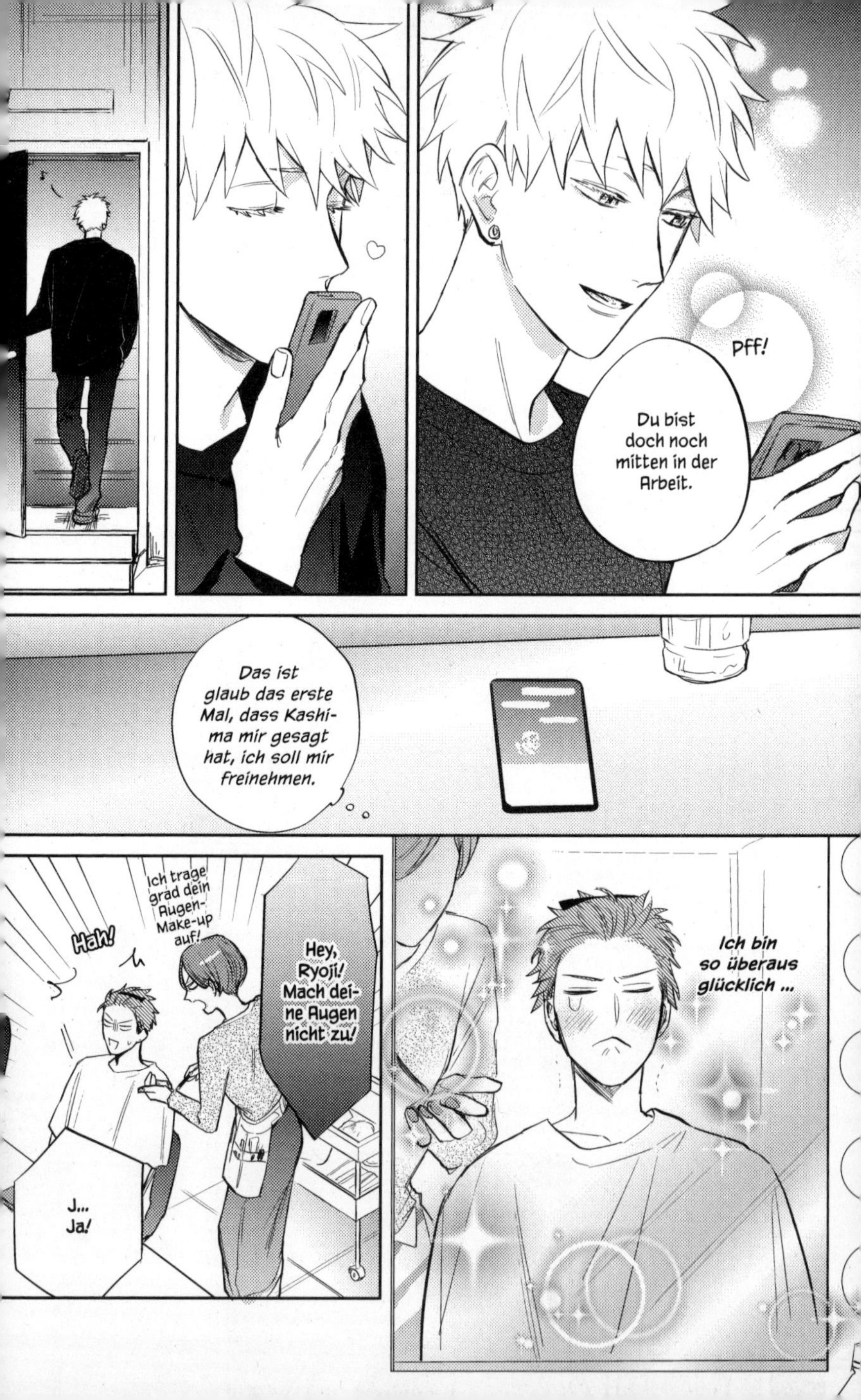
Du bist doch noch mitten in der Arbeit.
Pff!
Das ist glaub das erste Mal, dass Kashima mir gesagt hat, ich soll mir freinehmen.
Ich bin so überaus glücklich ...
Hey, Ryoji! Mach deine Augen nicht zu!
Ich trage grad dein Augen-Make-up auf!
Hah!
J... Ja!

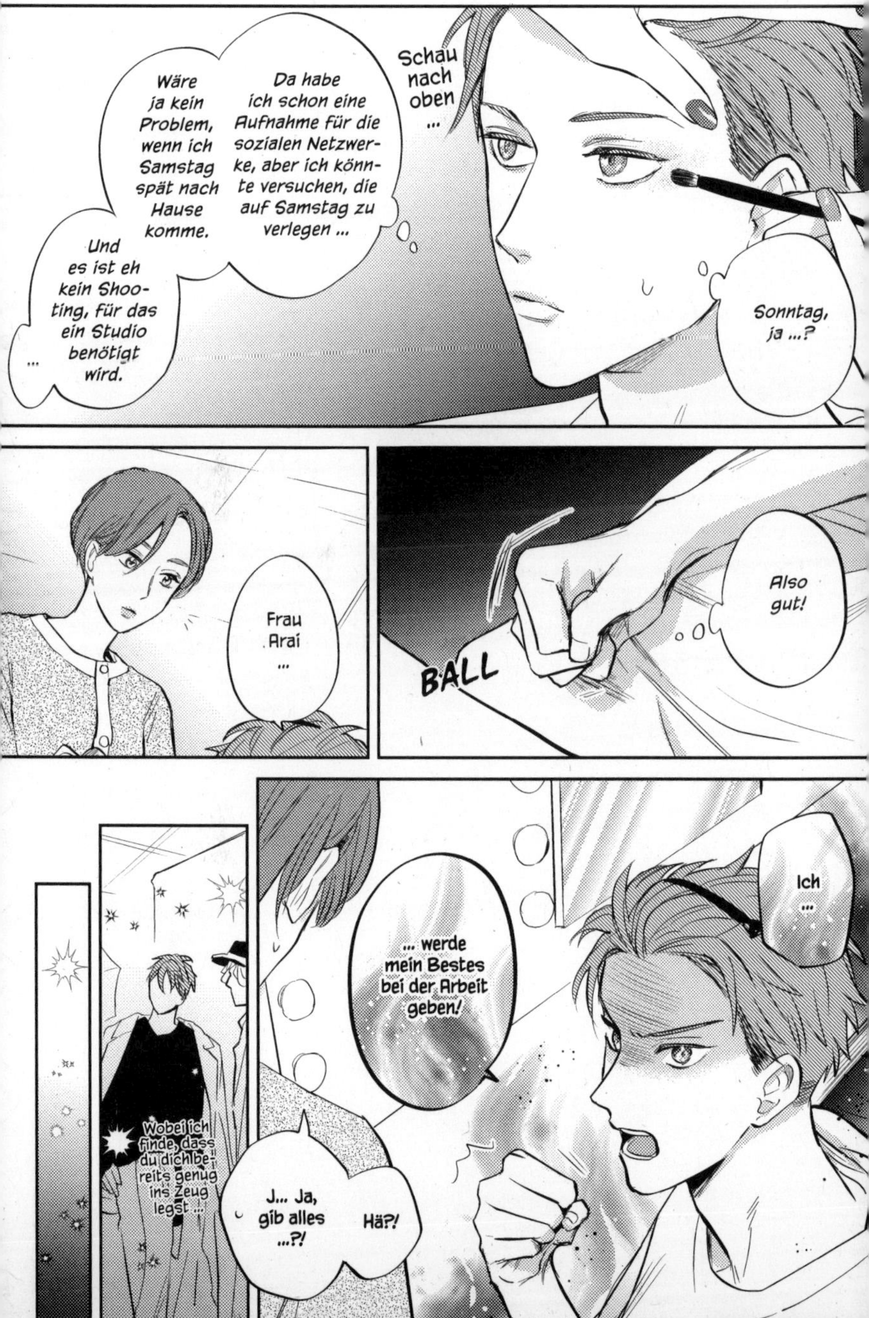
Sonntag, ja ...?
Schau nach oben ...
Da habe ich schon eine Aufnahme für die sozialen Netzwerke, aber ich könnte versuchen, die auf Samstag zu verlegen ...
Wäre ja kein Problem, wenn ich Samstag spät nach Hause komme.
Und es ist eh kein Shooting, für das ein Studio benötigt wird.
...
Also gut!
BALL
Frau Arai ...
Ich ...
... werde mein Bestes bei der Arbeit geben!
Hä?!
J... Ja, gib alles ...?!
Wobei ich finde, dass du dich bereits genug ins Zeug legst ...

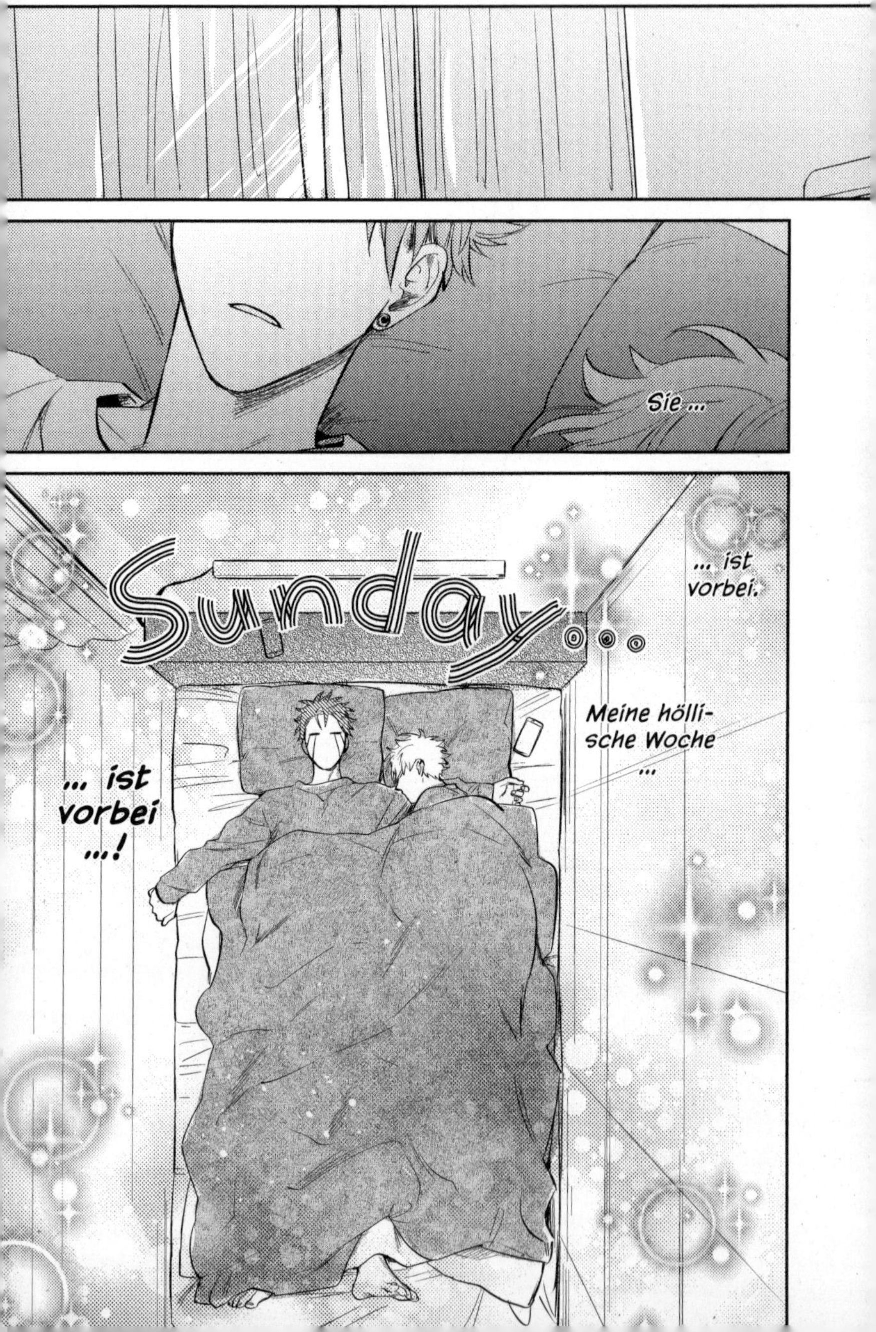
Sie ...
... ist vorbei.
Sunday ...
Meine hölli-sche Woche ...
... ist vorbei ...!

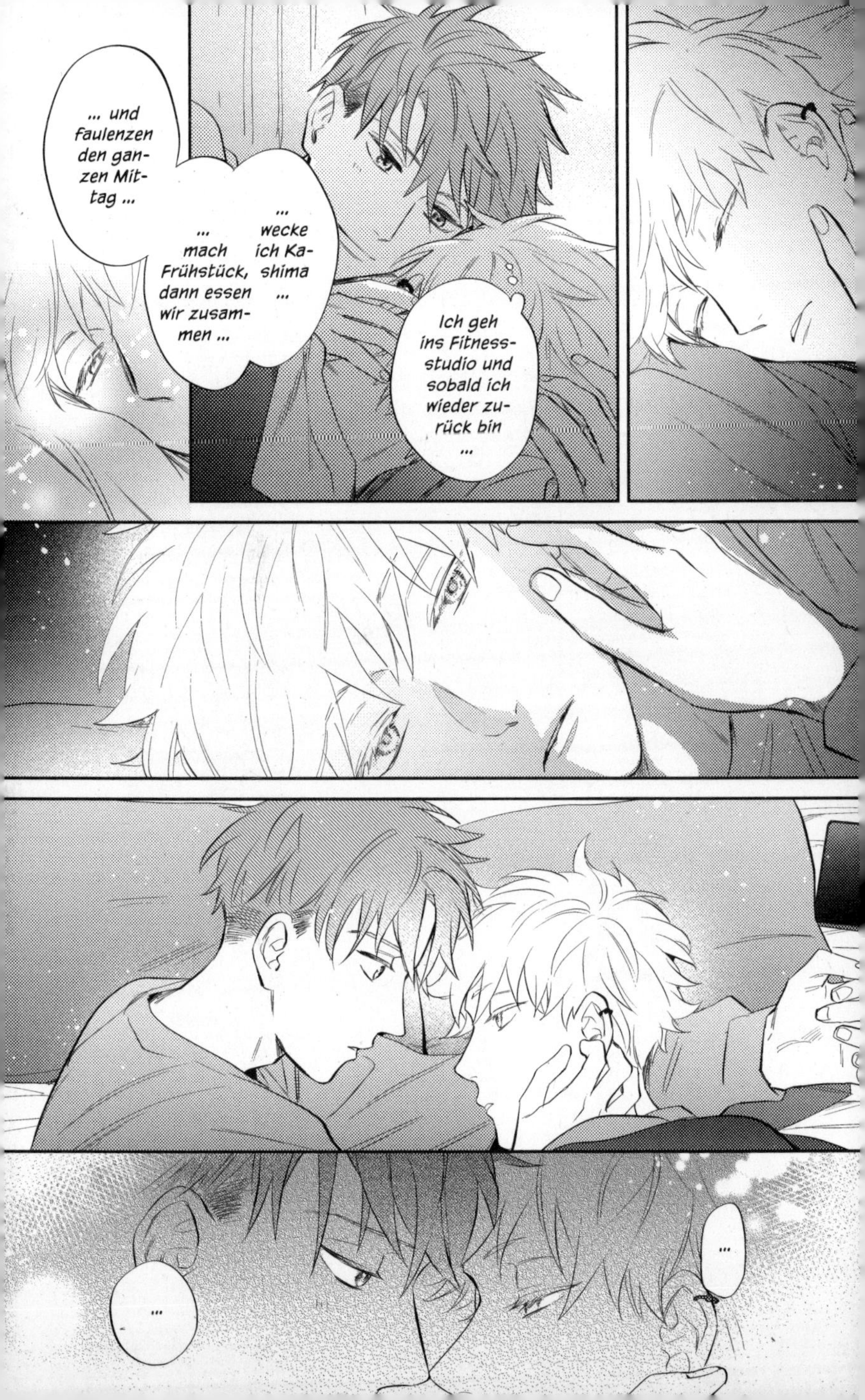
Ich geh ins Fitnessstudio und sobald ich wieder zurück bin ...
... wecke ich Kashima ...
... mach Frühstück, dann essen wir zusammen ...
... und faulenzen den ganzen Mittag ...
...
...

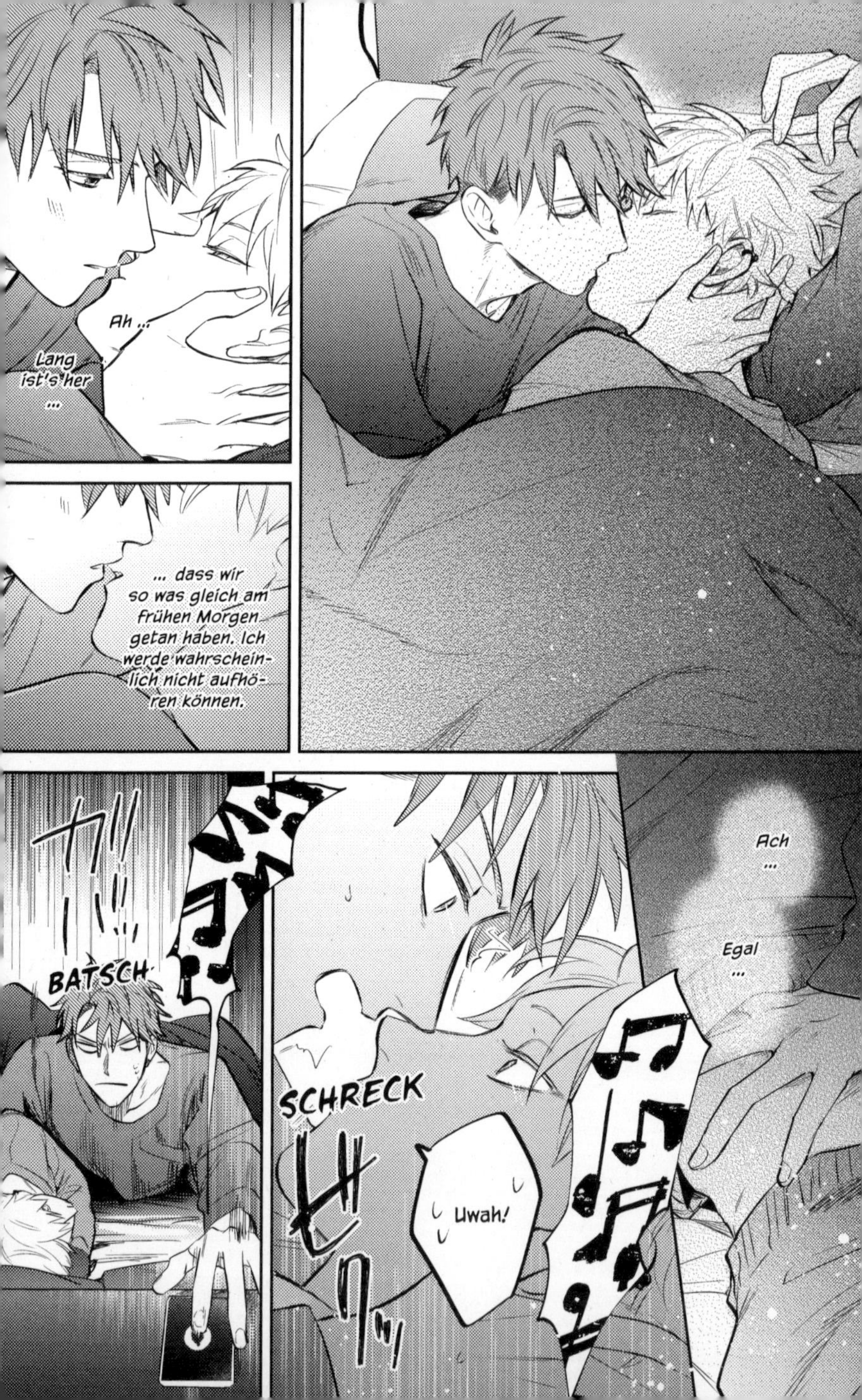
Ah ...
Lang ist's her ...
... dass wir so was gleich am frühen Morgen getan haben. Ich werde wahrscheinlich nicht aufhören können.
Ach ...
Egal ...
SCHRECK
Uwah!
BATSCH

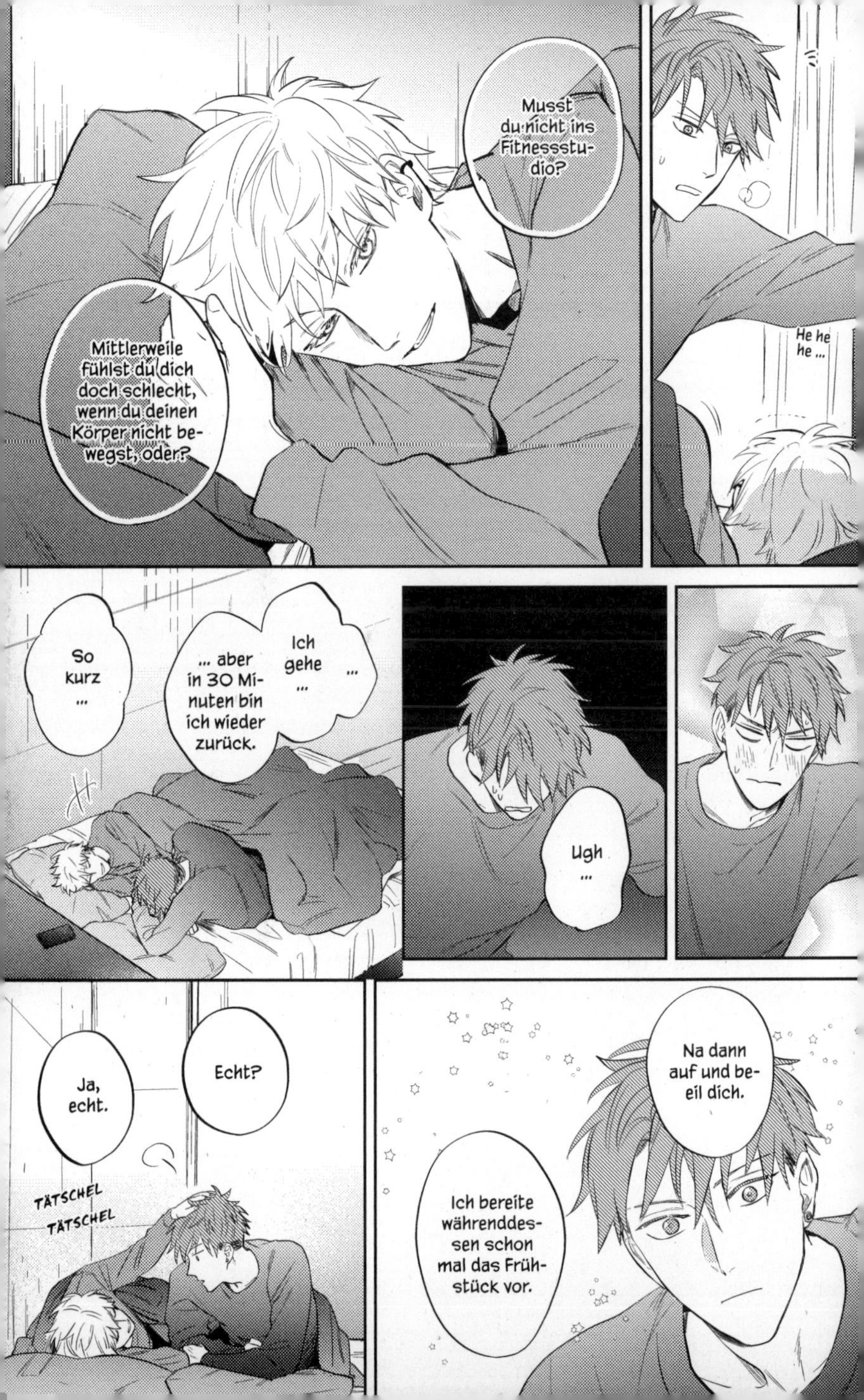
He he
he ...
Musst du nicht ins Fitnessstudio?
Mittlerweile fühlst du dich doch schlecht, wenn du deinen Körper nicht bewegst, oder?
Ugh ...
Ich gehe ...
...
... aber in 30 Minuten bin ich wieder zurück.
So kurz ...
Na dann auf und beeil dich.
Ich bereite währenddessen schon mal das Frühstück vor.
Echt?
Ja, echt.
TÄTSCHEL
TÄTSCHEL

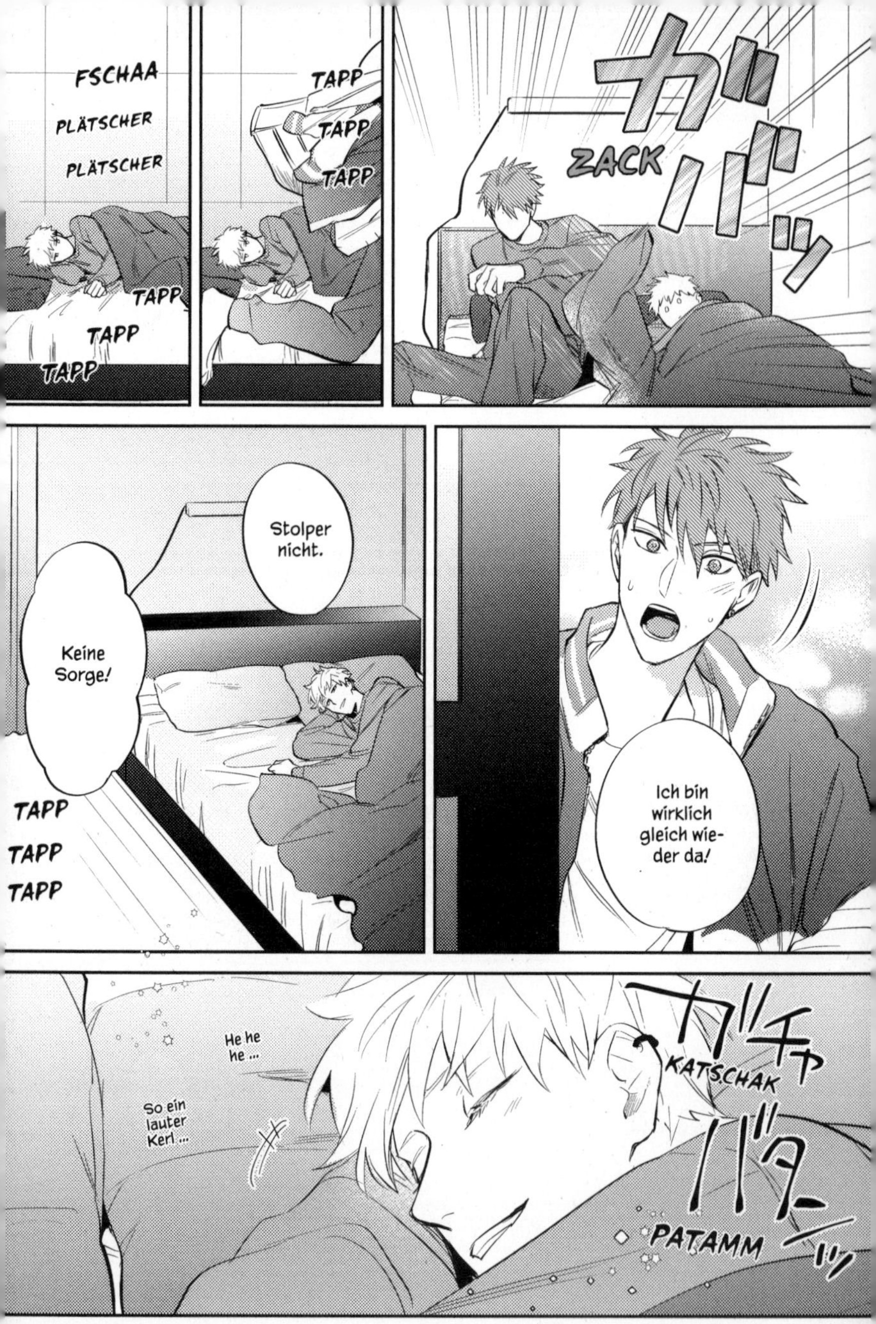
ZACK
TAPP
TAPP
TAPP
FSCHAA
PLÄTSCHER
PLÄTSCHER
TAPP
TAPP
TAPP
Ich bin wirklich gleich wieder da!
Stolper nicht.
Keine Sorge!
TAPP
TAPP
TAPP
KATSCHAK
PATAMM
He he he …
So ein lauter Kerl …

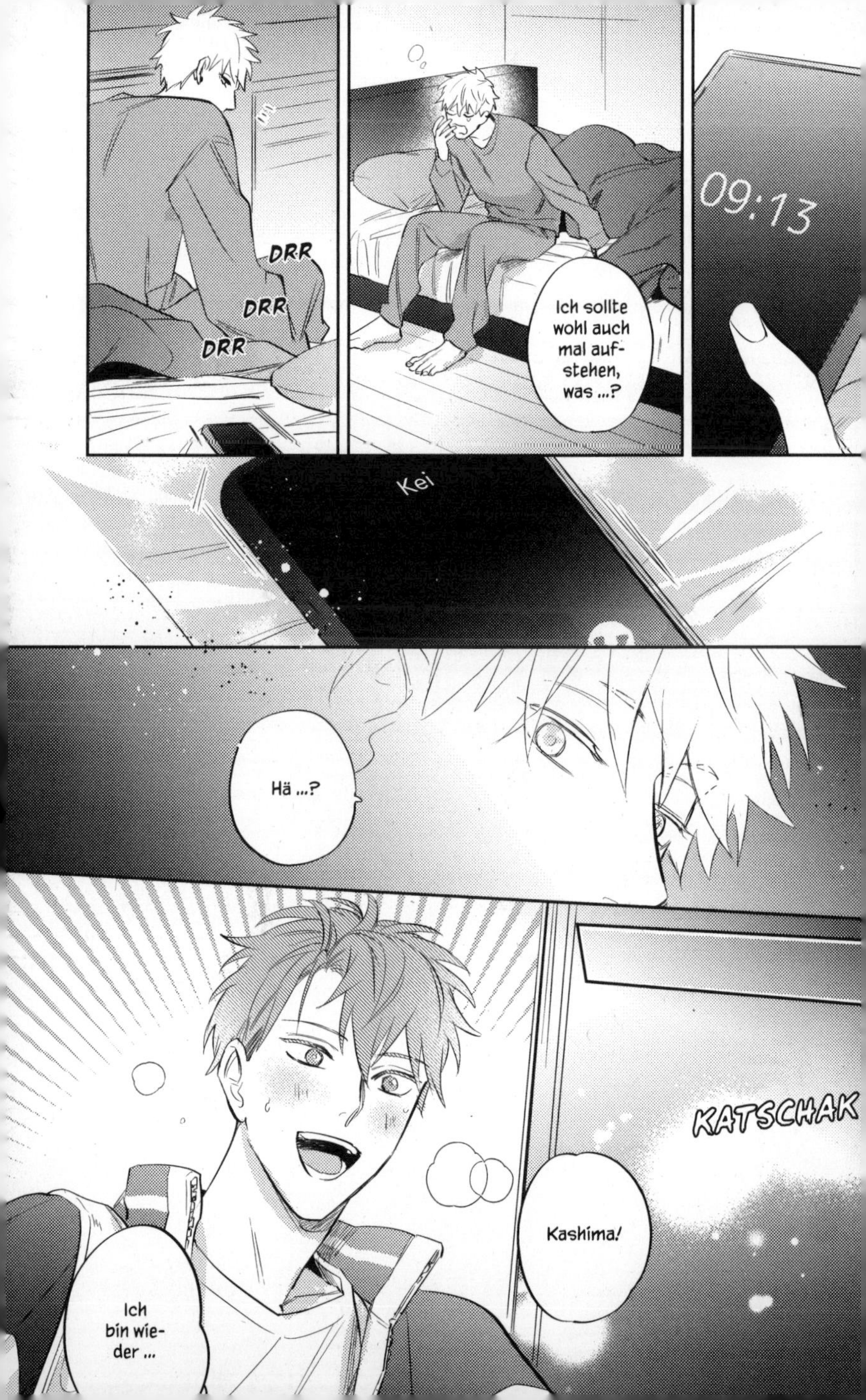
09:13
Ich sollte wohl auch mal aufstehen, was ...?
DRR
DRR
DRR
Kei
Hä ...?
KATSCHAK
Kashima!
Ich bin wieder ...

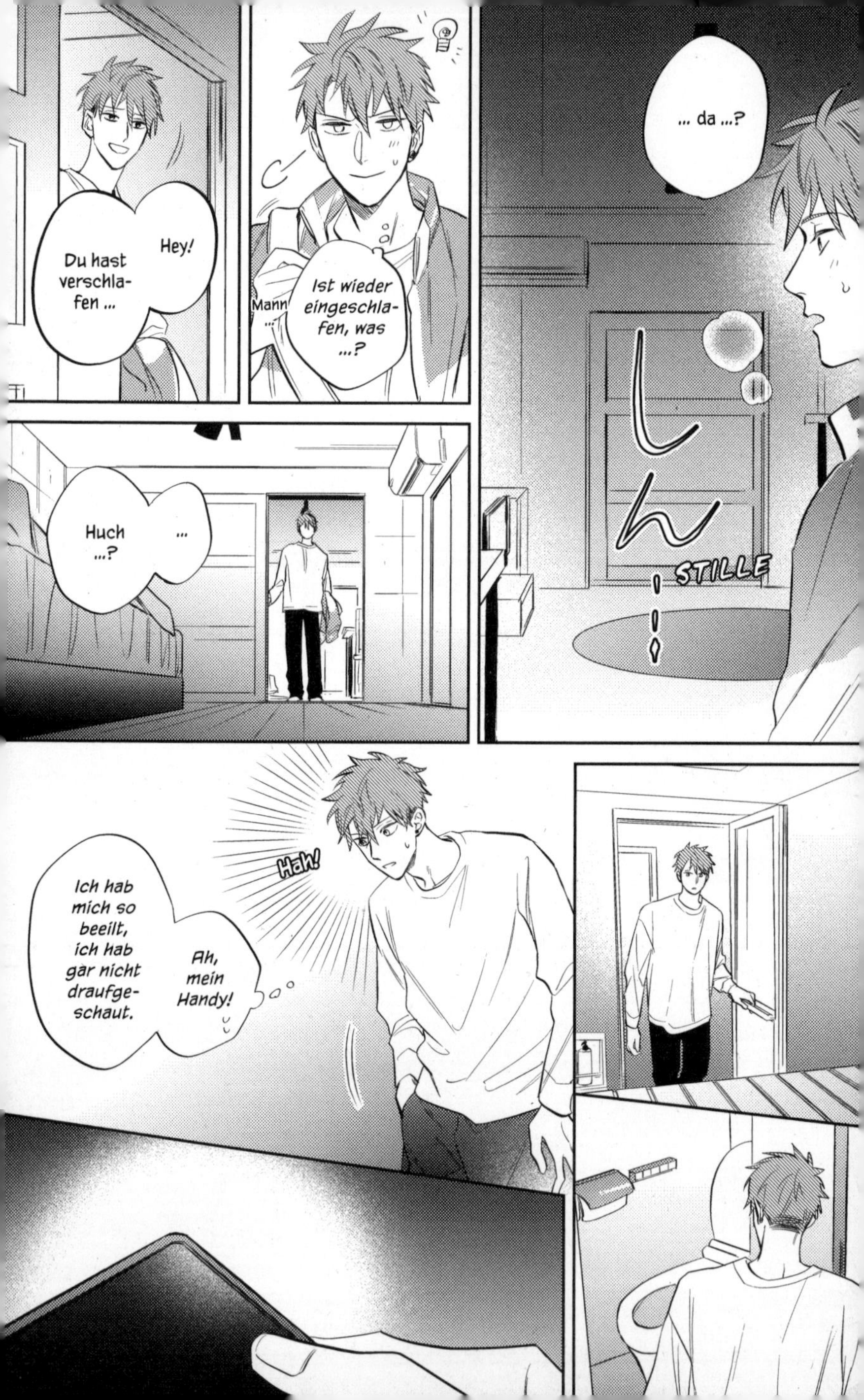
... da ...?
STILLE
Mann ...
Ist wieder eingeschlafen, was ...?
Hey!
Du hast verschlafen ...
Huch ...? ...
Hah!
Ah, mein Handy!
Ich hab mich so beeilt, ich hab gar nicht draufgeschaut.

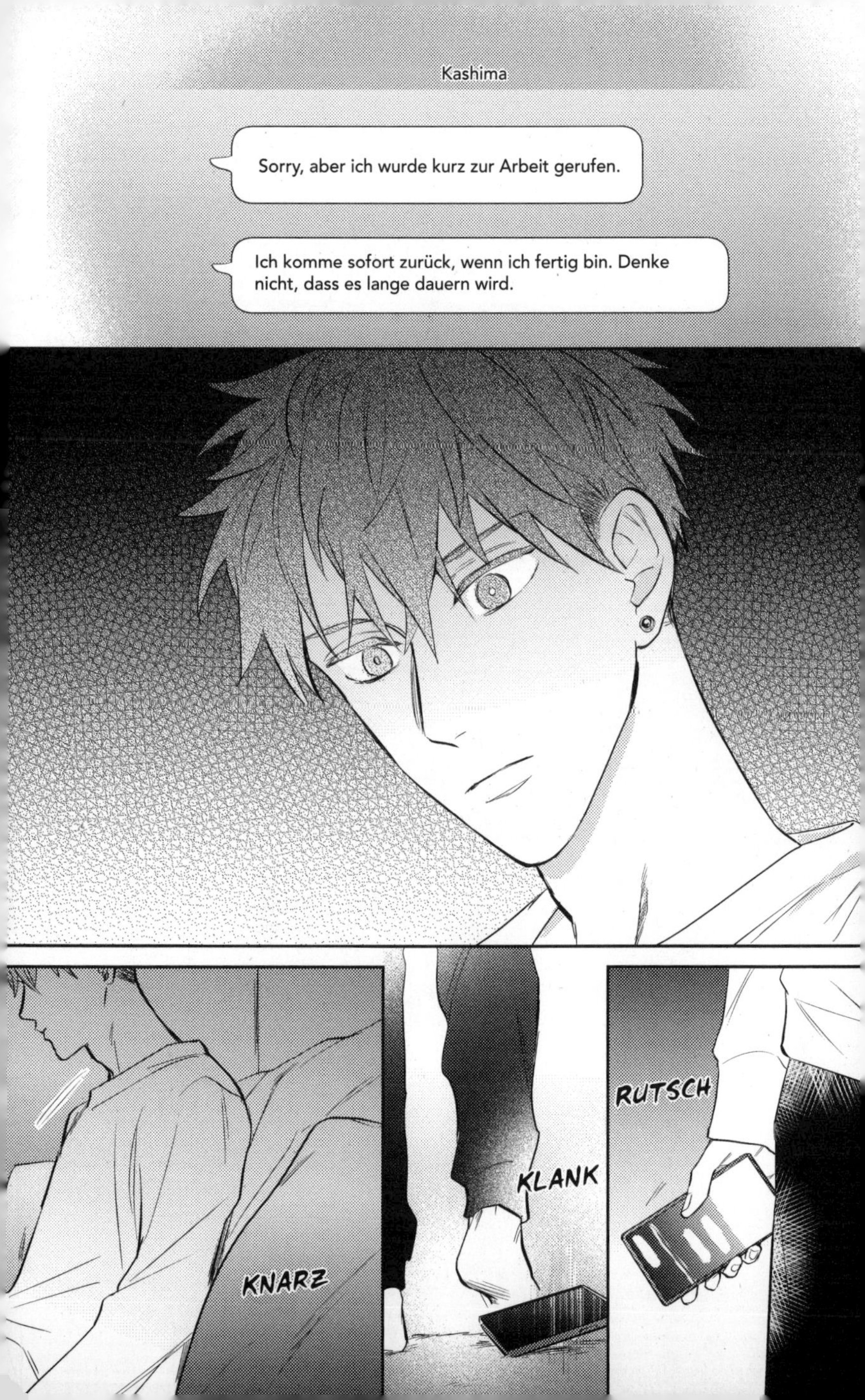
Kashima
Sorry, aber ich wurde kurz zur Arbeit gerufen.
Ich komme sofort zurück, wenn ich fertig bin. Denke nicht, dass es lange dauern wird.
RUTSCH
KLANK
KNARZ

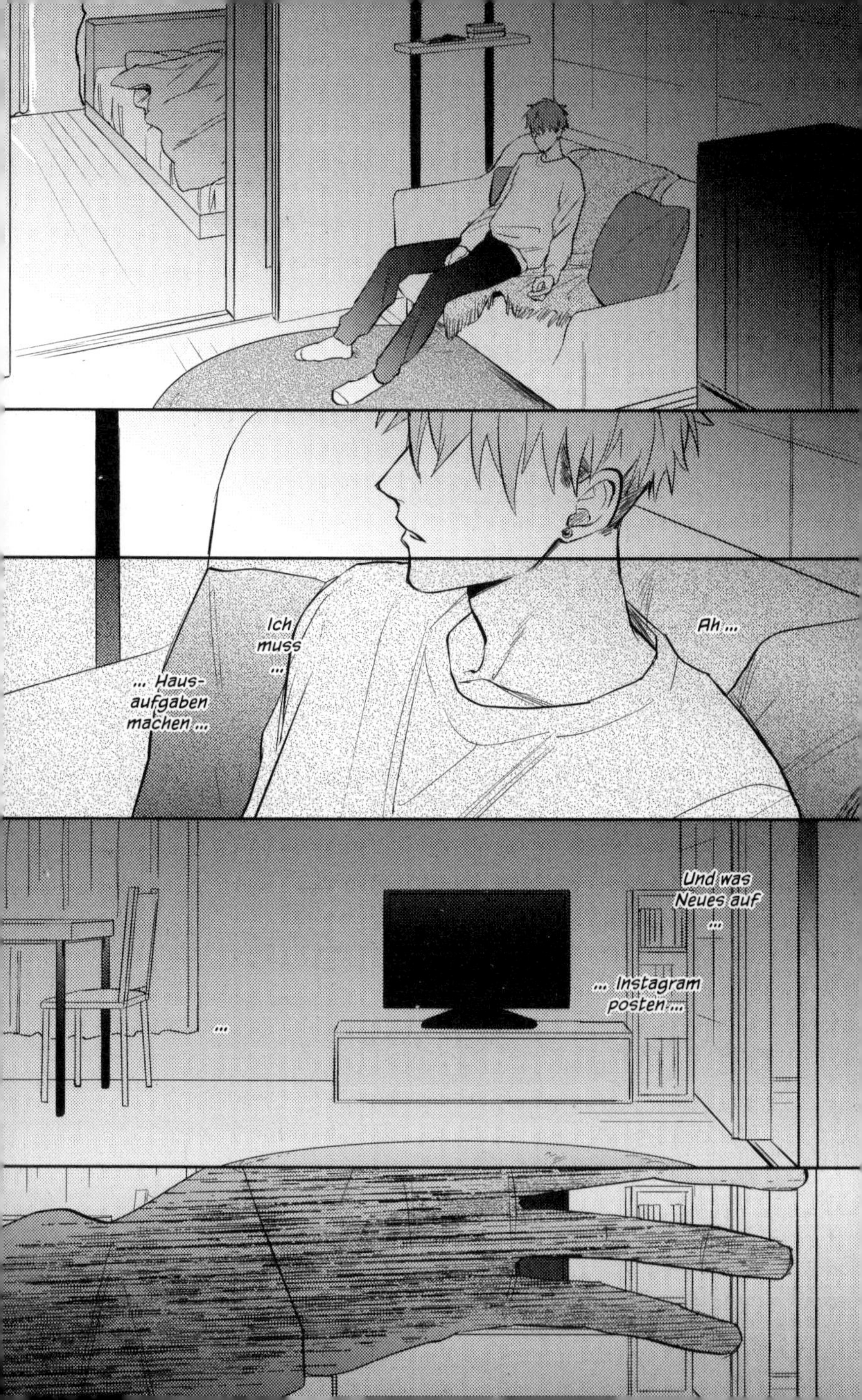
Ah …
Ich muss …
… Hausaufgaben machen …
Und was Neues auf …
… Instagram posten …
…

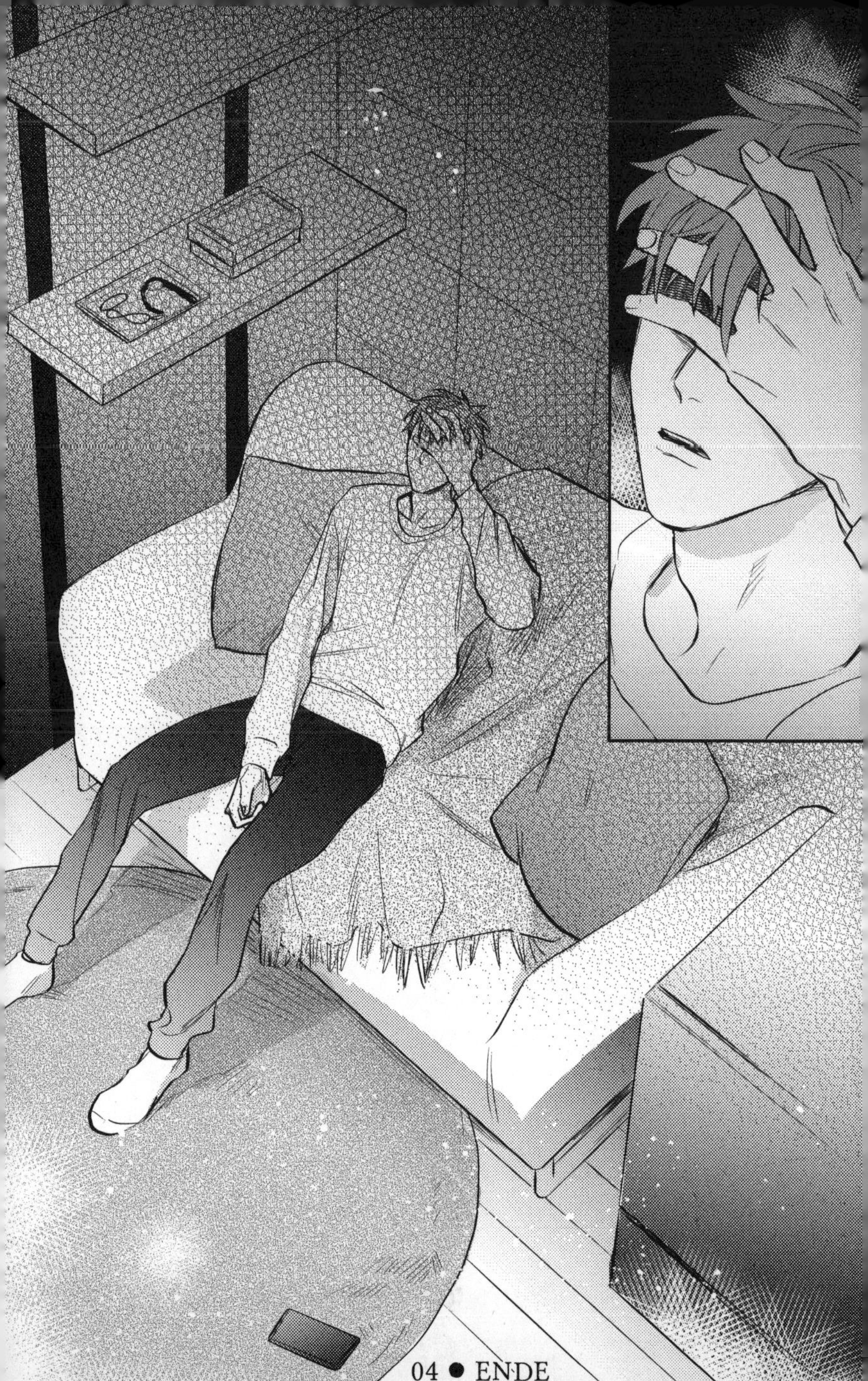

04 ● ENDE

SIMPLIFIED PERVERT ROMANCE

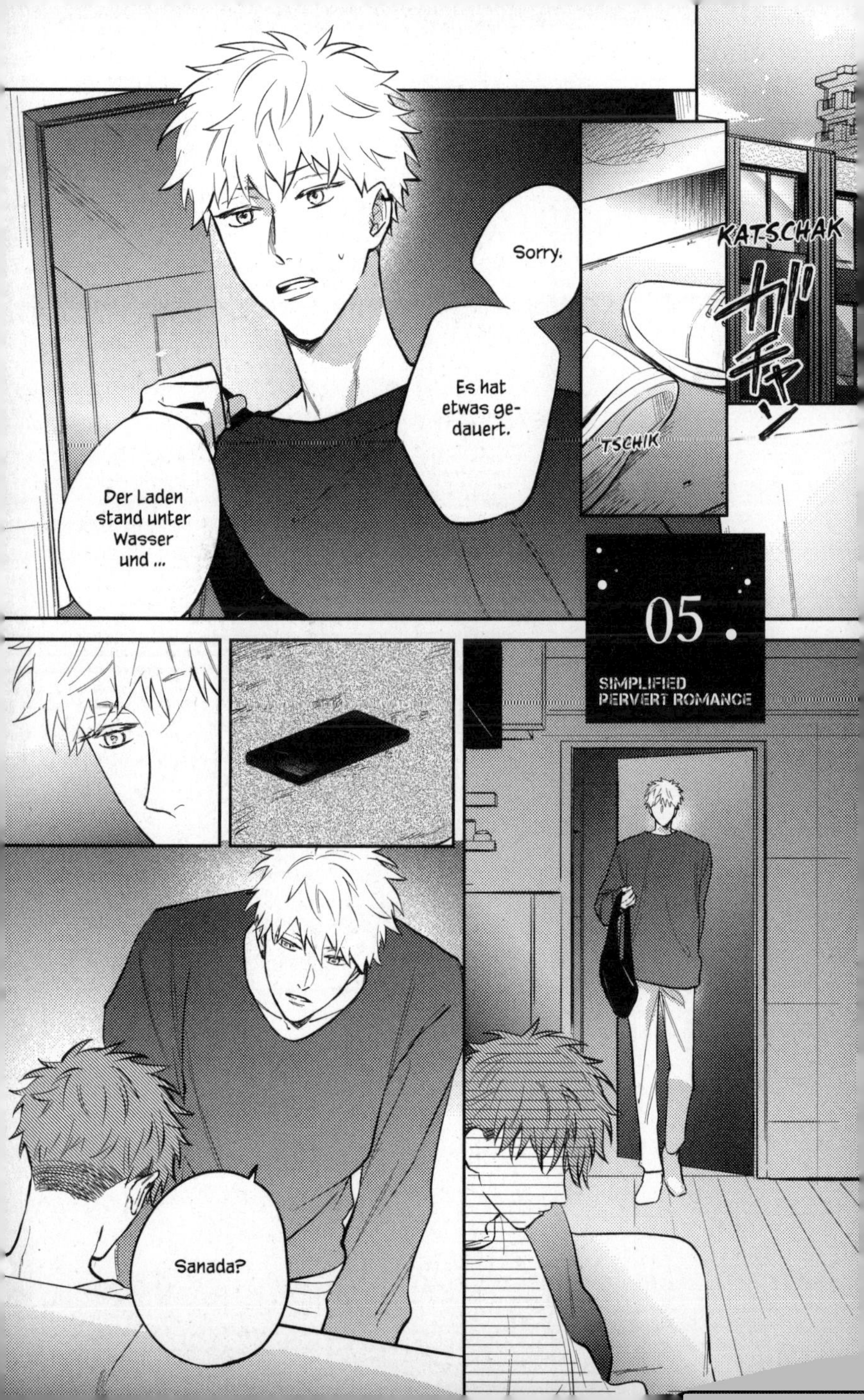
KATSCHAK
ガチャ
TSCHIK
05
SIMPLIFIED PERVERT ROMANCE
Sorry.
Es hat etwas ge-dauert.
Der Laden stand unter Wasser und ...
Sanada?

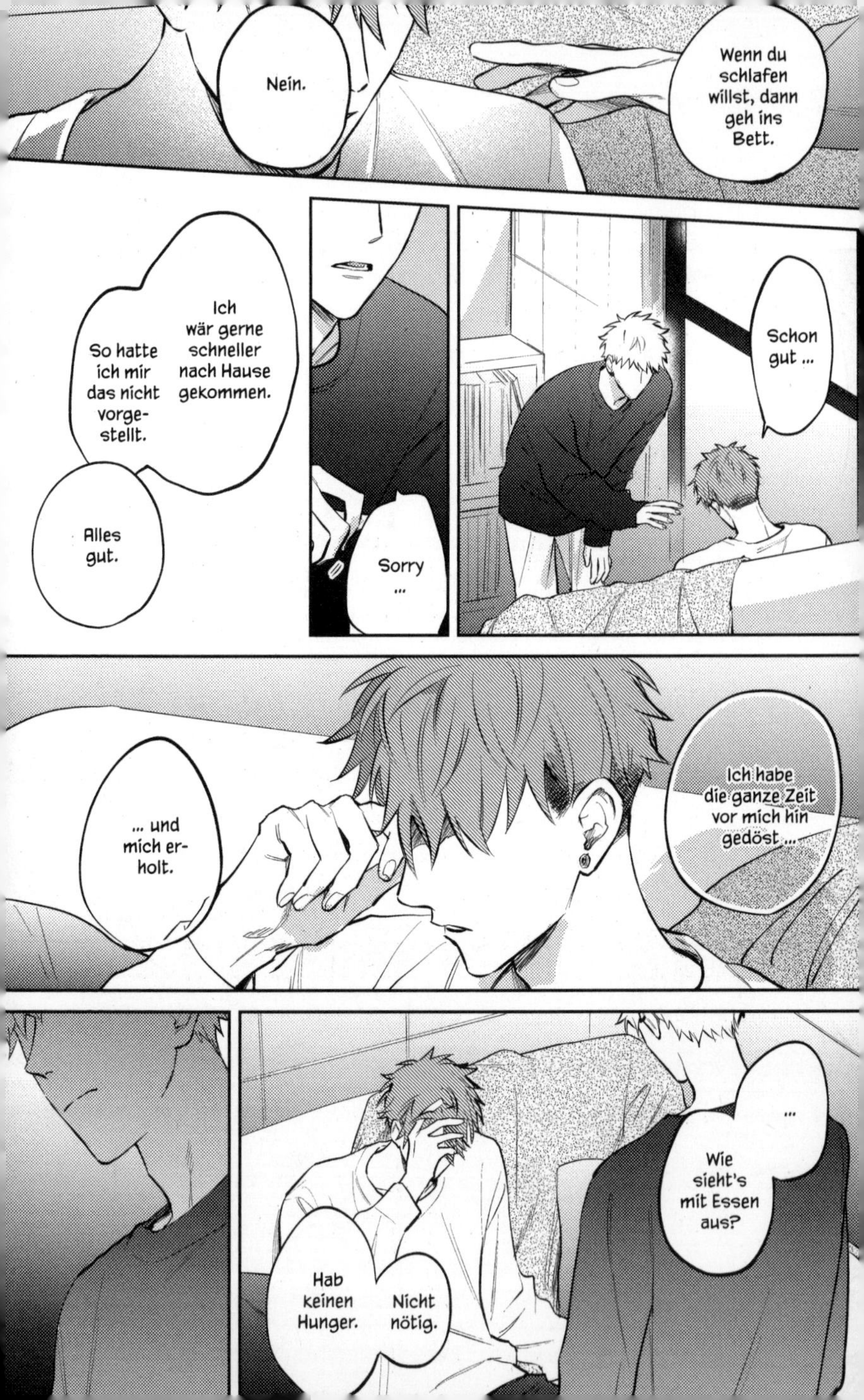
Wenn du schlafen willst, dann geh ins Bett.
Nein.
Schon gut ...
Sorry ...
Ich wär gerne schneller nach Hause gekommen.
So hatte ich mir das nicht vorge-stellt.
Alles gut.
Ich habe die ganze Zeit vor mich hin gedöst ...
... und mich er-holt.
...
Wie sieht's mit Essen aus?
Nicht nötig.
Hab keinen Hunger.

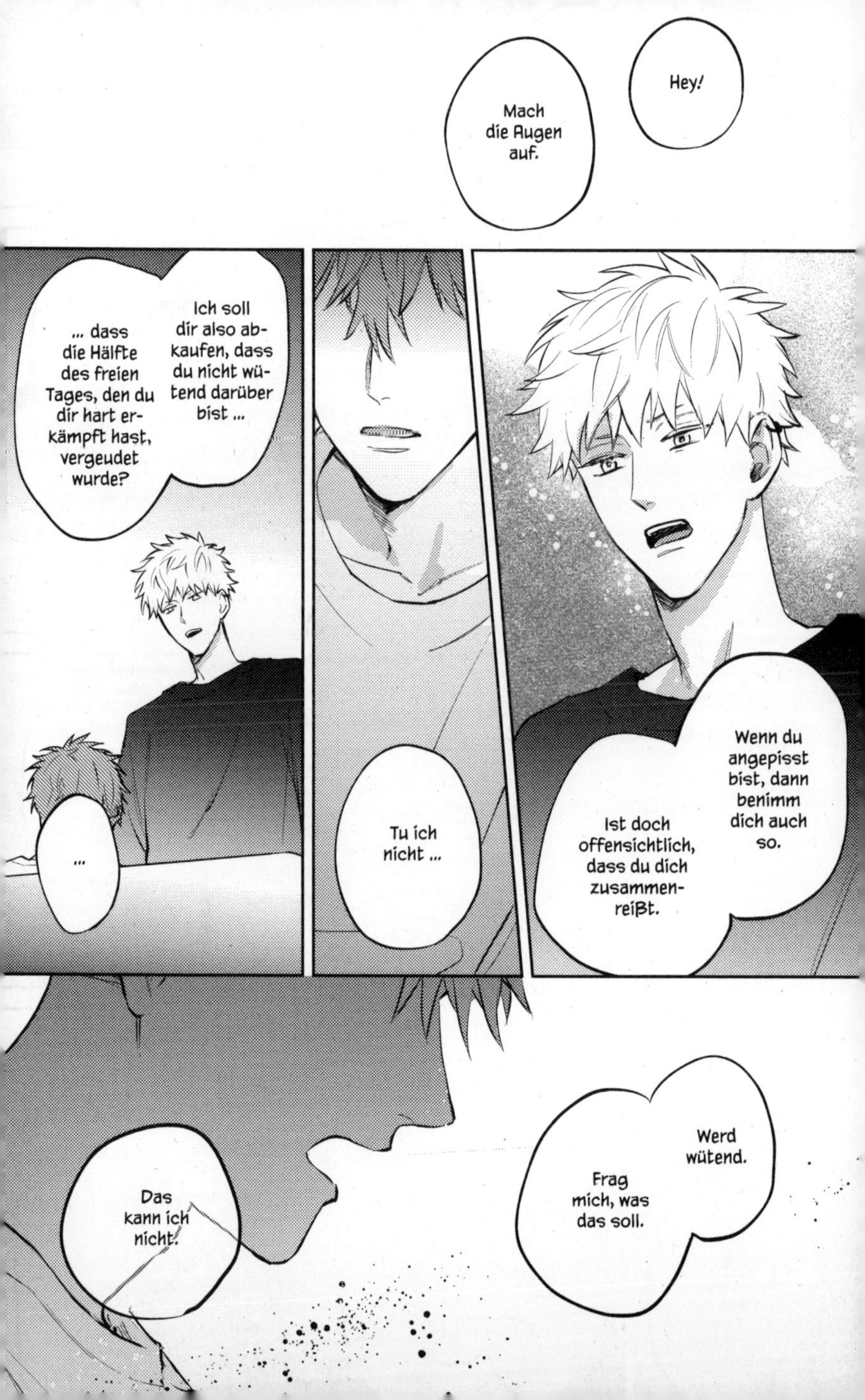
Hey!
Mach die Augen auf.
Wenn du angepisst bist, dann benimm dich auch so.
Ist doch offensichtlich, dass du dich zusammen-reißt.
Tu ich nicht ...
Ich soll dir also ab-kaufen, dass du nicht wü-tend darüber bist ...
... dass die Hälfte des freien Tages, den du dir hart er-kämpft hast, vergeudet wurde?
...
Werd wütend.
Frag mich, was das soll.
Das kann ich nicht.

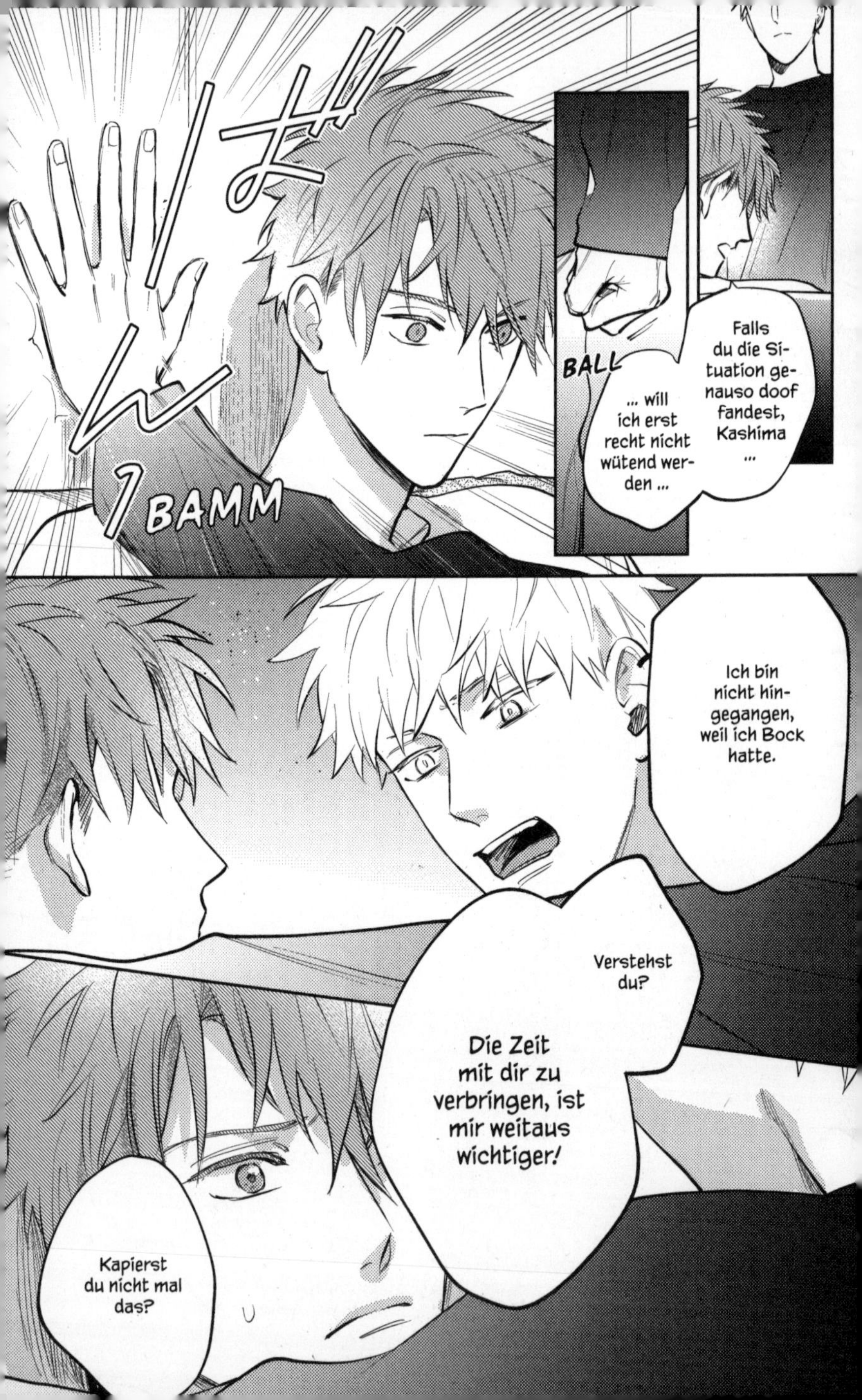
Falls du die Situation genauso doof fandest, Kashima ...
BALL
... will ich erst recht nicht wütend werden ...
BAMM
Ich bin nicht hingegangen, weil ich Bock hatte.
Verstehst du?
Die Zeit mit dir zu verbringen, ist mir weitaus wichtiger!
Kapierst du nicht mal das?

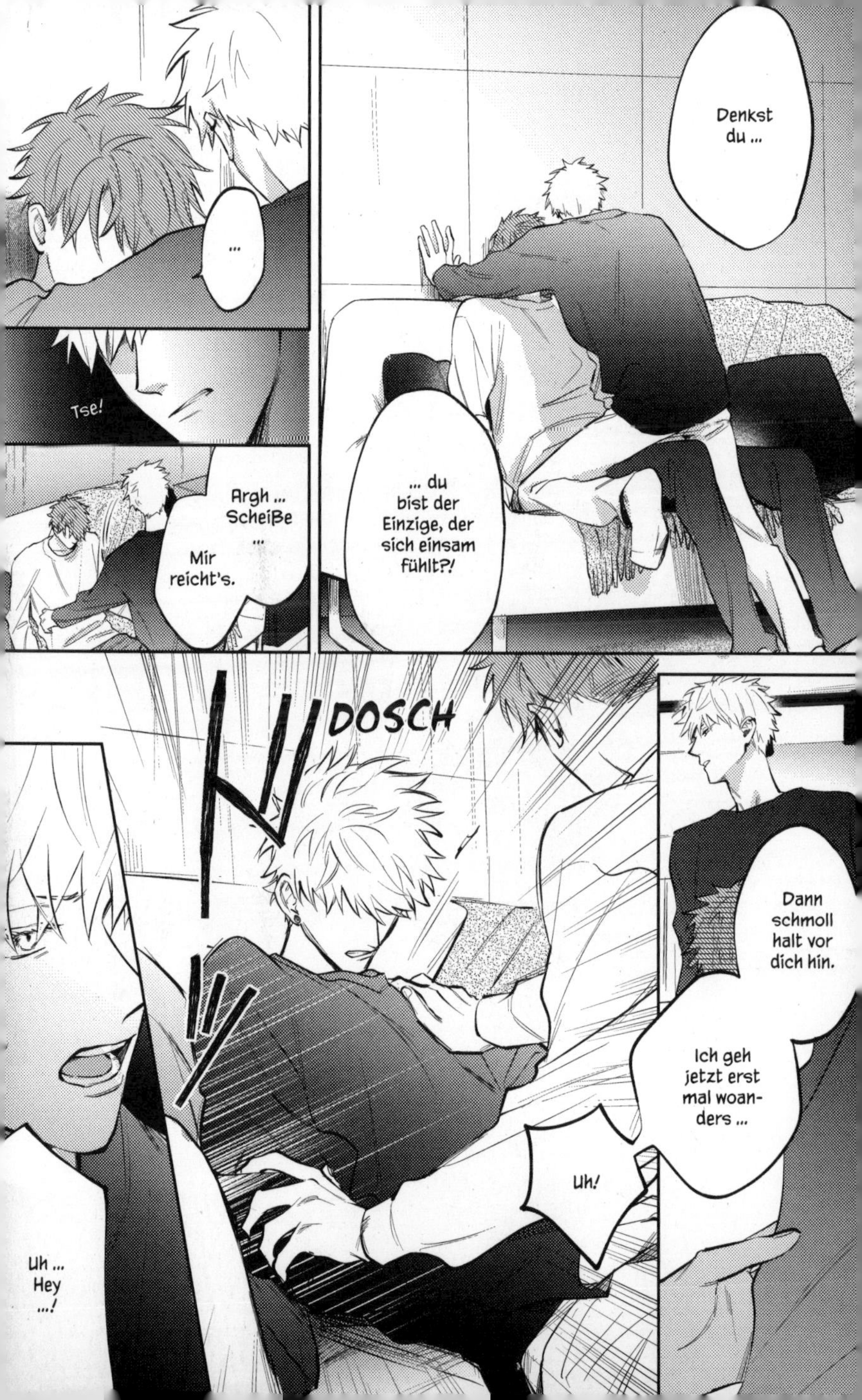
Denkst du ...
... du bist der Einzige, der sich einsam fühlt?!
...
Tse!
Argh ... Scheiße ...
Mir reicht's.
Dann schmoll halt vor dich hin.
Ich geh jetzt erst mal woanders ...
Uh!
DOSCH
Uh ... Hey ...!

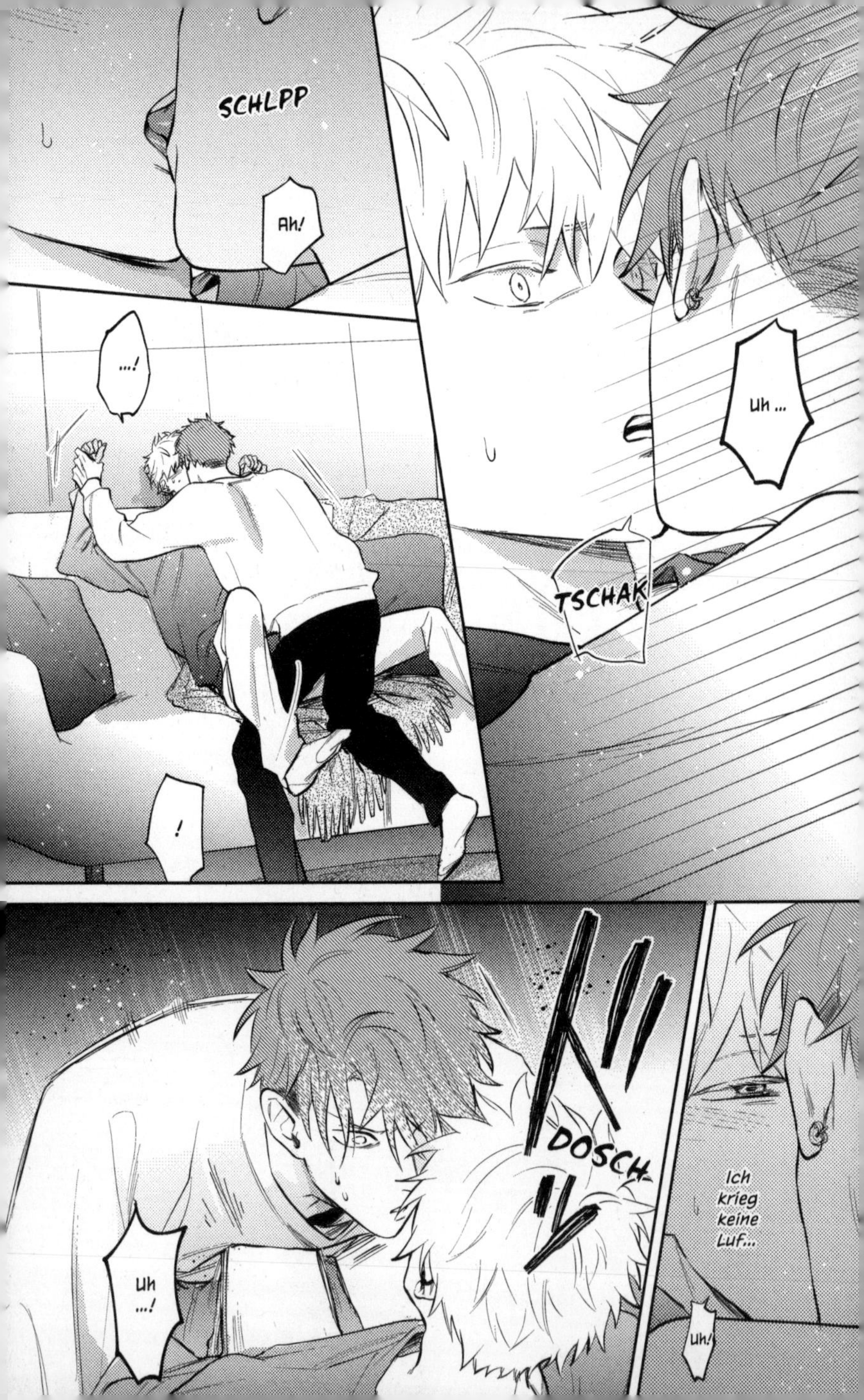
Uh ...
TSCHAK
SCHLPP
Ah!
...!
!
Ich krieg keine Luf...
Uh!
DOSCH
Uh ...!

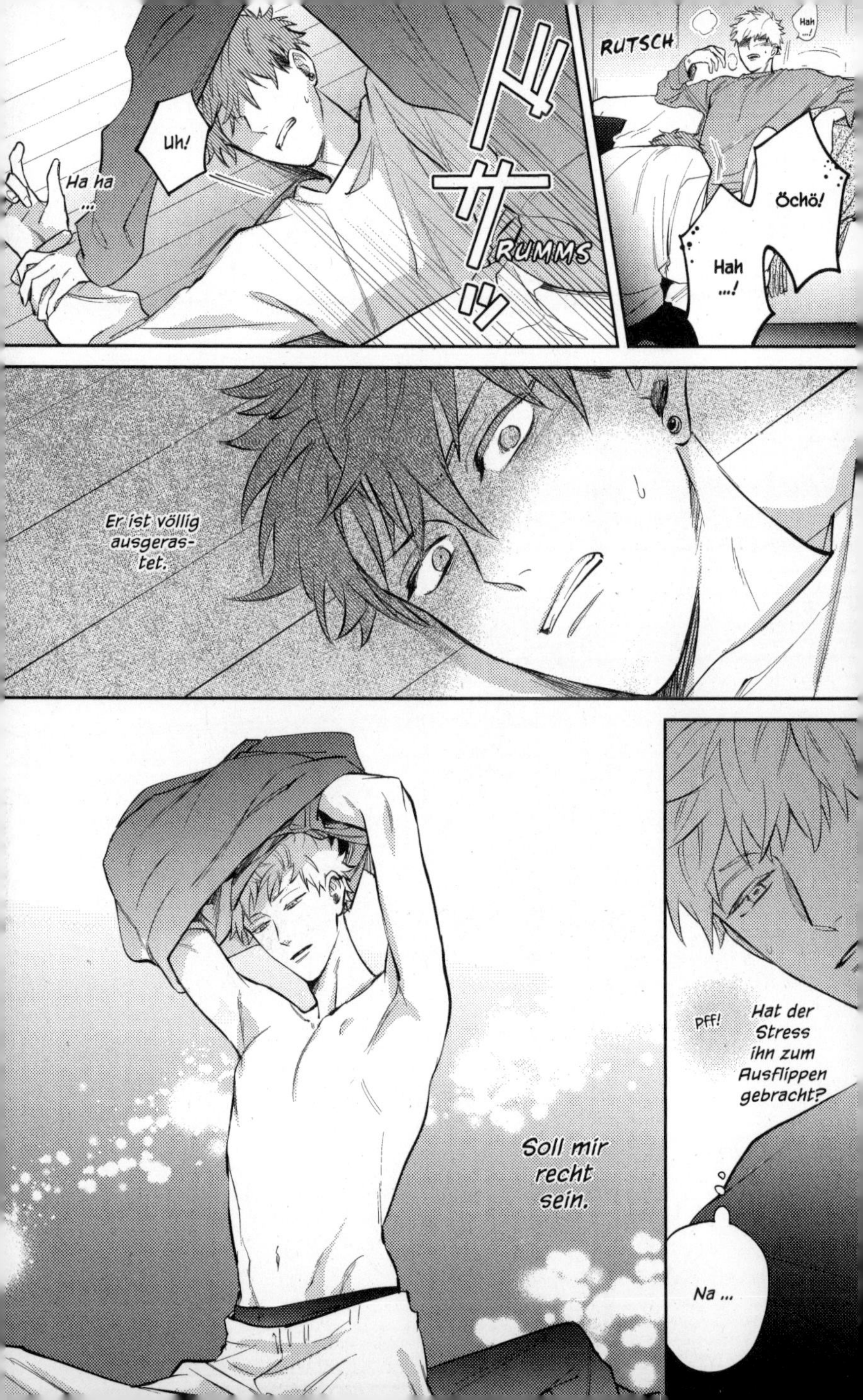
RUTSCH
Hah ...!
Öchö!
Hah ...!
RUMMS
Uh!
Ha ha ...
Er ist völlig ausgeras-tet.
Hat der Stress ihn zum Ausflippen gebracht?
Pff!
Na ...
Soll mir recht sein.

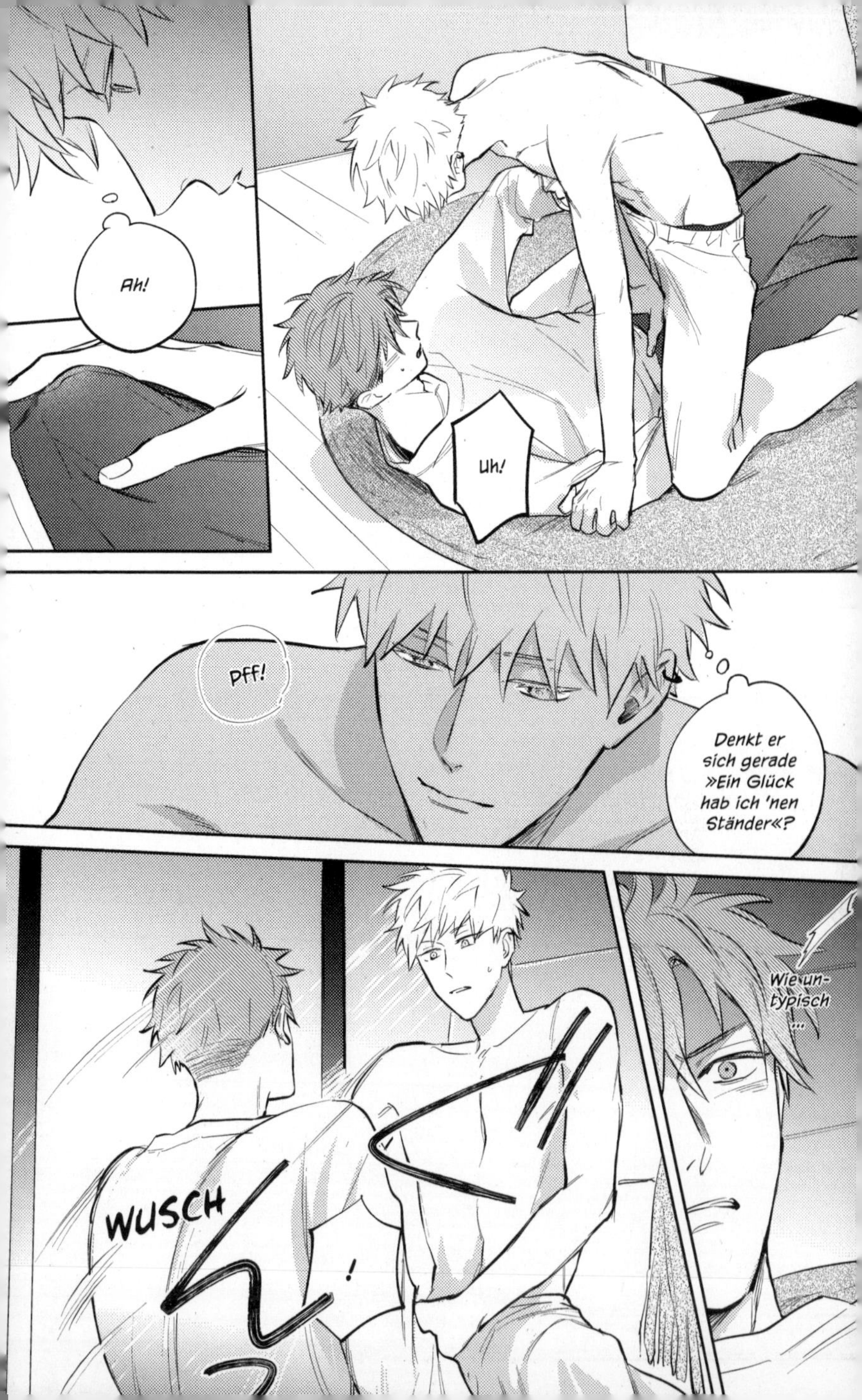
Uh!
Ah!
Denkt er sich gerade »Ein Glück hab ich 'nen Ständer«?
Pff!
Wie un-typisch ...
!
WUSCH

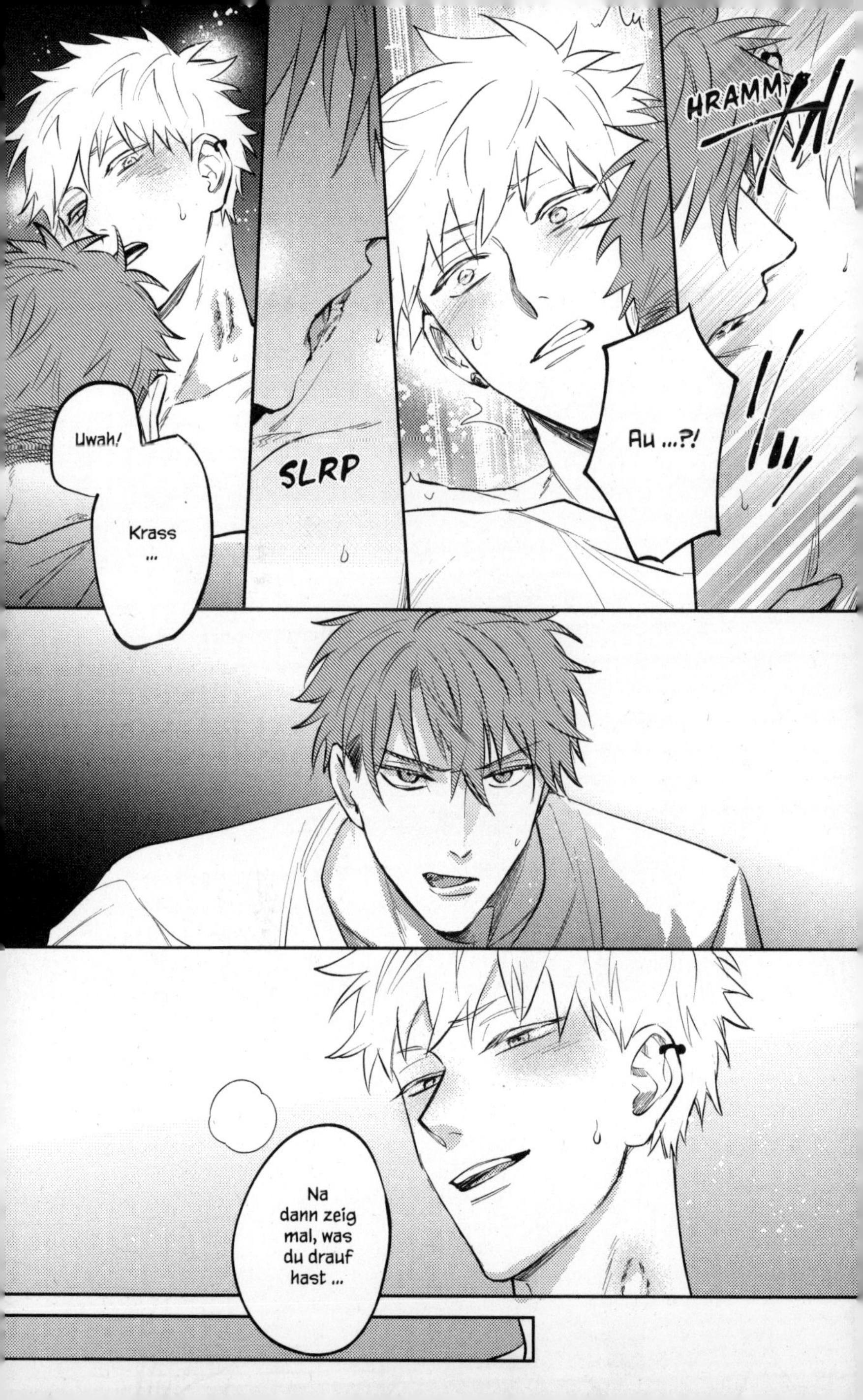
HRAMM
Au ...?!
SLRP
Uwah!
Krass ...
Na dann zeig mal, was du drauf hast ...

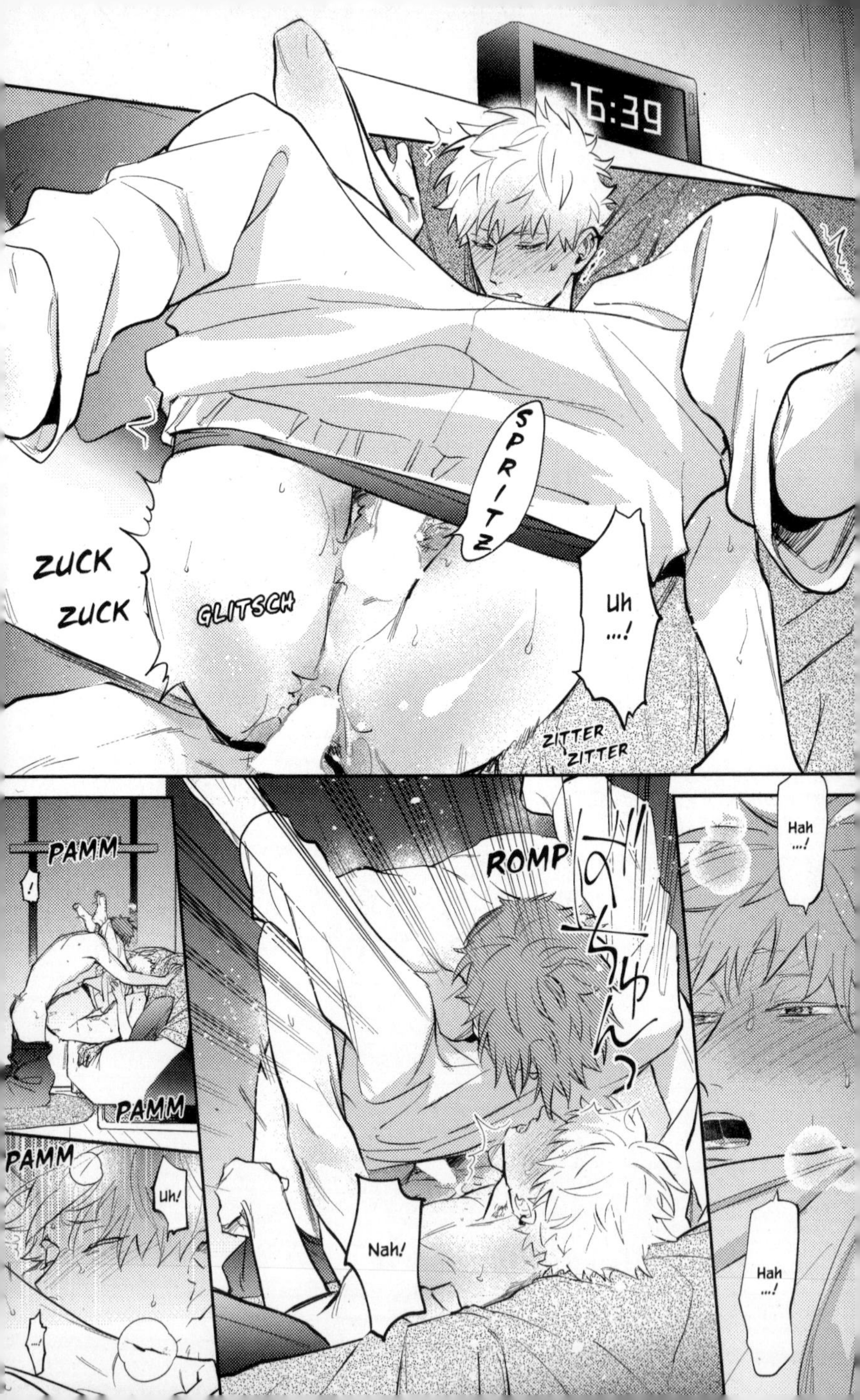
16:39
SPRITZ
Uh ...!
GLITSCH
ZUCK ZUCK
ZITTER ZITTER
Hah ...!
ROMP
PAMM
!
PAMM
PAMM
Uh!
Nah!
Hah ...!
...!

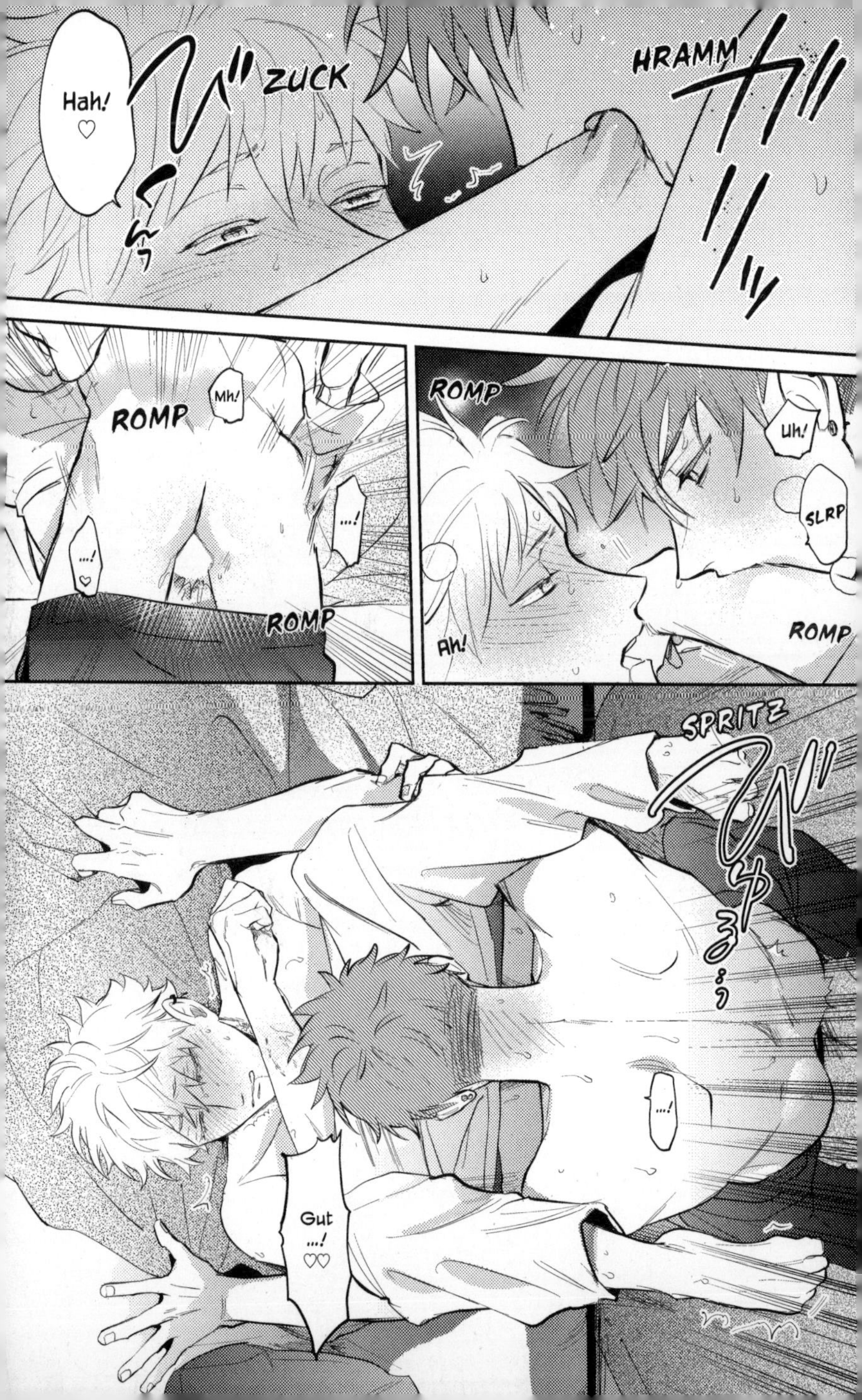
HRAMM
Hah! ♡
ZUCK
Uh!
SLRP
ROMP
ROMP
Ah!
Mh!
ROMP
...!
...! ♡
ROMP
SPRITZ
...!
Gut ...! ♡♡

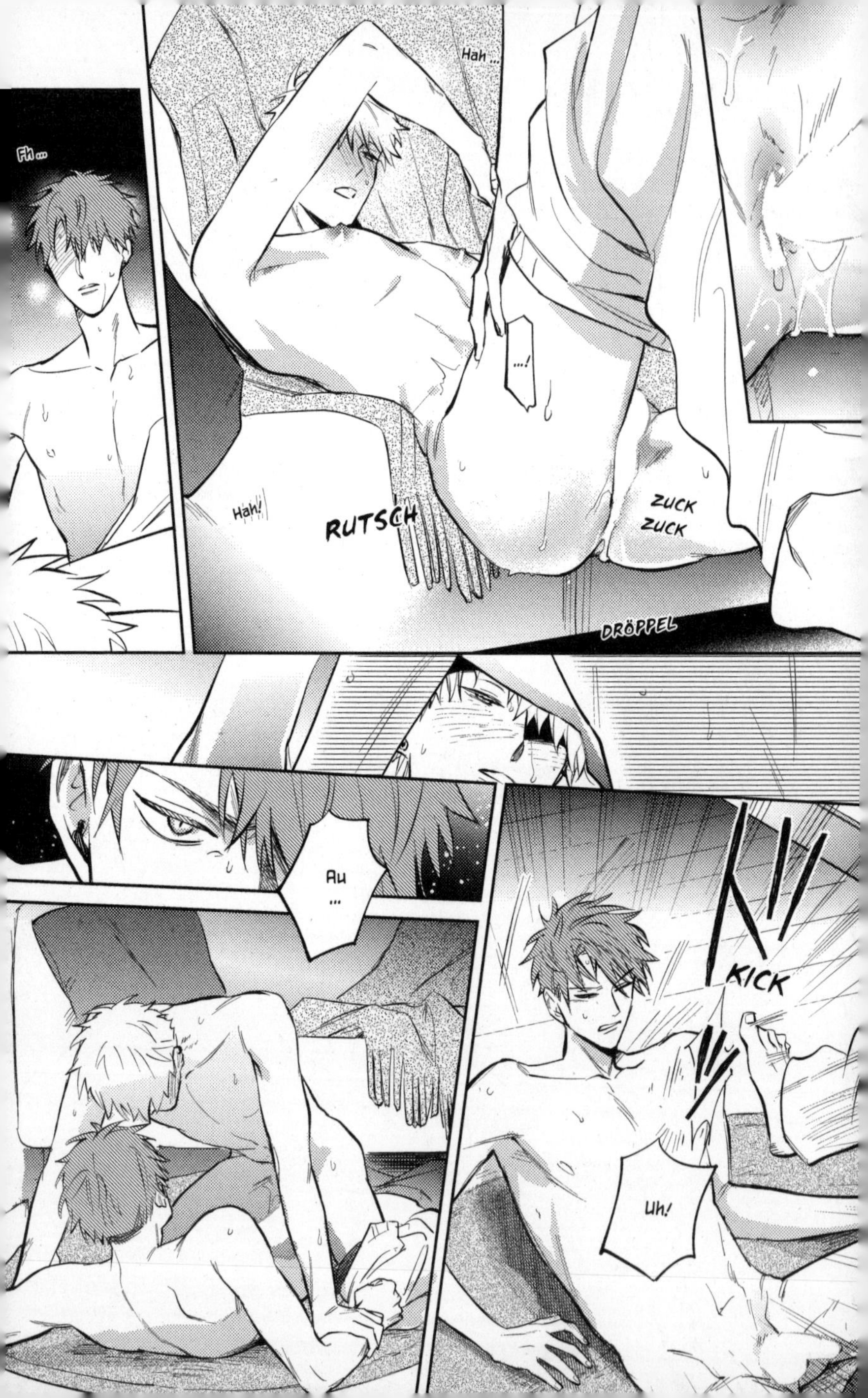
Hah …
…!
ZUCK ZUCK
RUTSCH
Hah!
DRÖPPEL
Fh …
KICK
Uh!
Au …

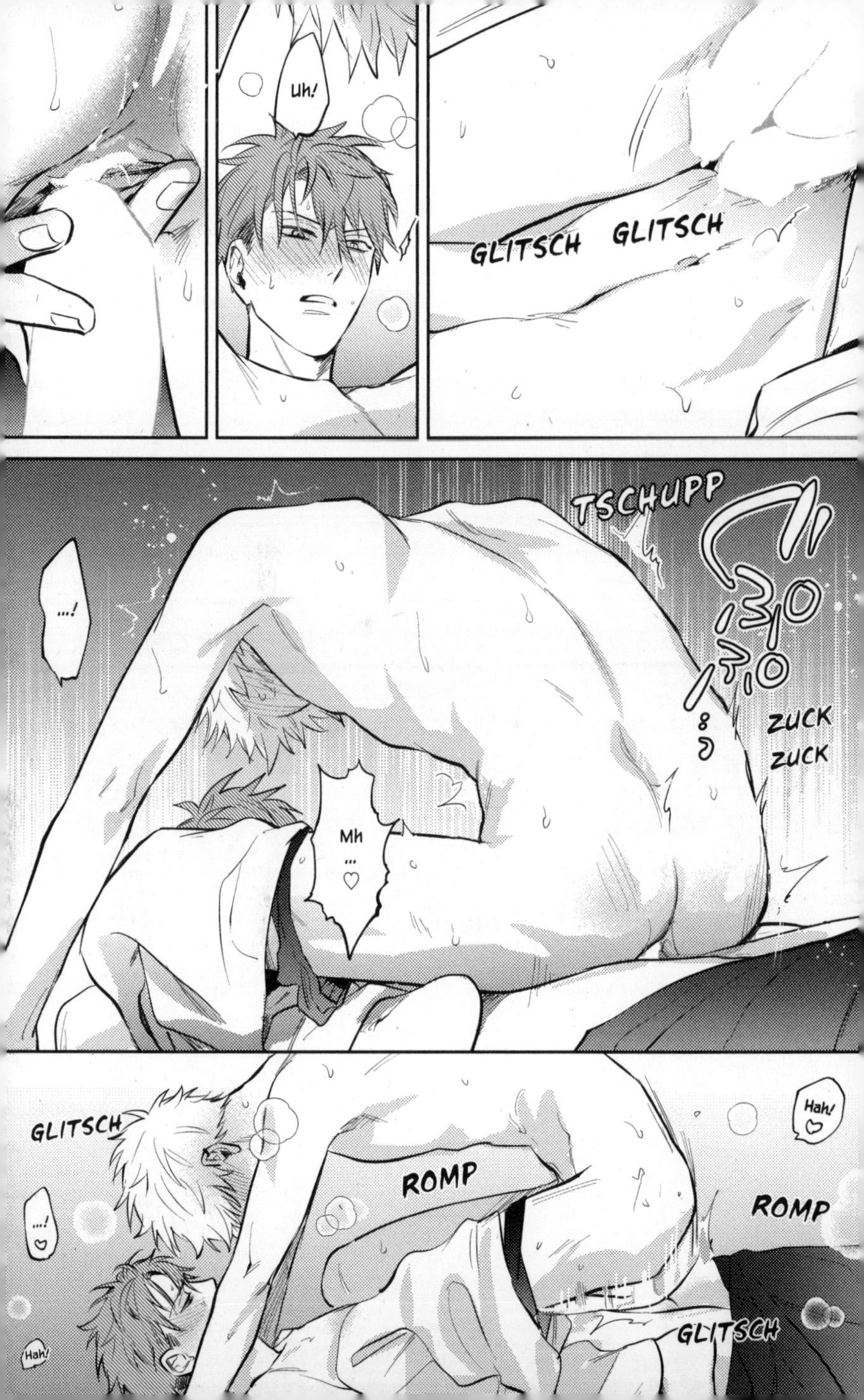
GLITSCH GLITSCH
Uh!
TSCHUPP
ZUCK ZUCK
...!
Mh ... ♡
Hah! ♡
ROMP
ROMP
GLITSCH
...! ♡
GLITSCH
Hah!

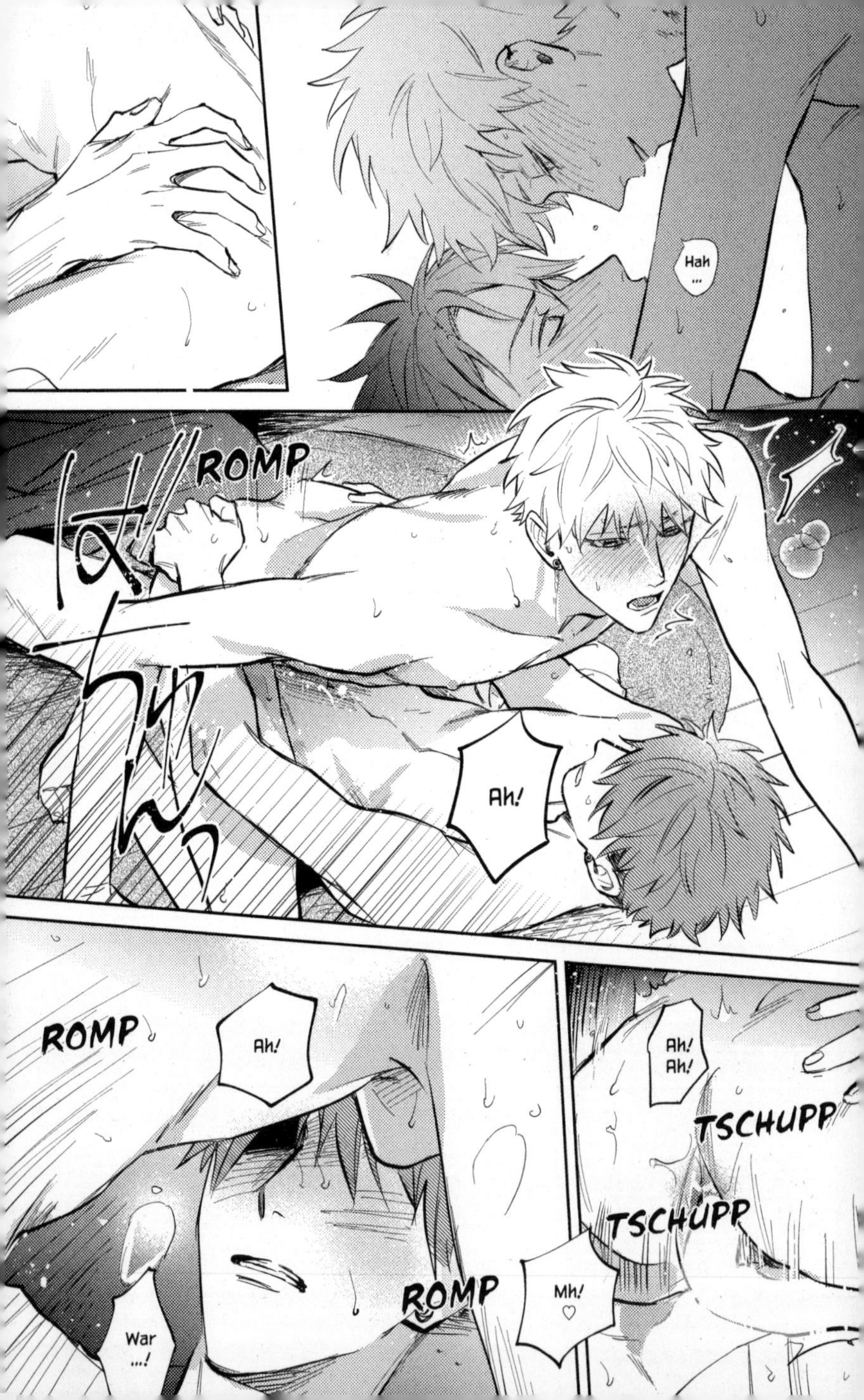
Hah
...
ROMP
Ah!
ROMP
Ah!
Ah!
Ah!
TSCHUPP
TSCHUPP
Mh!
♡
ROMP
War
...!

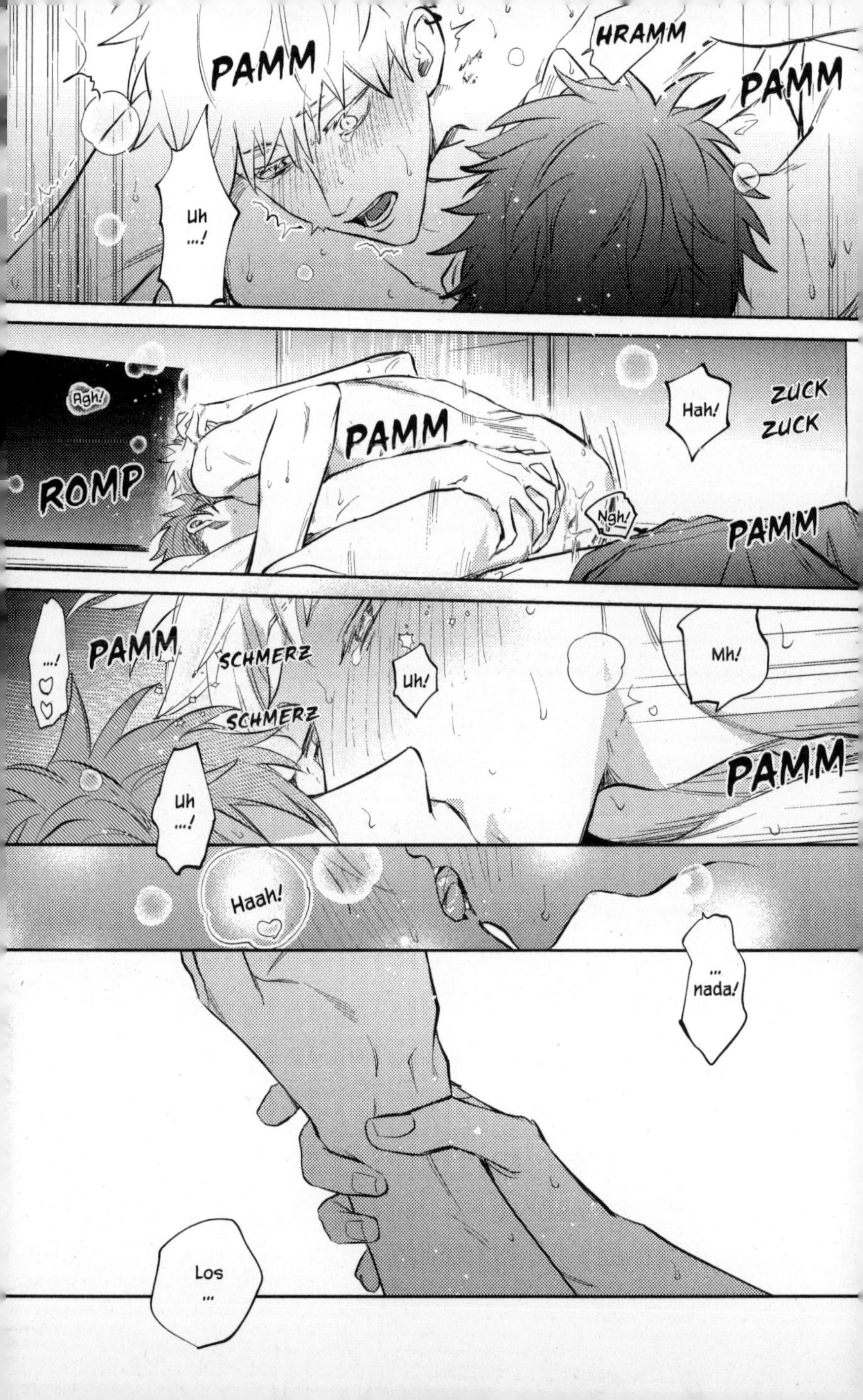
PAMM
HRAMM
PAMM
uh ...!
ZUCK ZUCK
Hah!
PAMM
Ngh!
PAMM
Agh!
ROMP
Mh!
PAMM
Uh!
SCHMERZ
SCHMERZ
PAMM
...!
Uh ...!
Haah!
... nada!
Los ...

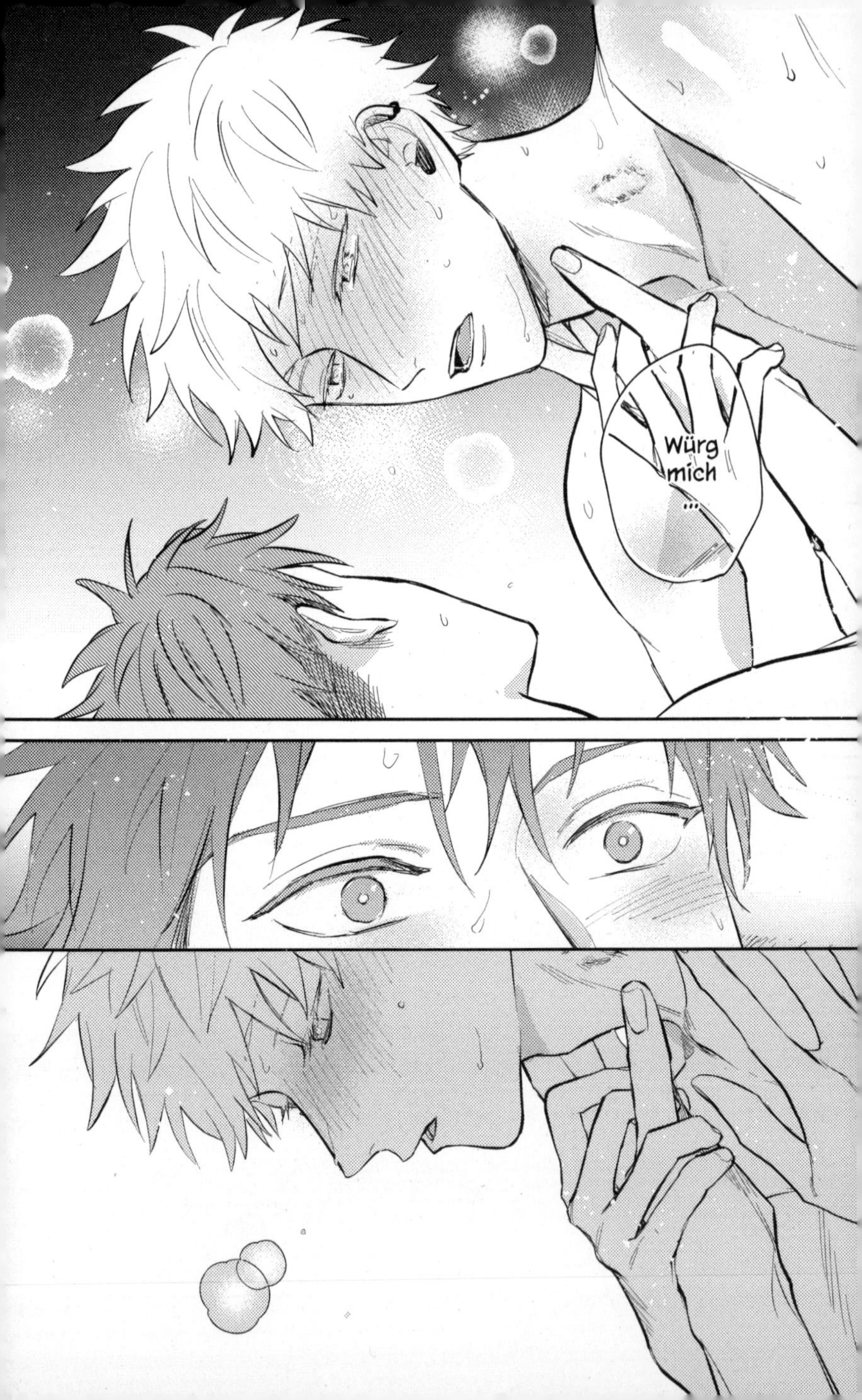
Würg mich …

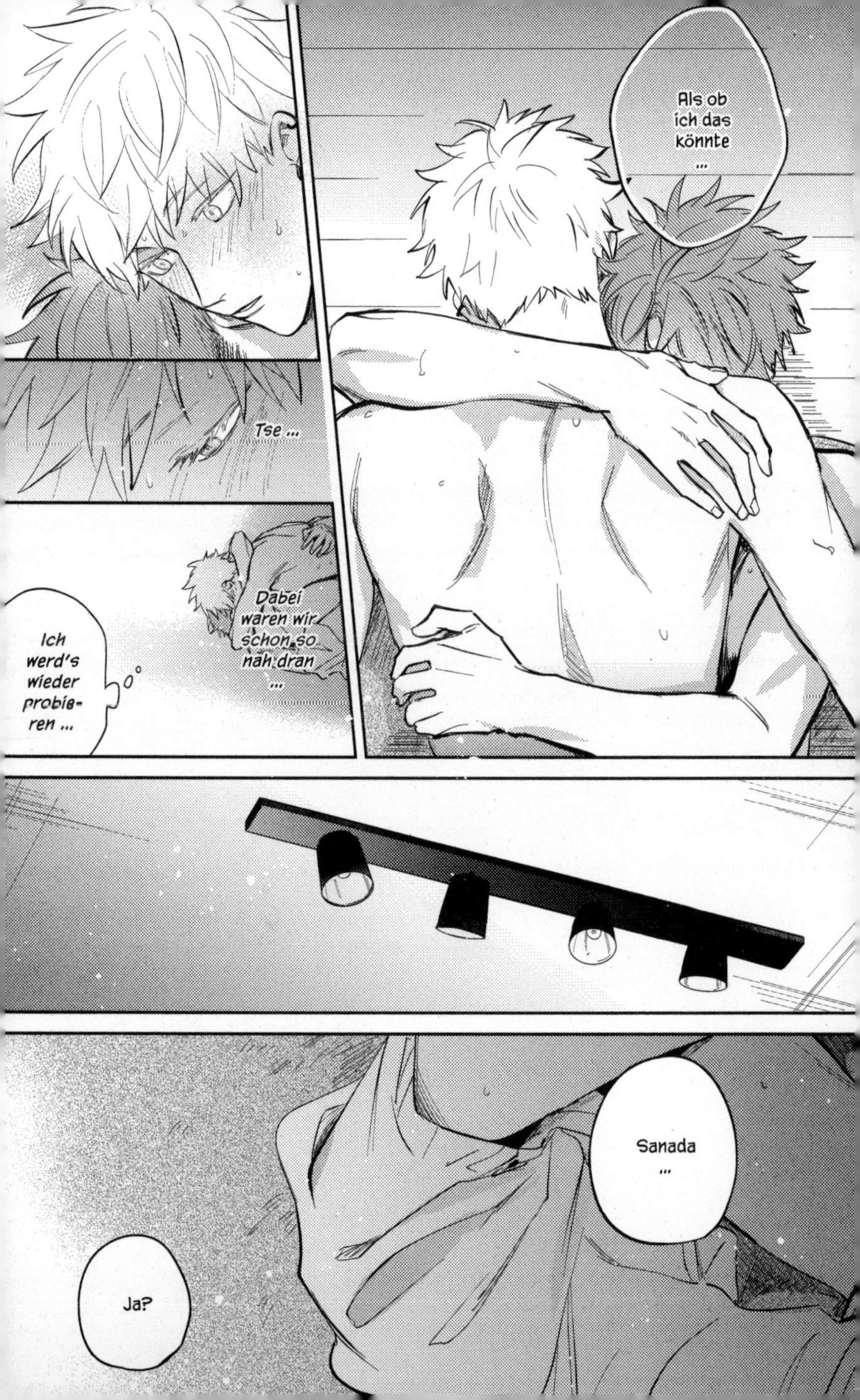
Als ob ich das könnte ...
Tse ...
Dabei waren wir schon so nah dran ...
Ich werd's wieder probie-ren ...
Sanada ...
Ja?

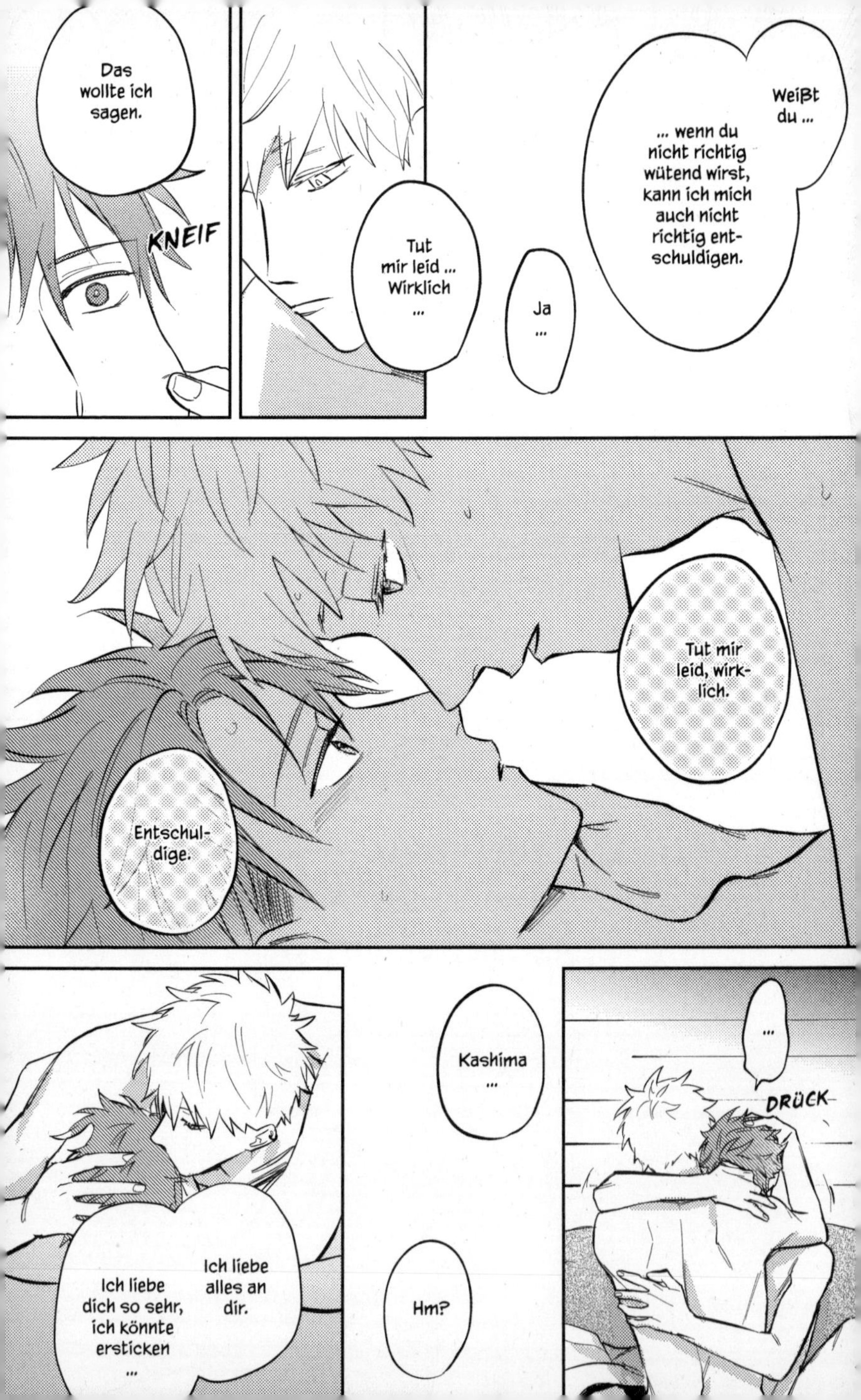
Weißt du ...
... wenn du nicht richtig wütend wirst, kann ich mich auch nicht richtig entschuldigen.
Ja ...
Tut mir leid ... Wirklich ...
KNEIF
Das wollte ich sagen.
Tut mir leid, wirklich.
Entschuldige.
...
DRÜCK
Kashima ...
Hm?
Ich liebe alles an dir.
Ich liebe dich so sehr, ich könnte ersticken ...

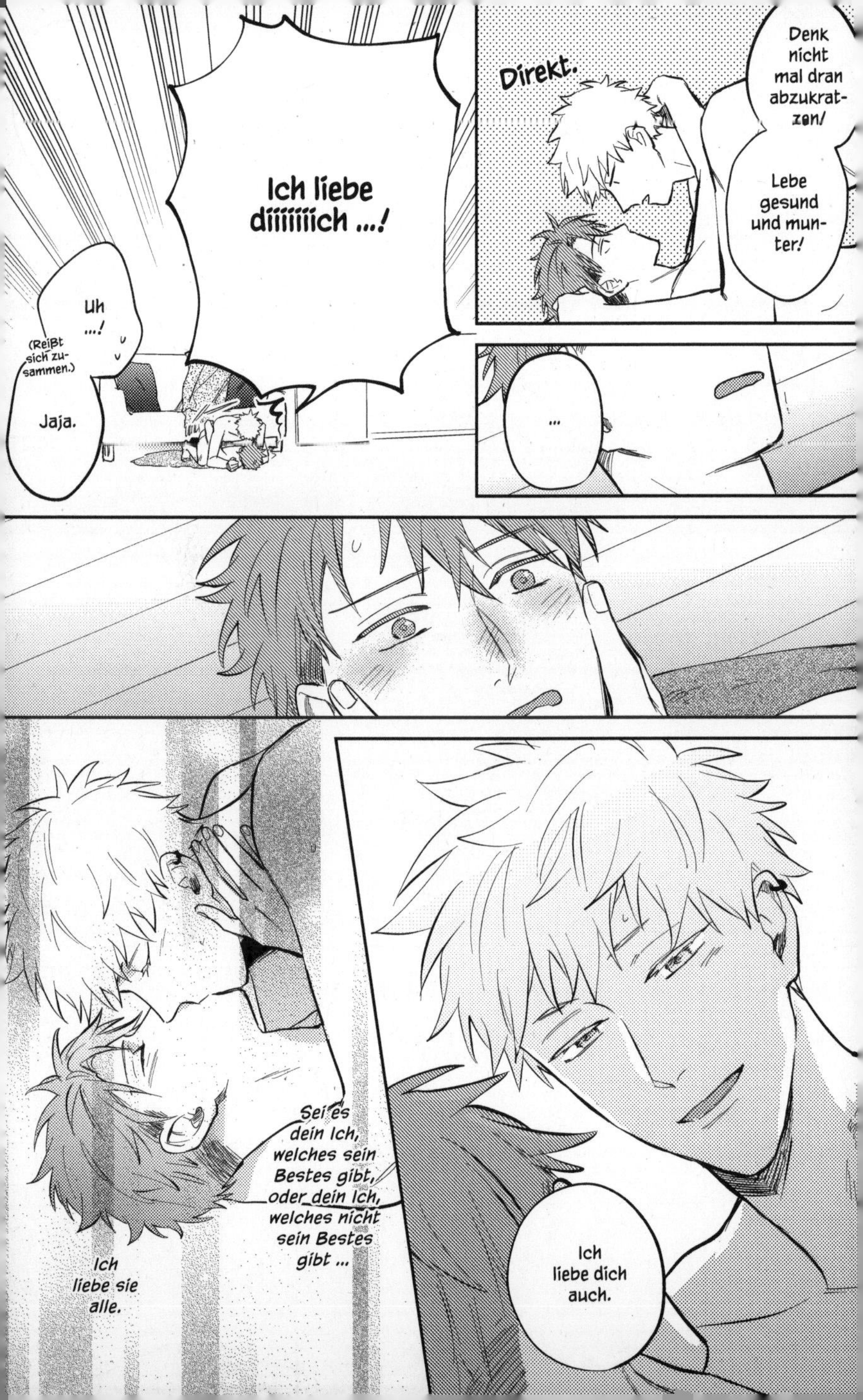
Denk nicht mal dran abzukratzen!
Lebe gesund und munter!
Direkt.
Ich liebe diiiiiiich ...!
Uh ...!
(Reißt sich zusammen.)
Jaja.
...
Ich liebe dich auch.
Sei es dein Ich, welches sein Bestes gibt, oder dein Ich, welches nicht sein Bestes gibt ...
Ich liebe sie alle.

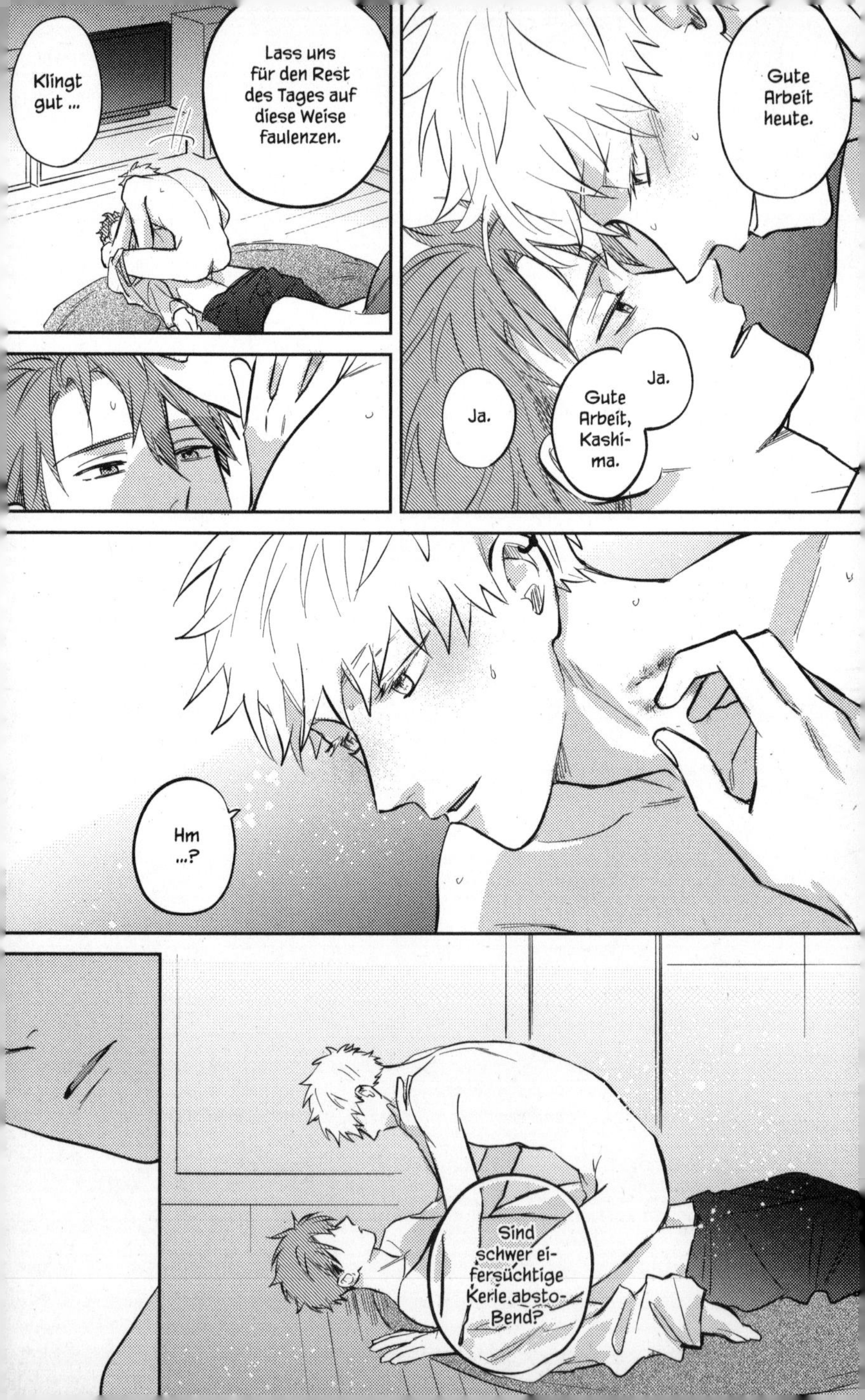
Gute Arbeit heute.
Ja.
Gute Arbeit, Kashima.
Ja.
Lass uns für den Rest des Tages auf diese Weise faulenzen.
Klingt gut ...
Hm ...?
Sind schwer eifersüchtige Kerle absto-Bend?

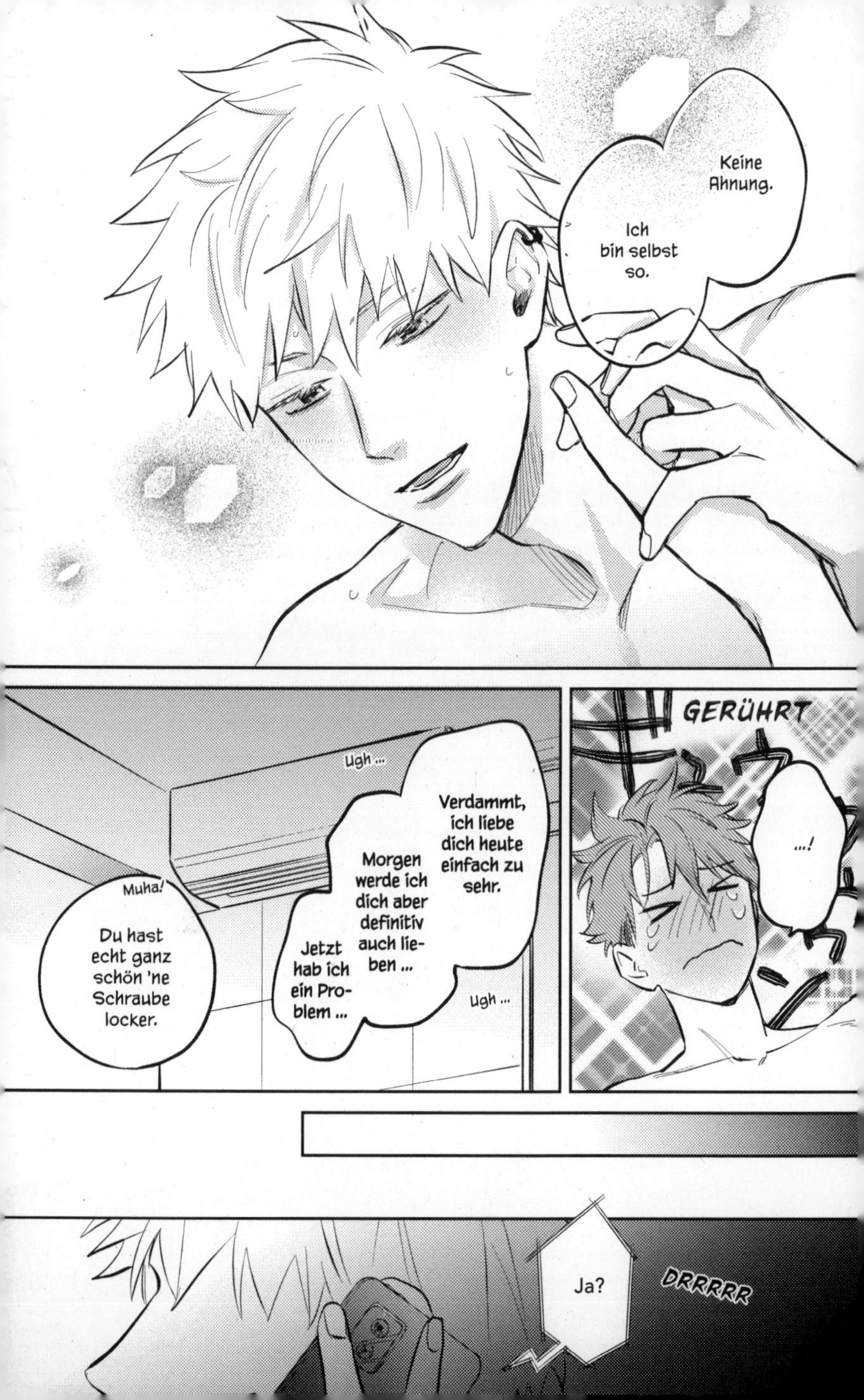
Keine Ahnung.
Ich bin selbst so.
GERÜHRT
...!
Ugh ...
Verdammt, ich liebe dich heute einfach zu sehr.
Morgen werde ich dich aber definitiv auch lieben ...
Jetzt hab ich ein Problem ...
Ugh ...
Muha!
Du hast echt ganz schön 'ne Schraube locker.
Ja?
DRRRRR

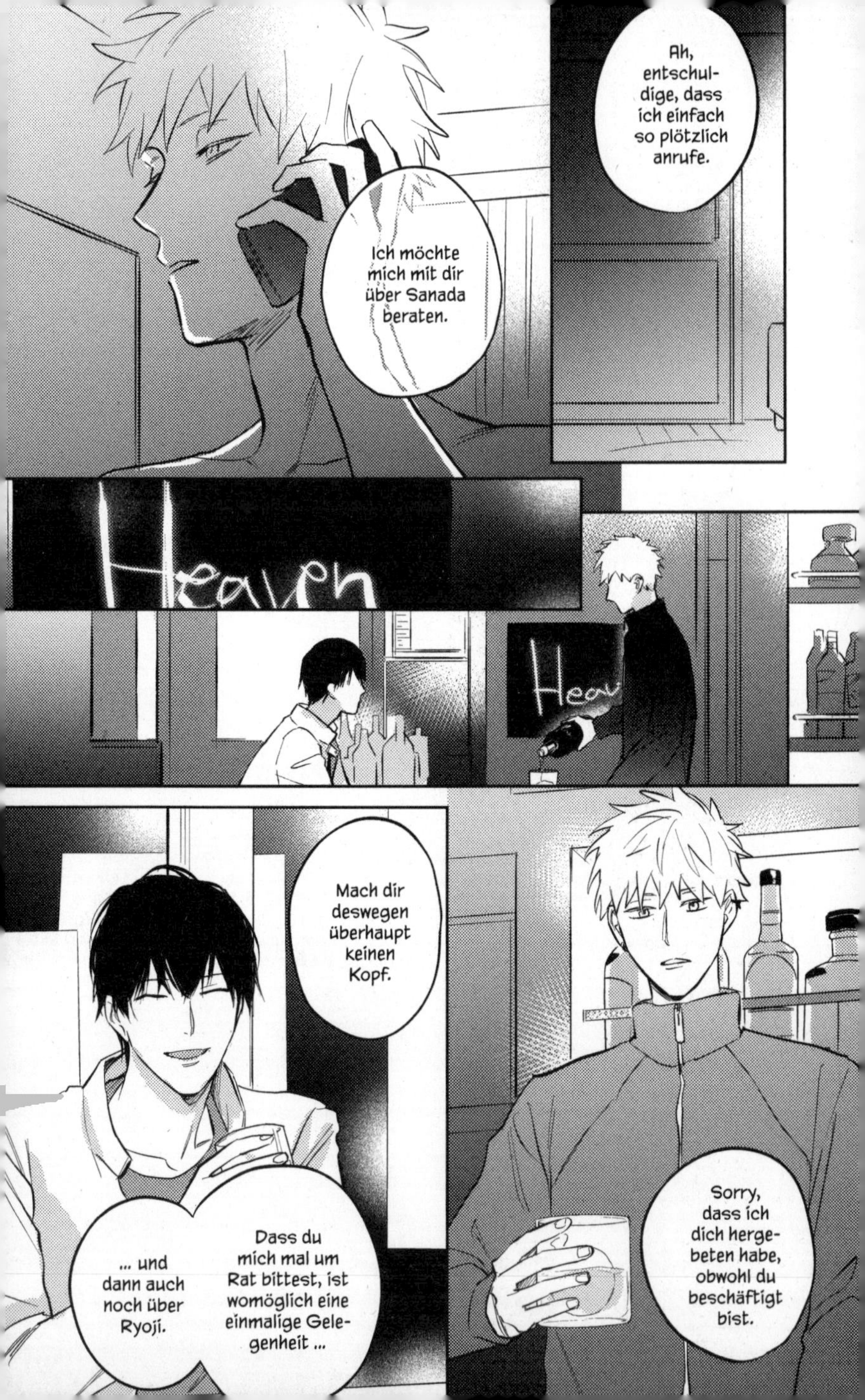
Ah, entschuldige, dass ich einfach so plötzlich anrufe.
Ich möchte mich mit dir über Sanada beraten.
Heaven
Heav
Sorry, dass ich dich hergebeten habe, obwohl du beschäftigt bist.
Mach dir deswegen überhaupt keinen Kopf.
Dass du mich mal um Rat bittest, ist womöglich eine einmalige Gelegenheit ...
... und dann auch noch über Ryoji.

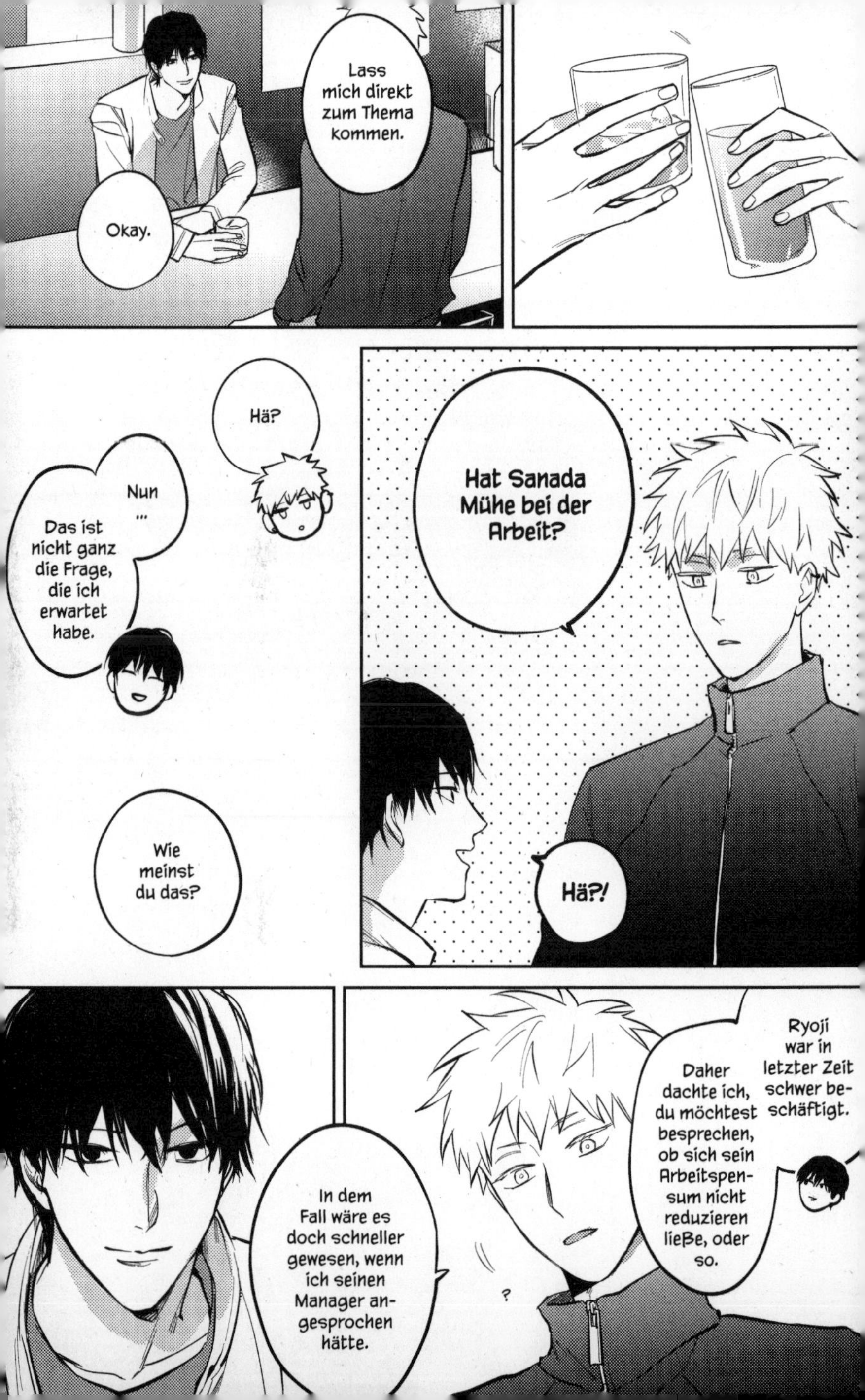

Lass mich direkt zum Thema kommen.
Okay.
Hat Sanada Mühe bei der Arbeit?
Hä?!
Hä?
Nun ...
Das ist nicht ganz die Frage, die ich erwartet habe.
Wie meinst du das?
Ryoji war in letzter Zeit schwer beschäftigt.
Daher dachte ich, du möchtest besprechen, ob sich sein Arbeitspensum nicht reduzieren ließe, oder so.
?
In dem Fall wäre es doch schneller gewesen, wenn ich seinen Manager angesprochen hätte.

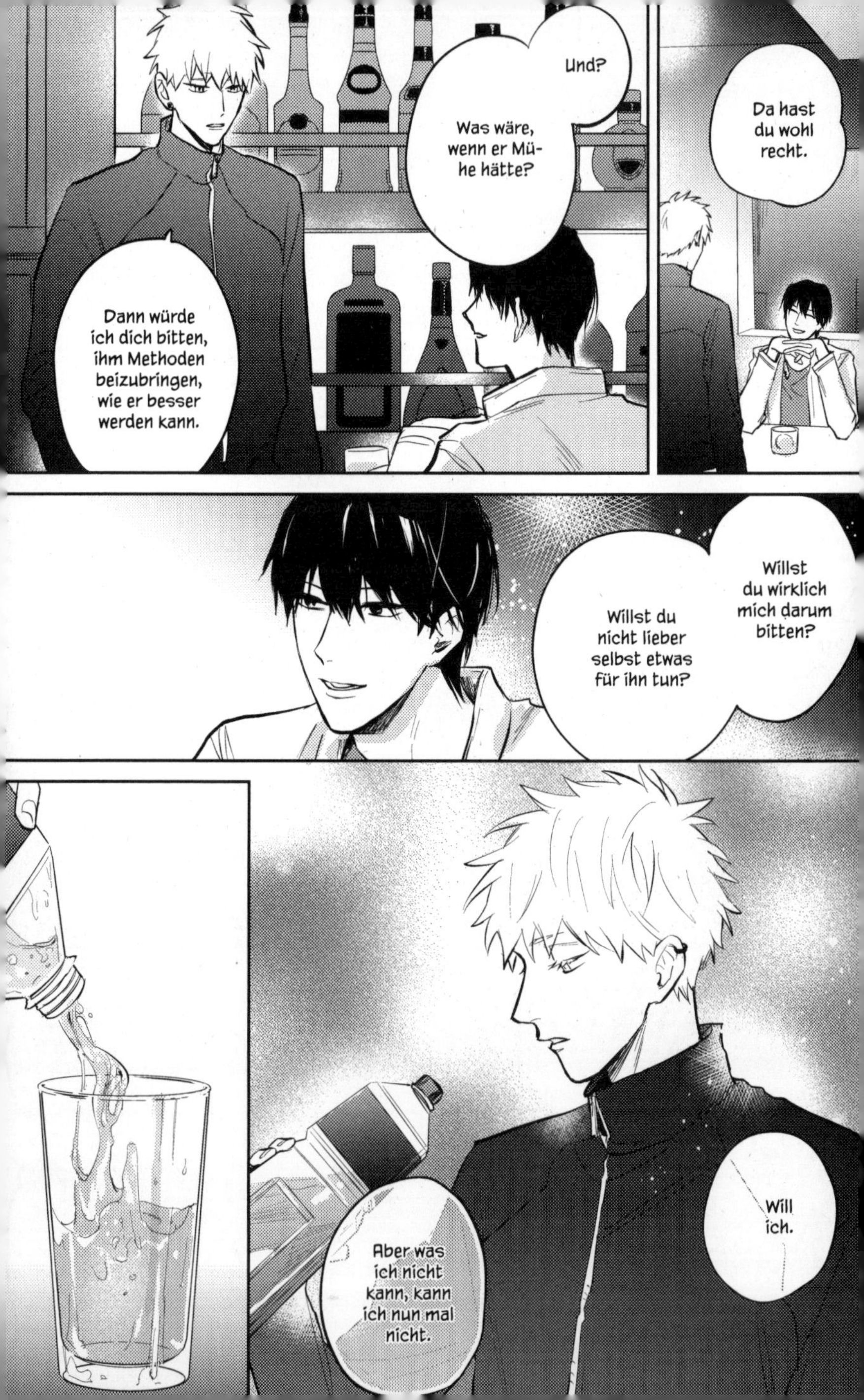
Da hast du wohl recht.
Und?
Was wäre, wenn er Mühe hätte?
Dann würde ich dich bitten, ihm Methoden beizubringen, wie er besser werden kann.
Willst du wirklich mich darum bitten?
Willst du nicht lieber selbst etwas für ihn tun?
Will ich.
Aber was ich nicht kann, kann ich nun mal nicht.

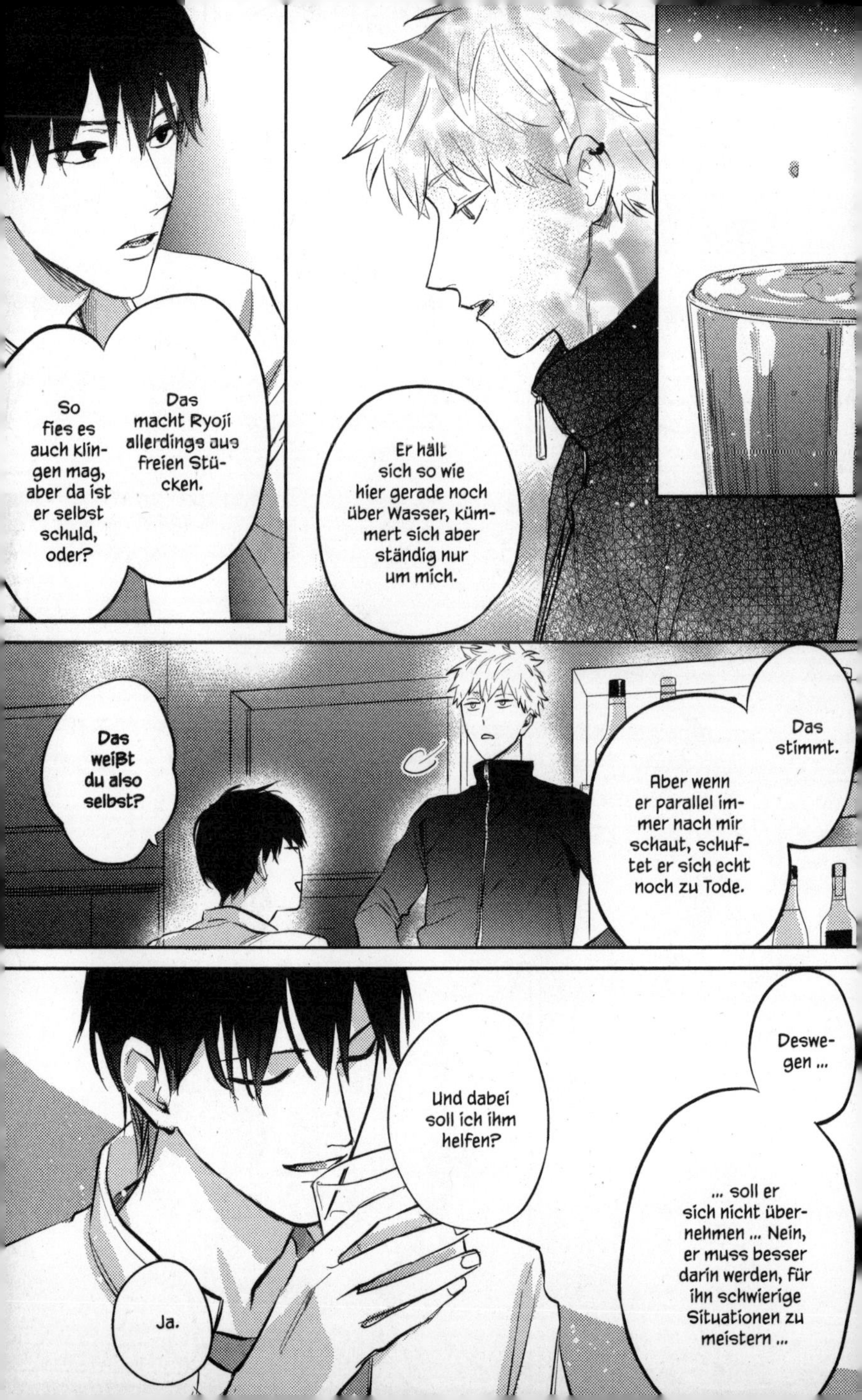
Er hält sich so wie hier gerade noch über Wasser, kümmert sich aber ständig nur um mich.
Das macht Ryoji allerdings aus freien Stücken.
So fies es auch klingen mag, aber da ist er selbst schuld, oder?
Das stimmt.
Aber wenn er parallel immer nach mir schaut, schuftet er sich echt noch zu Tode.
Das weißt du also selbst?
Deswegen ...
... soll er sich nicht übernehmen ... Nein, er muss besser darin werden, für ihn schwierige Situationen zu meistern ...
Und dabei soll ich ihm helfen?
Ja.

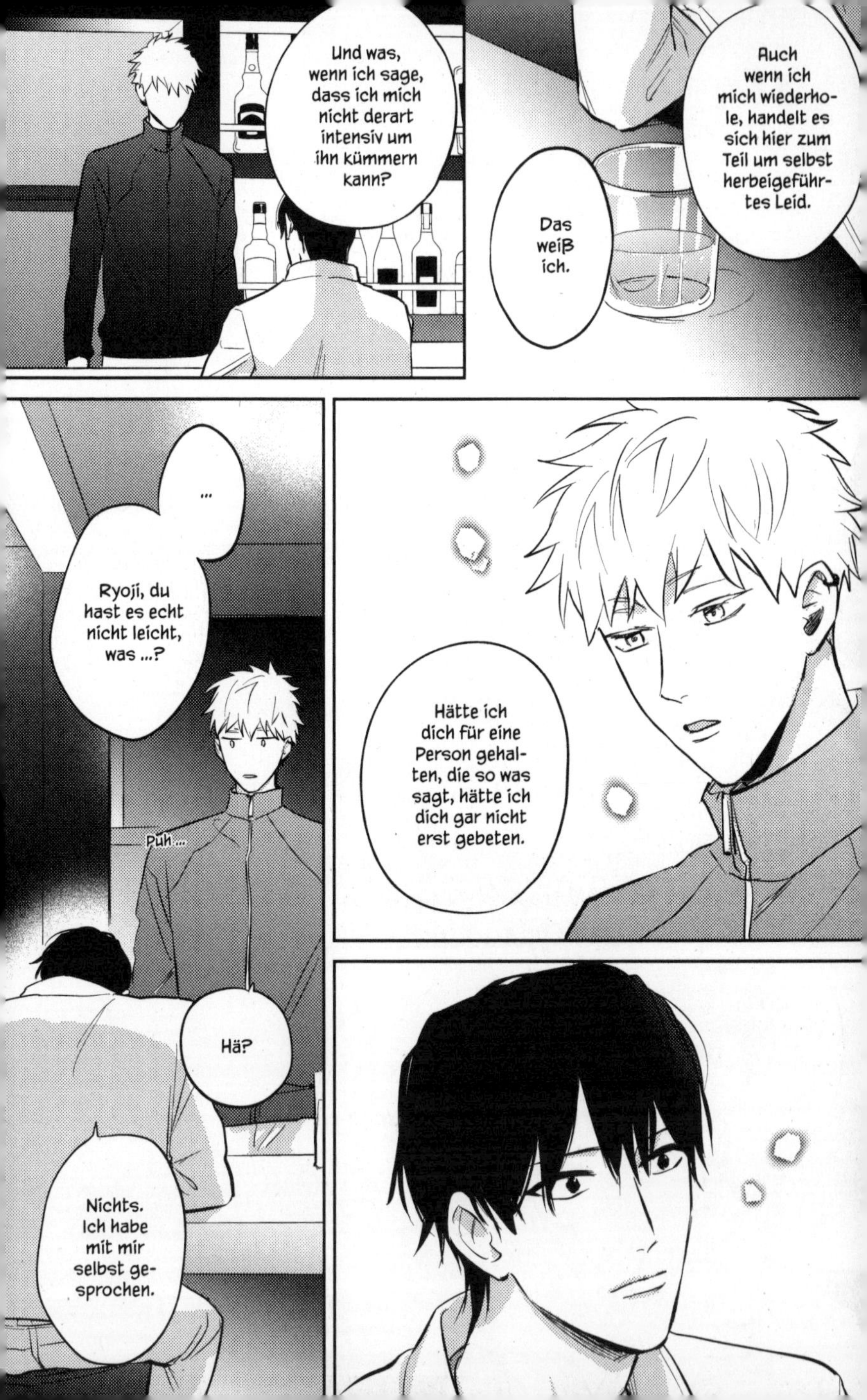
Auch wenn ich mich wiederhole, handelt es sich hier zum Teil um selbst herbeigeführtes Leid.
Das weiß ich.
Und was, wenn ich sage, dass ich mich nicht derart intensiv um ihn kümmern kann?
Hätte ich dich für eine Person gehalten, die so was sagt, hätte ich dich gar nicht erst gebeten.
...
Ryoji, du hast es echt nicht leicht, was ...?
Püh ...
Hä?
Nichts. Ich habe mit mir selbst gesprochen.

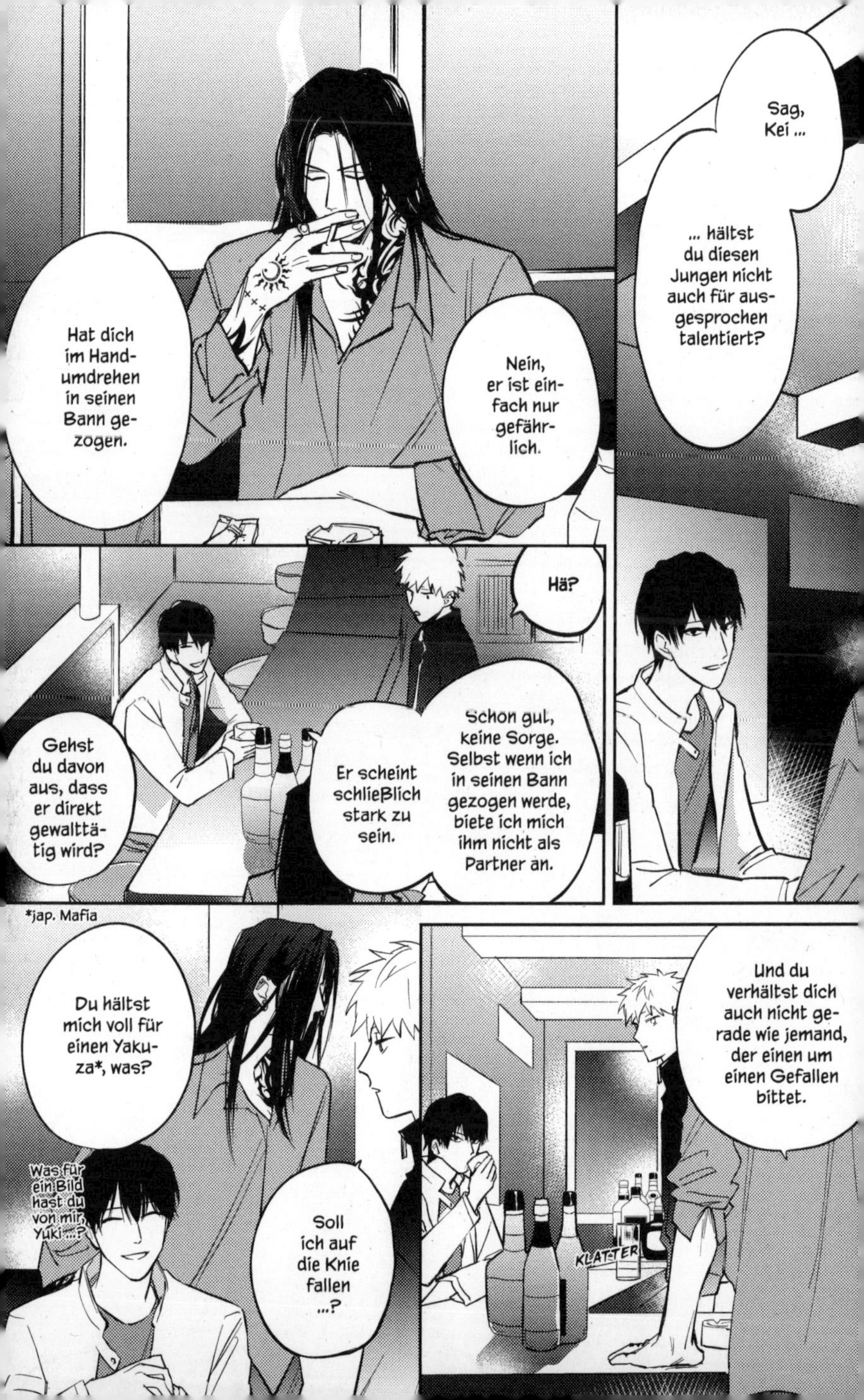
Sag, Kei ...
... hältst du diesen Jungen nicht auch für ausgesprochen talentiert?
Nein, er ist einfach nur gefährlich.
Hat dich im Handumdrehen in seinen Bann gezogen.
Hä?
Schon gut, keine Sorge. Selbst wenn ich in seinen Bann gezogen werde, biete ich mich ihm nicht als Partner an.
Er scheint schließlich stark zu sein.
Gehst du davon aus, dass er direkt gewalttätig wird?
Und du verhältst dich auch nicht gerade wie jemand, der einen um einen Gefallen bittet.
KLATTER
Soll ich auf die Knie fallen ...?
Du hältst mich voll für einen Yakuza*, was?
Was für ein Bild hast du von mir, Yuki ...?
*jap. Mafia

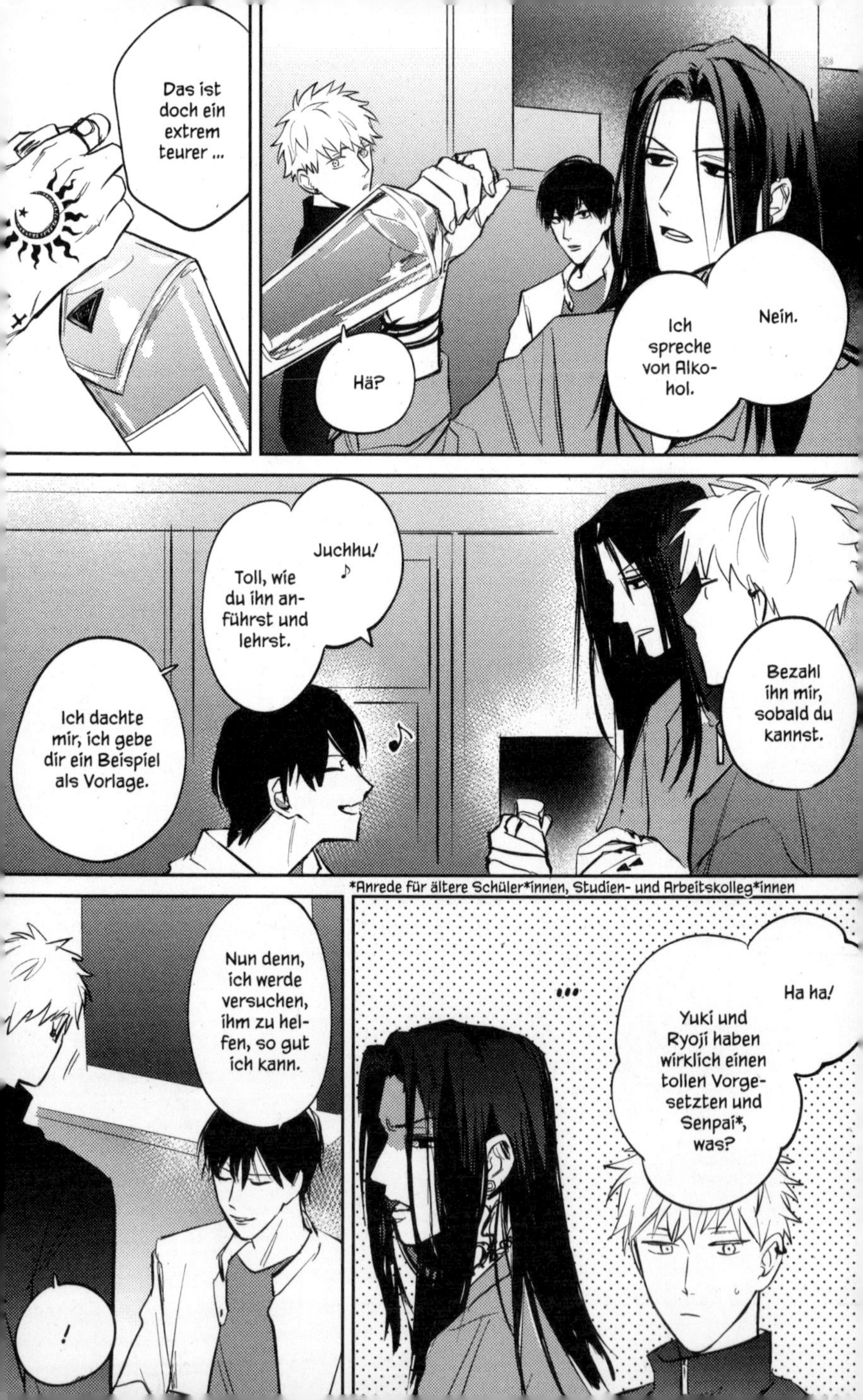

*Anrede für ältere Schüler*innen, Studien- und Arbeitskolleg*innen

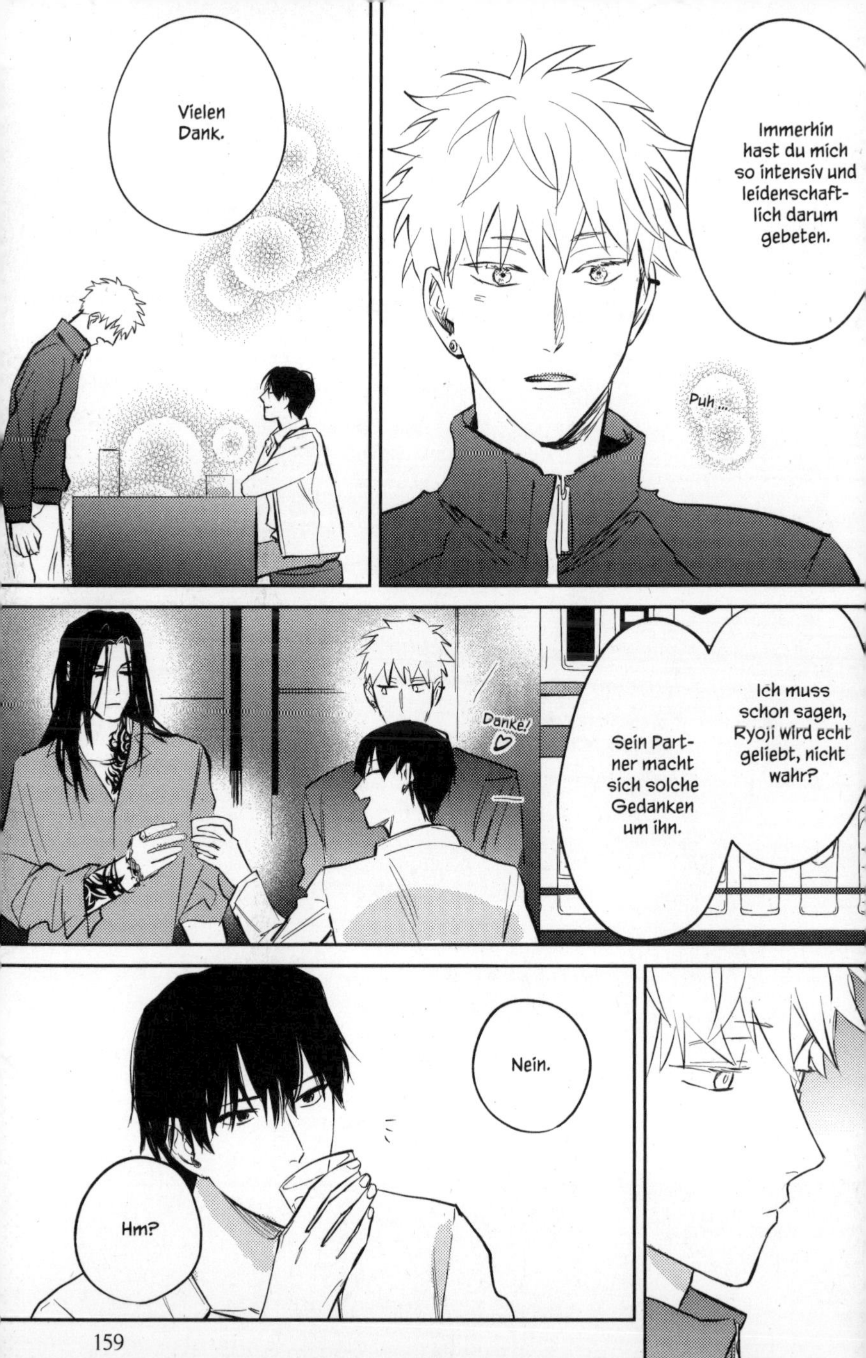
Immerhin hast du mich so intensiv und leidenschaftlich darum gebeten.
Puh ...
Vielen Dank.
Ich muss schon sagen, Ryoji wird echt geliebt, nicht wahr?
Sein Partner macht sich solche Gedanken um ihn.
Danke! ♡
Nein.
Hm?

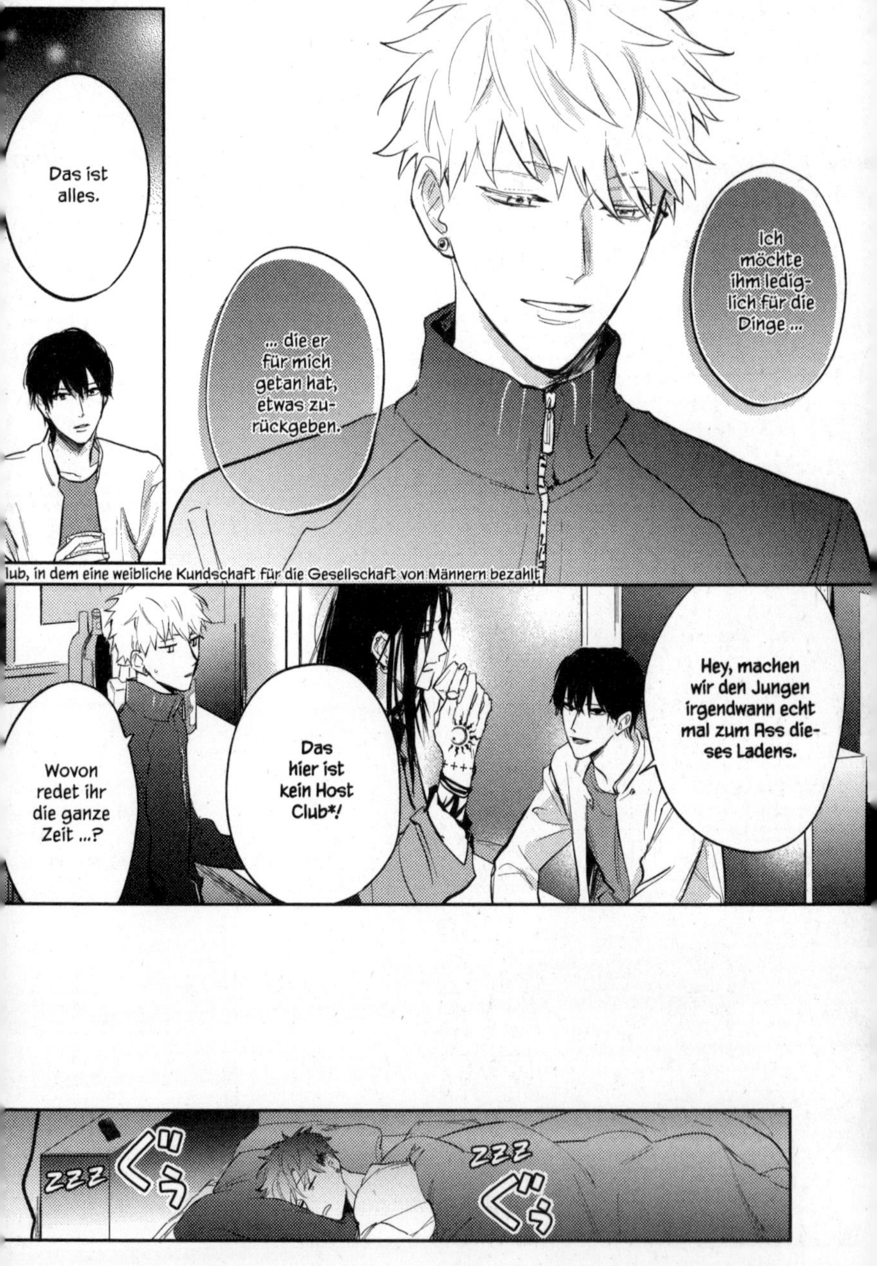

*Club, in dem eine weibliche Kundschaft für die Gesellschaft von Männern bezahlt

SIMPLIFIED PERVERT ROMANCE BAND 6 / ENDE

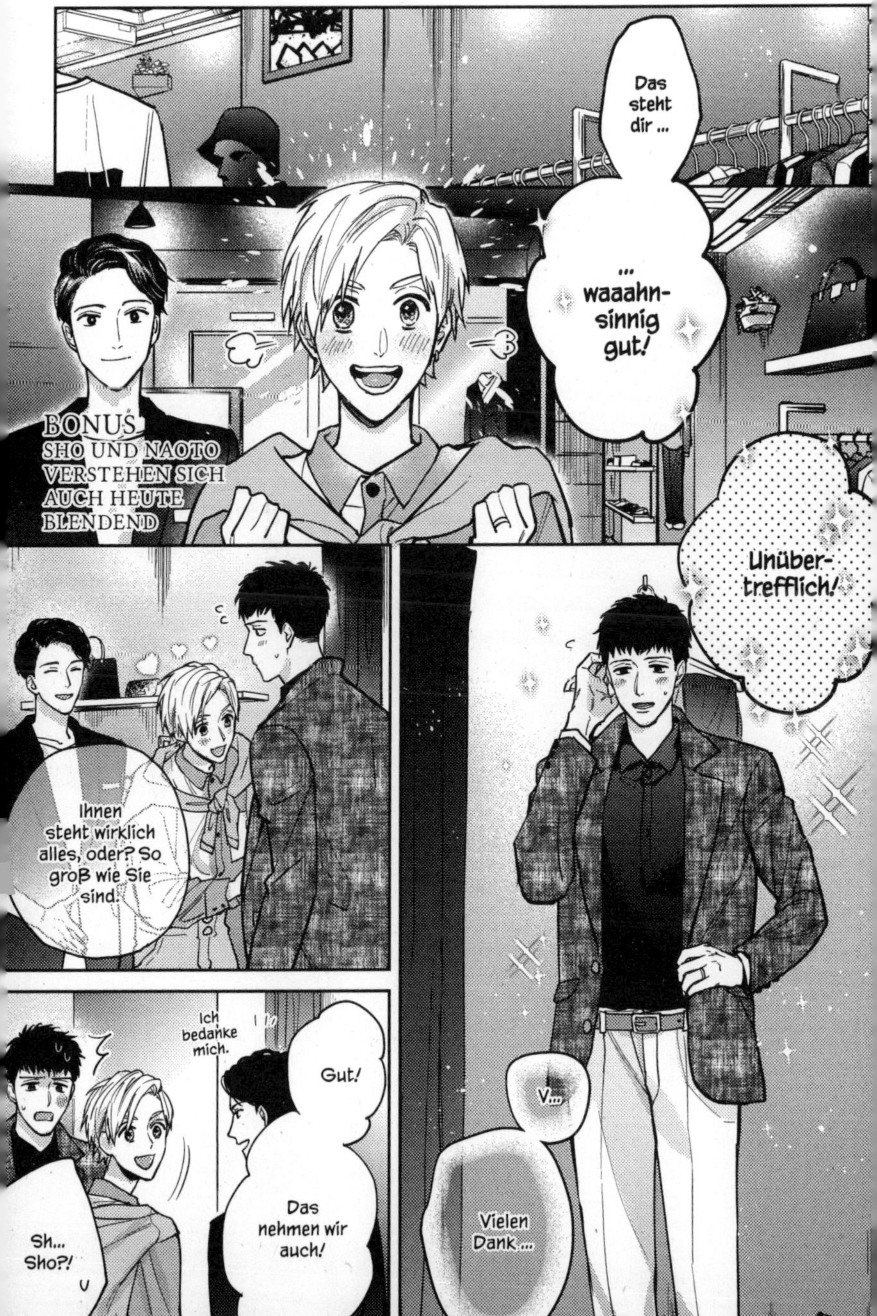
Das steht dir ...
... waaahn-sinnig gut!
BONUS
SHO UND NAOTO VERSTEHEN SICH AUCH HEUTE BLENDEND
Unüber-trefflich!
Ihnen steht wirklich alles, oder? So groß wie Sie sind.
V...
Vielen Dank ...
Gut!
Ich bedanke mich.
Das nehmen wir auch!
Sh... Sho?!

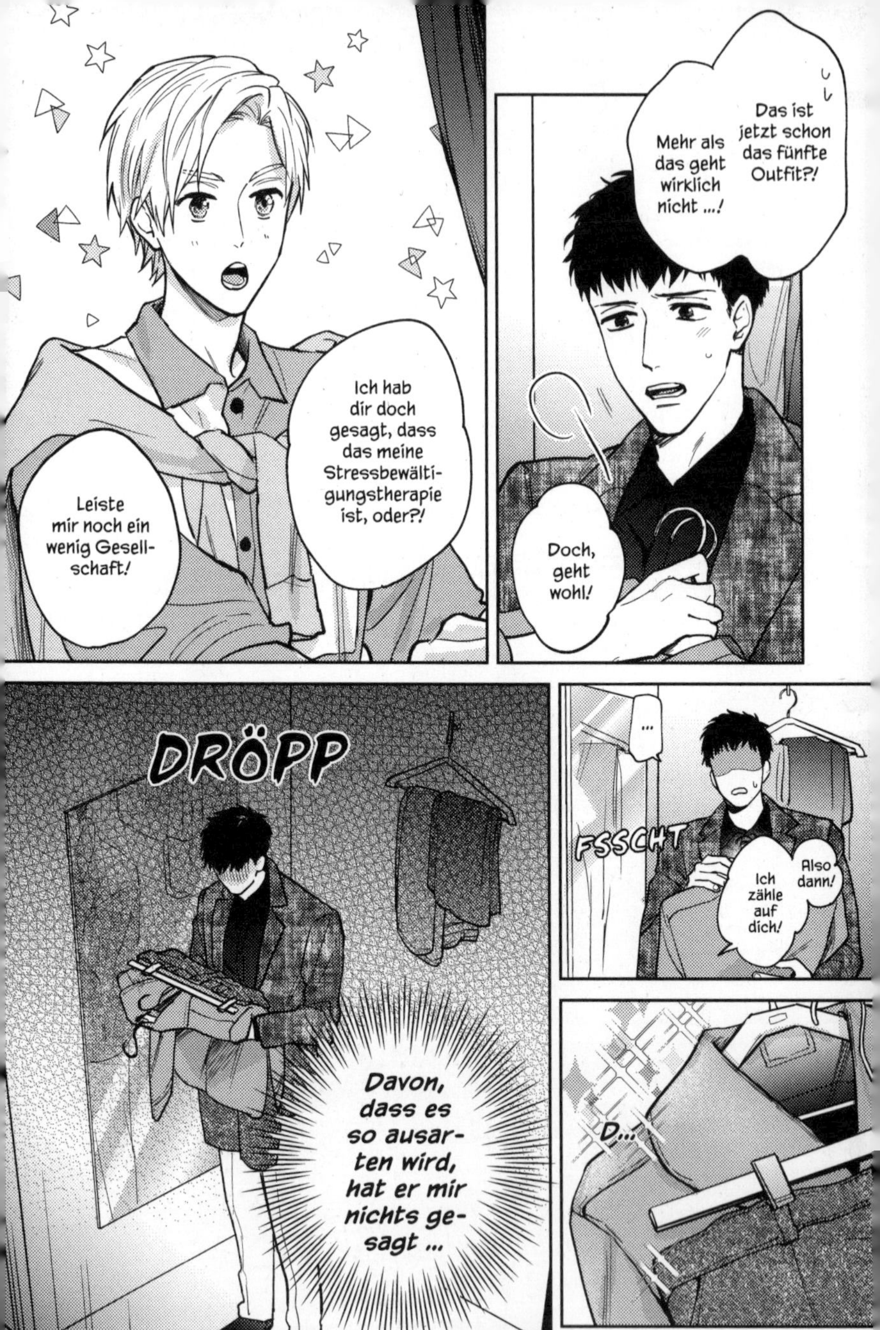
Das ist jetzt schon das fünfte Outfit?!
Mehr als das geht wirklich nicht ...!
Doch, geht wohl!
Ich hab dir doch gesagt, dass das meine Stressbewältigungstherapie ist, oder?!
Leiste mir noch ein wenig Gesellschaft!
...
FSSCHT
Also dann!
Ich zähle auf dich!
D...
DRÖPP
Davon, dass es so ausarten wird, hat er mir nichts gesagt ...

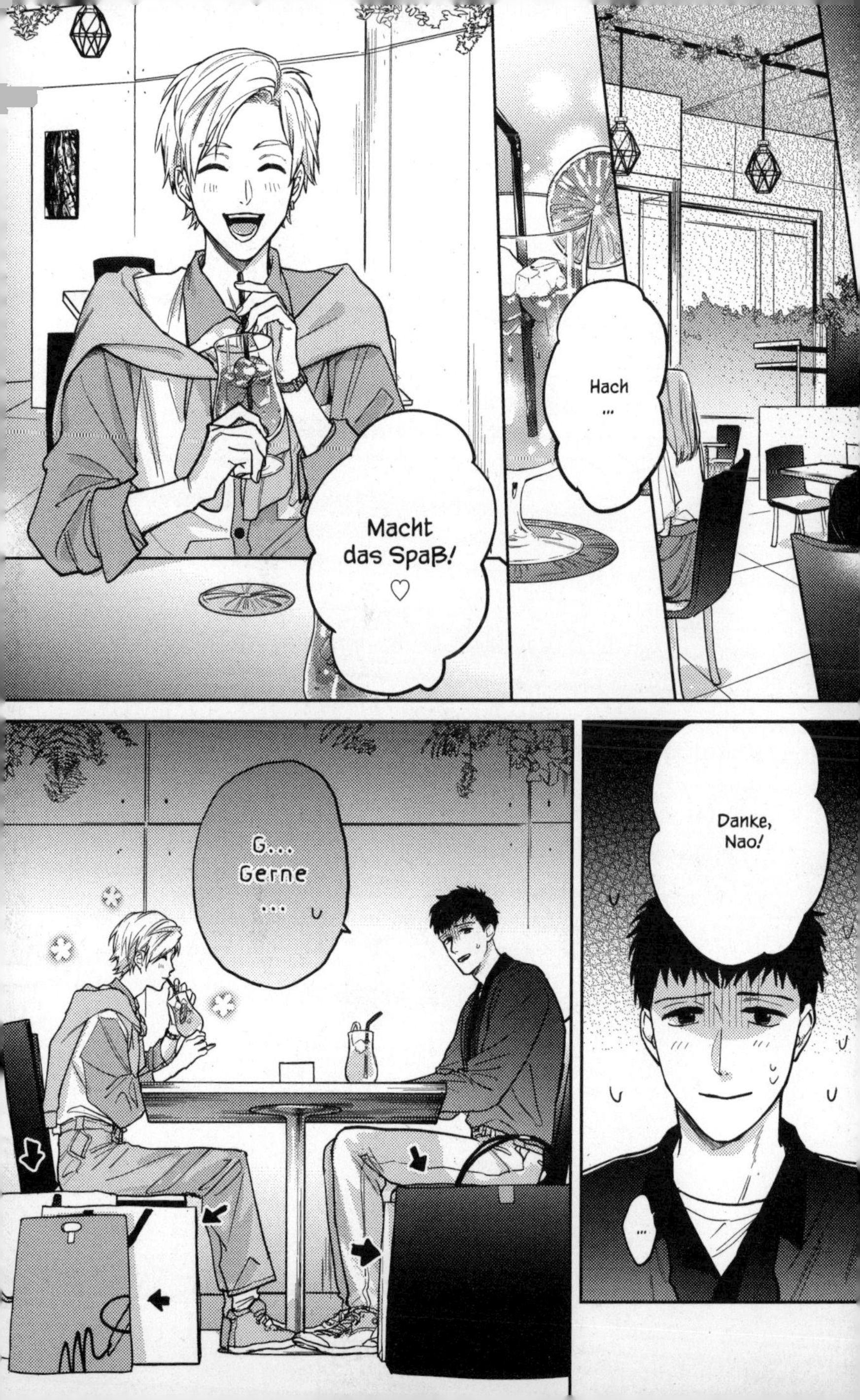
Hach
...
Macht das Spaß! ♡
Danke, Nao!
...
G... Gerne ...

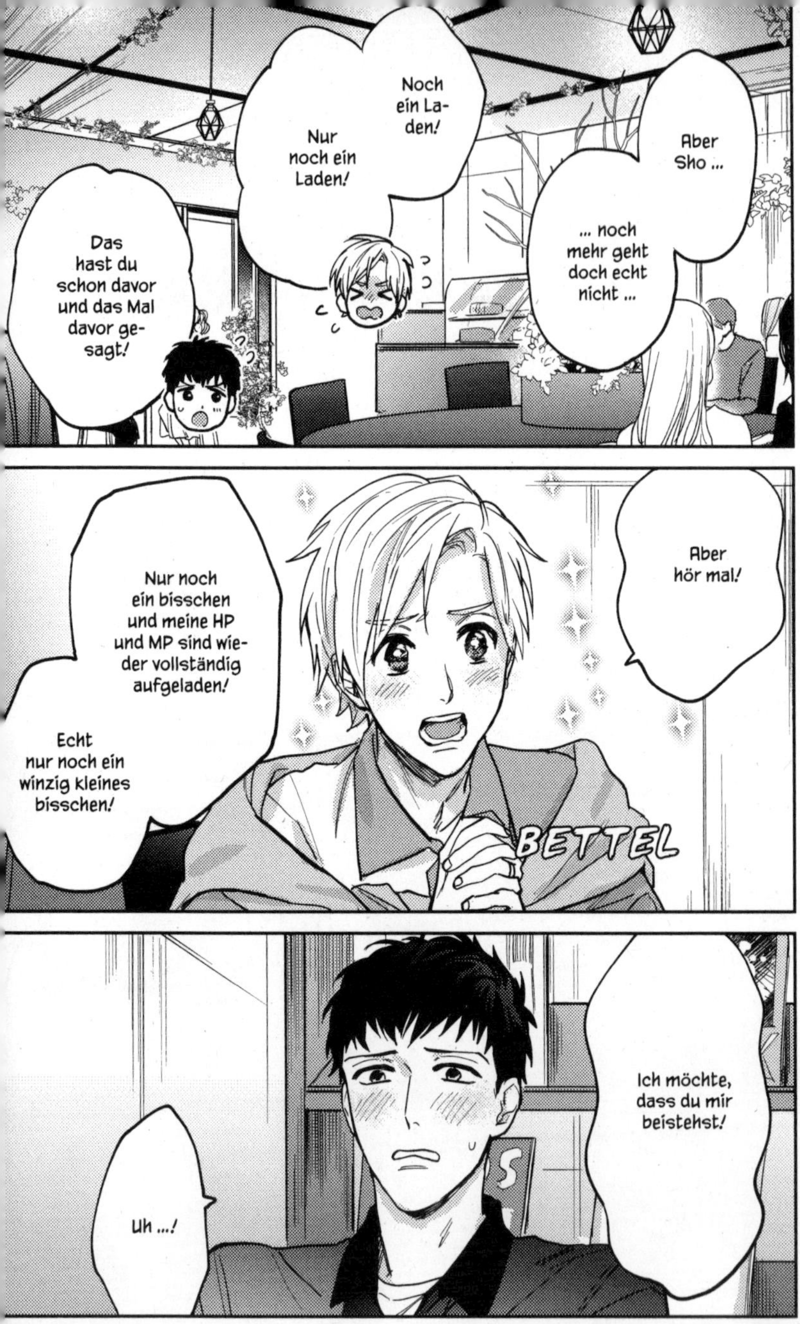
Aber Sho ...
... noch mehr geht doch echt nicht ...
Noch ein Laden!
Nur noch ein Laden!
Das hast du schon davor und das Mal davor gesagt!
Aber hör mal!
Nur noch ein bisschen und meine HP und MP sind wieder vollständig aufgeladen!
Echt nur noch ein winzig kleines bisschen!
BETTEL
Ich möchte, dass du mir beistehst!
Uh ...!

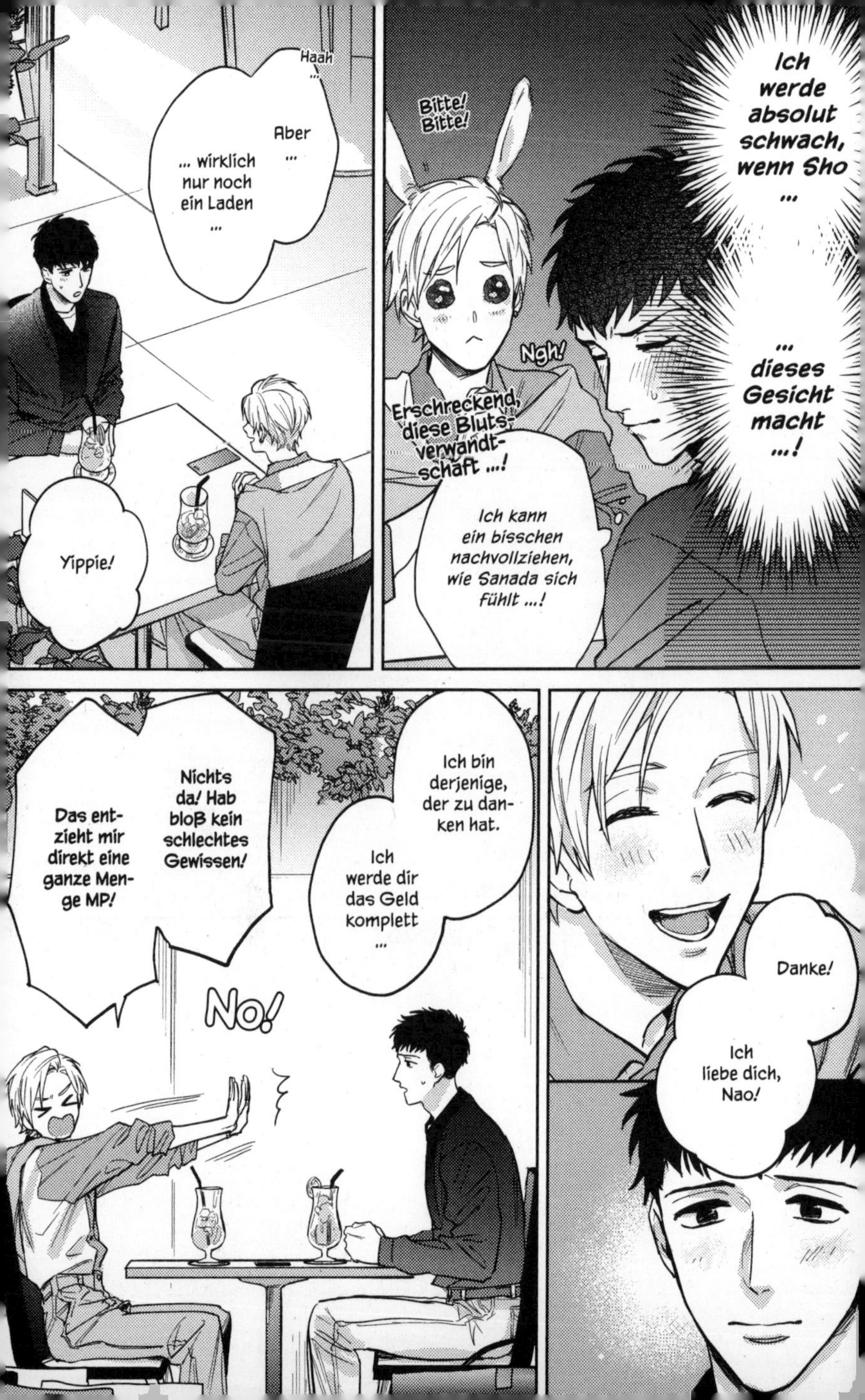
Ich werde absolut schwach, wenn Sho …
Bitte! Bitte!
… dieses Gesicht macht …!
Ngh!
Erschreckend, diese Bluts-verwandt-schaft …!
Ich kann ein bisschen nachvollziehen, wie Sanada sich fühlt …!
Haah …
Aber …
… wirklich nur noch ein Laden …
Yippie!
Danke!
Ich liebe dich, Nao!
Ich bin derjenige, der zu dan-ken hat.
Ich werde dir das Geld komplett …
No!
Nichts da! Hab bloß kein schlechtes Gewissen!
Das ent-zieht mir direkt eine ganze Men-ge MP!

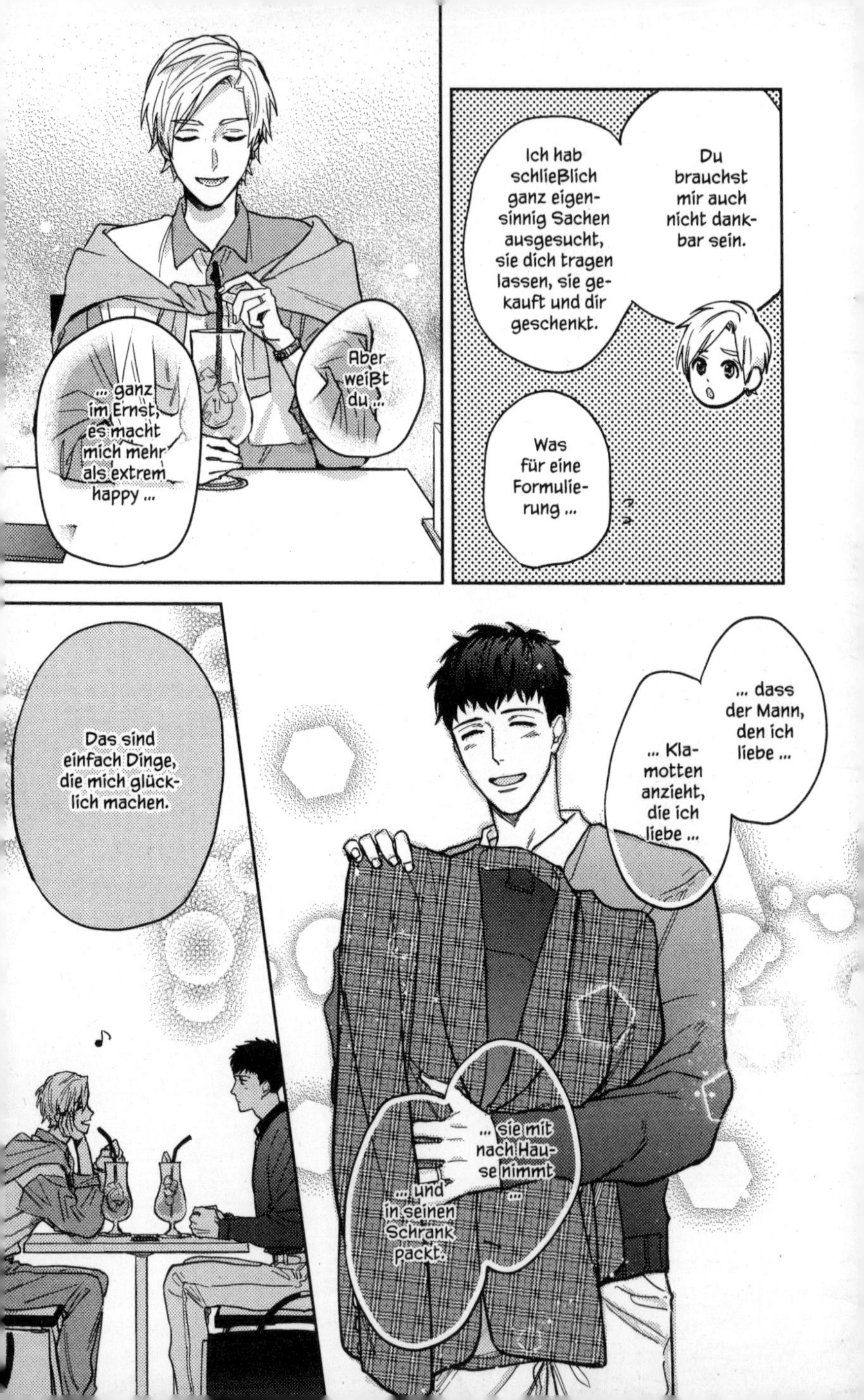
Du brauchst mir auch nicht dankbar sein.
Ich hab schließlich ganz eigensinnig Sachen ausgesucht, sie dich tragen lassen, sie gekauft und dir geschenkt.
Was für eine Formulierung ...
Aber weißt du ...
... ganz im Ernst, es macht mich mehr als extrem happy ...
... dass der Mann, den ich liebe ...
... Klamotten anzieht, die ich liebe ...
... sie mit nach Hause nimmt ...
... und in seinen Schrank packt.
Das sind einfach Dinge, die mich glücklich machen.

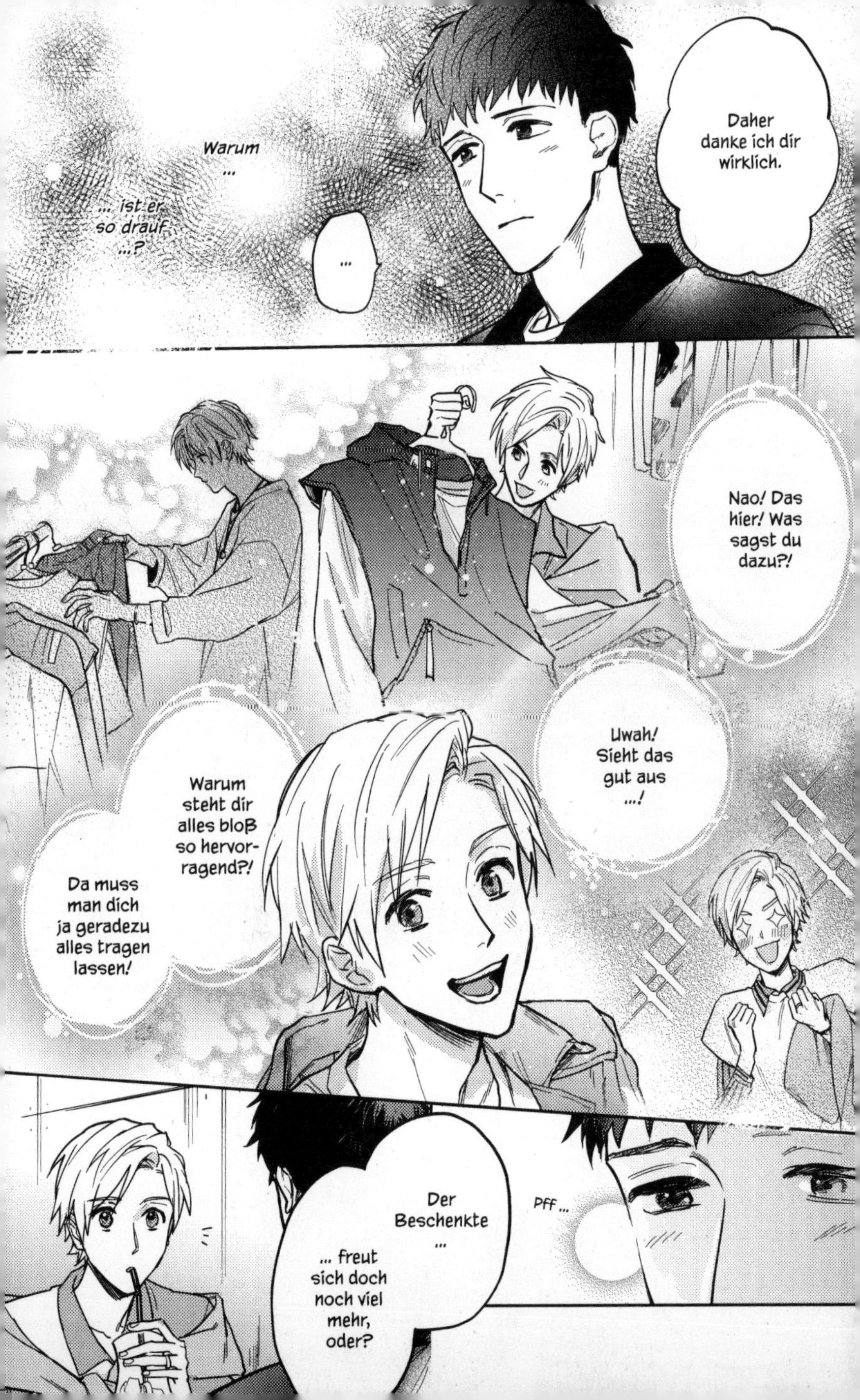
Daher danke ich dir wirklich.
...
Warum ...
... ist er so drauf ...?
Nao! Das hier! Was sagst du dazu?!
Uwah! Sieht das gut aus ...!
Warum steht dir alles bloß so hervor-ragend?!
Da muss man dich ja geradezu alles tragen lassen!
Pff ...
Der Beschenkte ...
... freut sich doch noch viel mehr, oder?

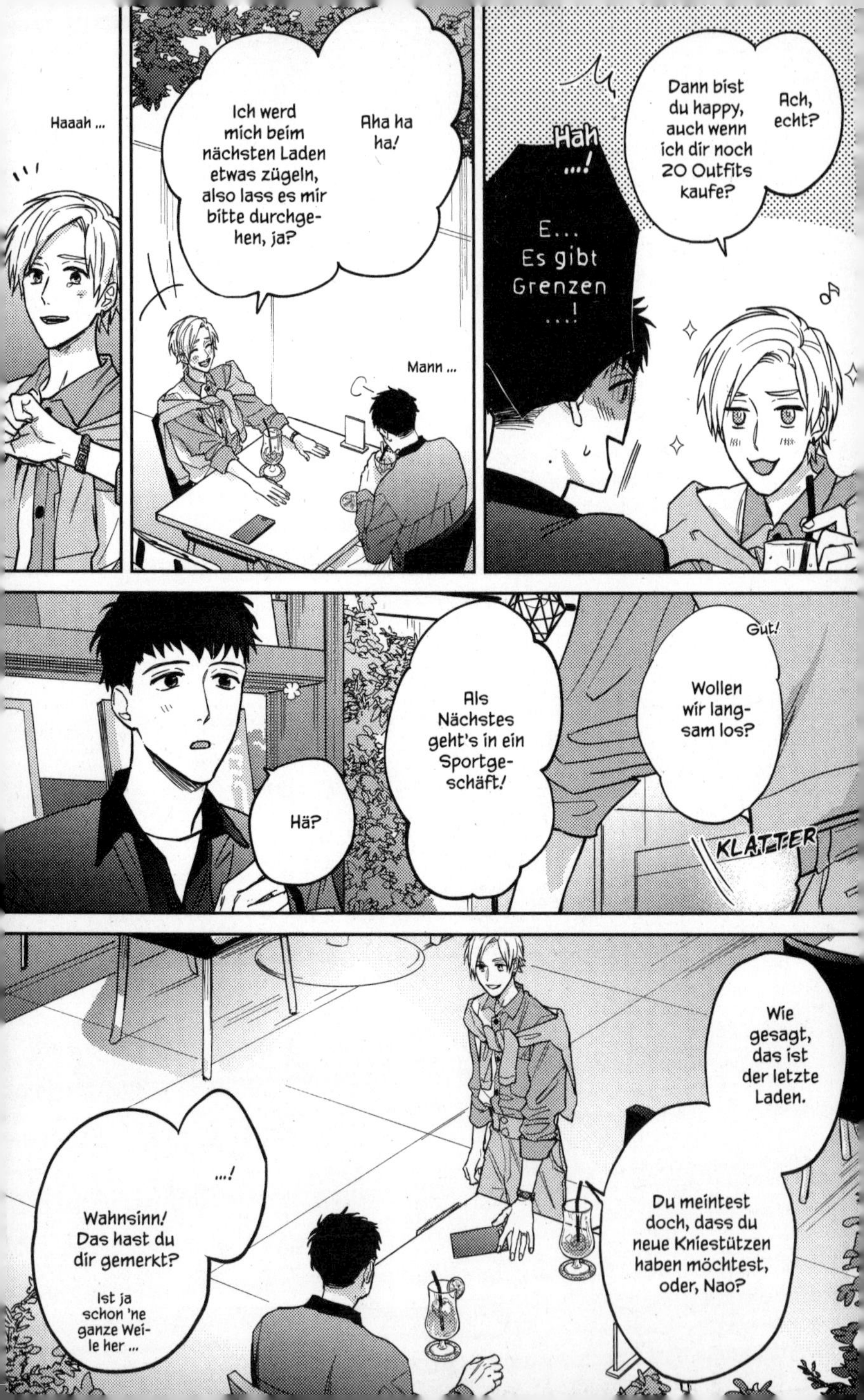
Ach, echt?
Dann bist du happy, auch wenn ich dir noch 20 Outfits kaufe?
Hah …!
E… Es gibt Grenzen …!
Aha ha ha!
Ich werd mich beim nächsten Laden etwas zügeln, also lass es mir bitte durchgehen, ja?
Mann …
Haaah …
Gut!
Wollen wir langsam los?
KLATTER
Als Nächstes geht's in ein Sportgeschäft!
Hä?
Wie gesagt, das ist der letzte Laden.
Du meintest doch, dass du neue Kniestützen haben möchtest, oder, Nao?
…!
Wahnsinn! Das hast du dir gemerkt?
Ist ja schon 'ne ganze Weile her …

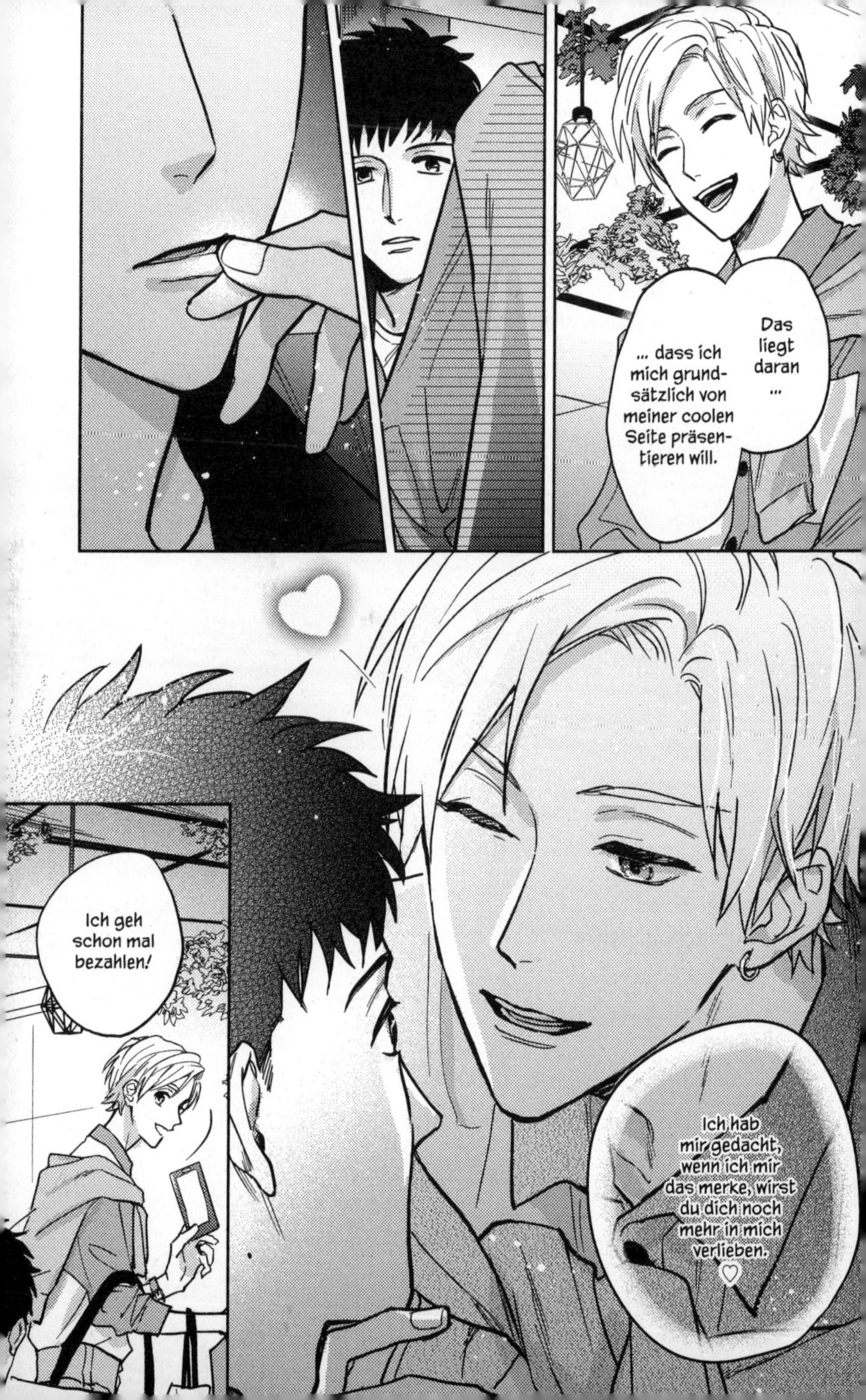
Das liegt daran …
… dass ich mich grundsätzlich von meiner coolen Seite präsentieren will.
Ich hab mir gedacht, wenn ich mir das merke, wirst du dich noch mehr in mich verlieben. ♡
Ich geh schon mal bezahlen!

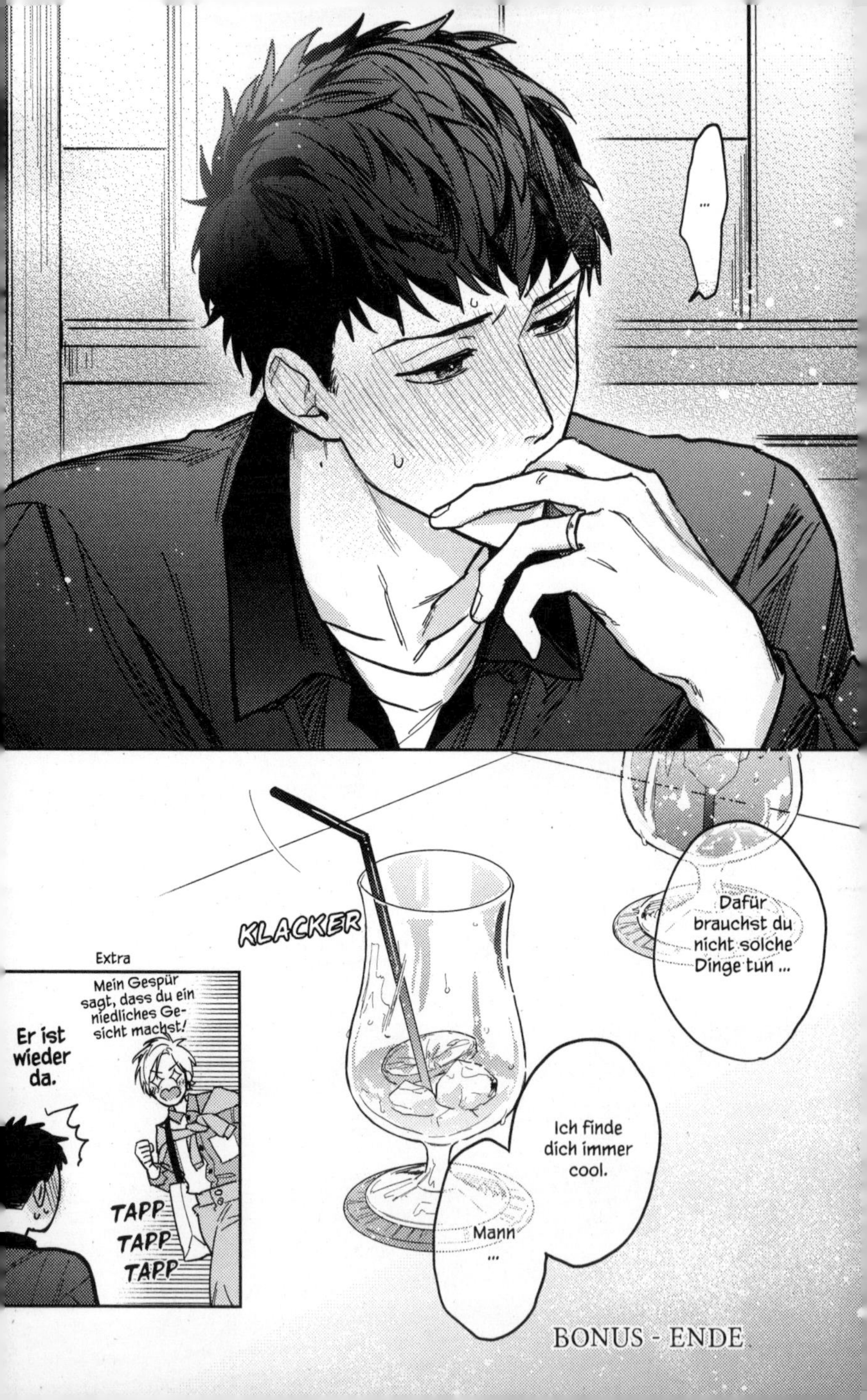
…
Dafür brauchst du nicht solche Dinge tun …
KLACKER
Ich finde dich immer cool.
Mann …
Extra
Mein Gespür sagt, dass du ein niedliches Gesicht machst!
Er ist wieder da.
TAPP TAPP TAPP
BONUS - ENDE

05.5 EXTRA - NACH DEM TELEFONAT AUS KAPITEL 5

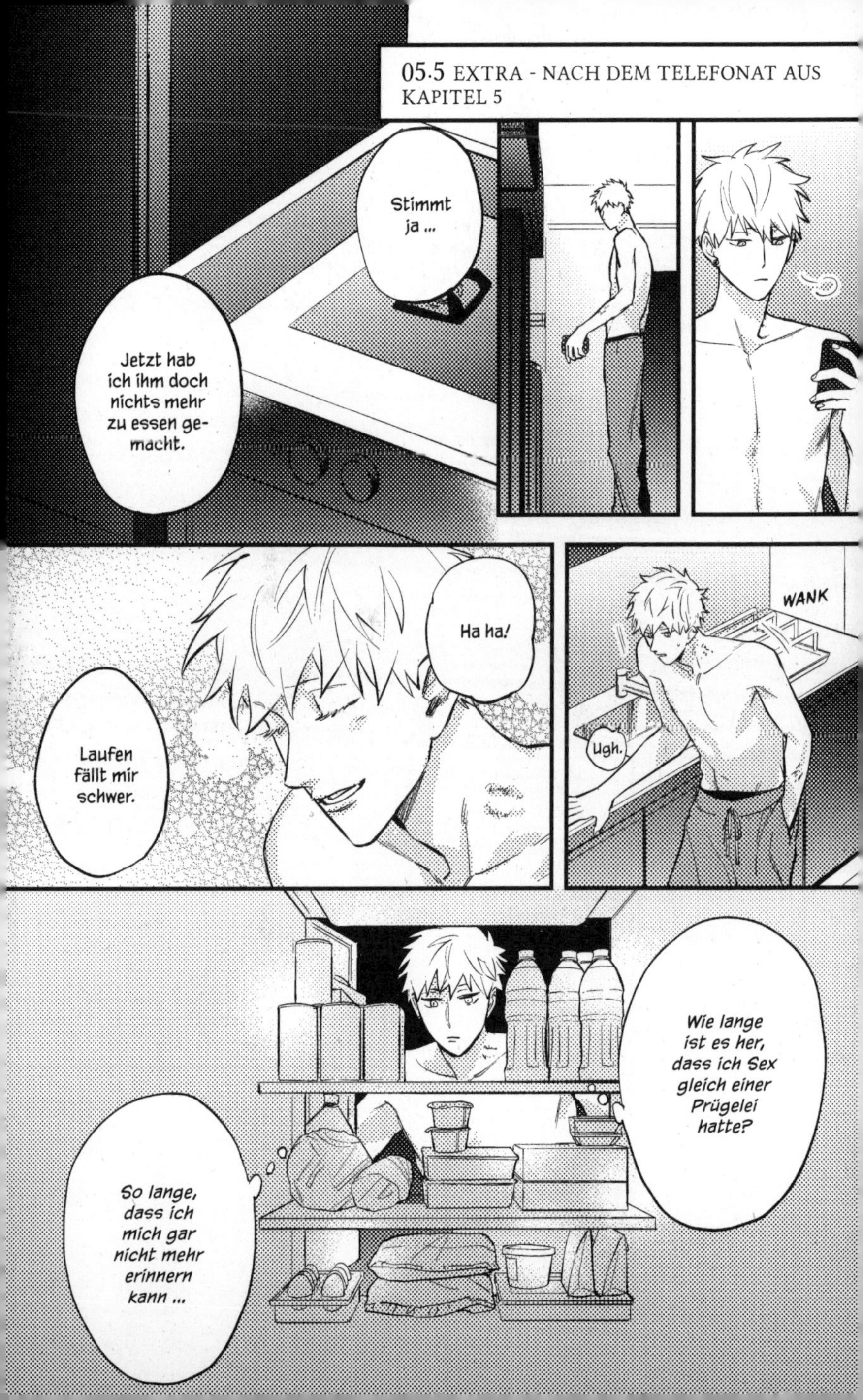

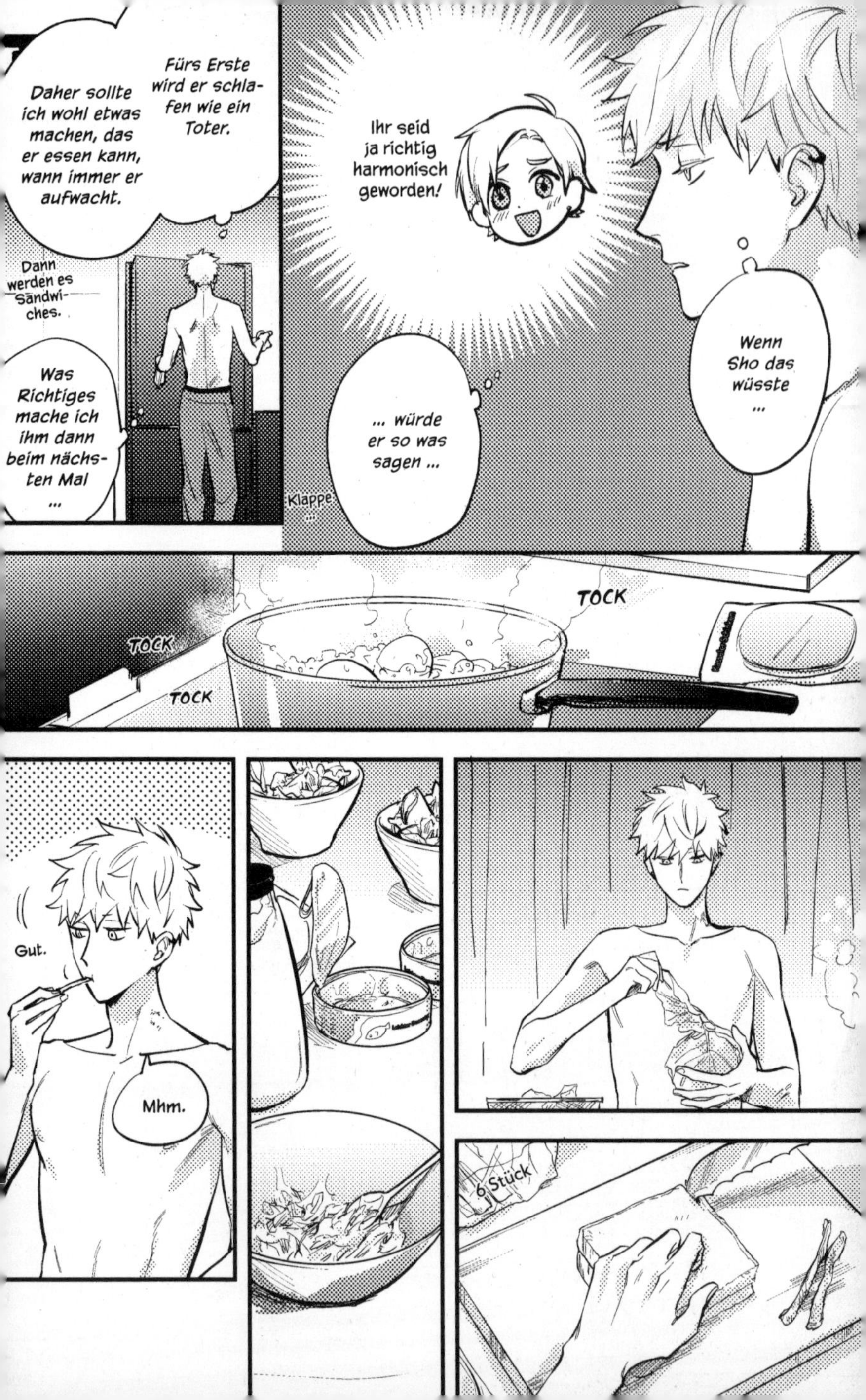
Wenn Sho das wüsste ...
Ihr seid ja richtig harmonisch geworden!
... würde er so was sagen ...
Klappe ...
Fürs Erste wird er schlafen wie ein Toter.
Daher sollte ich wohl etwas machen, das er essen kann, wann immer er aufwacht.
Dann werden es Sandwiches.
Was Richtiges mache ich ihm dann beim nächsten Mal ...
TOCK
TOCK
TOCK
6 Stück
Gut.
Mhm.

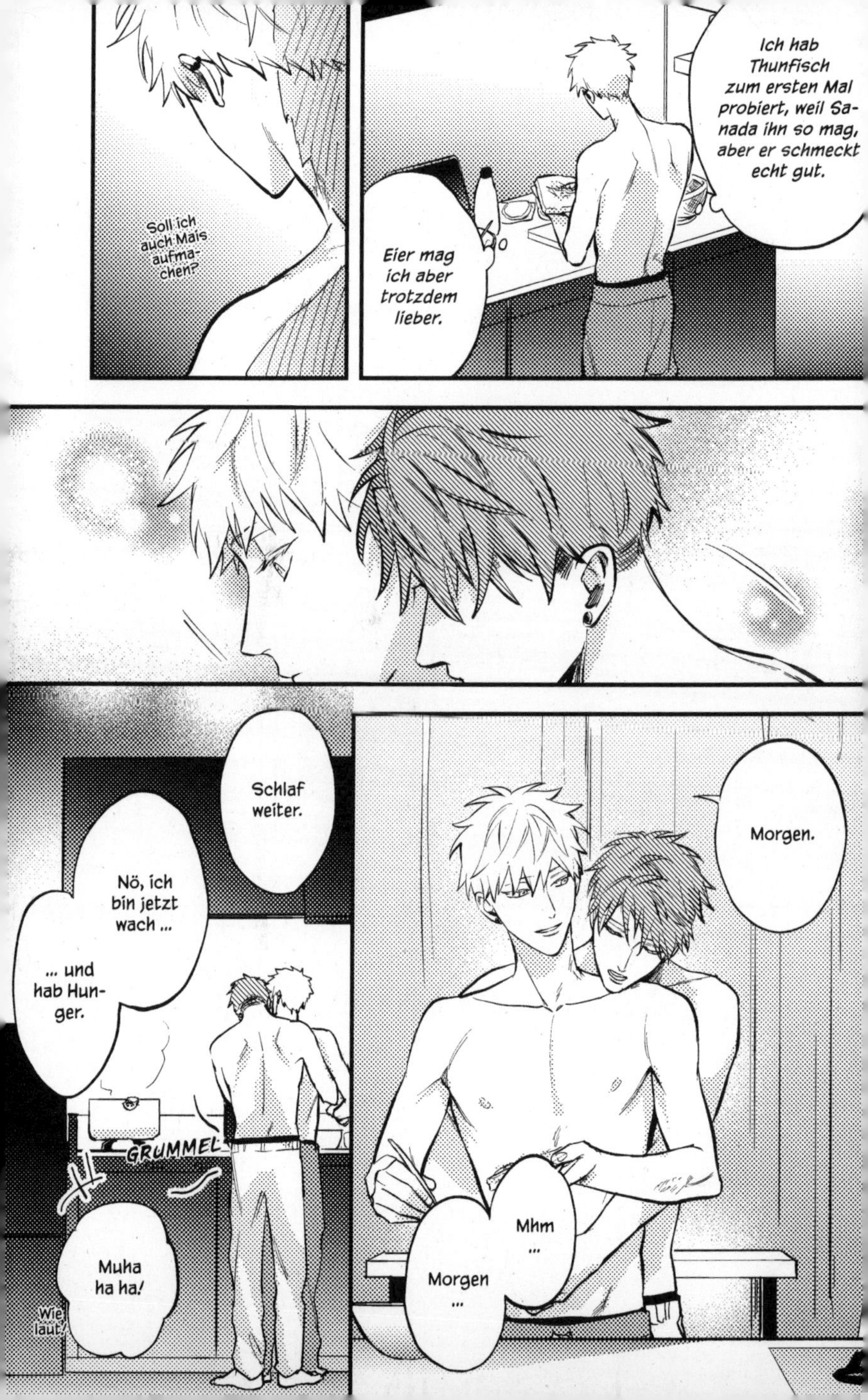
Ich hab Thunfisch zum ersten Mal probiert, weil Sanada ihn so mag, aber er schmeckt echt gut.
Eier mag ich aber trotzdem lieber.
Soll ich auch Mais aufmachen?
Morgen.
Mhm ...
Morgen ...
Schlaf weiter.
Nö, ich bin jetzt wach ...
... und hab Hunger.
GRUMMEL
Muha ha ha!
Wie laut!

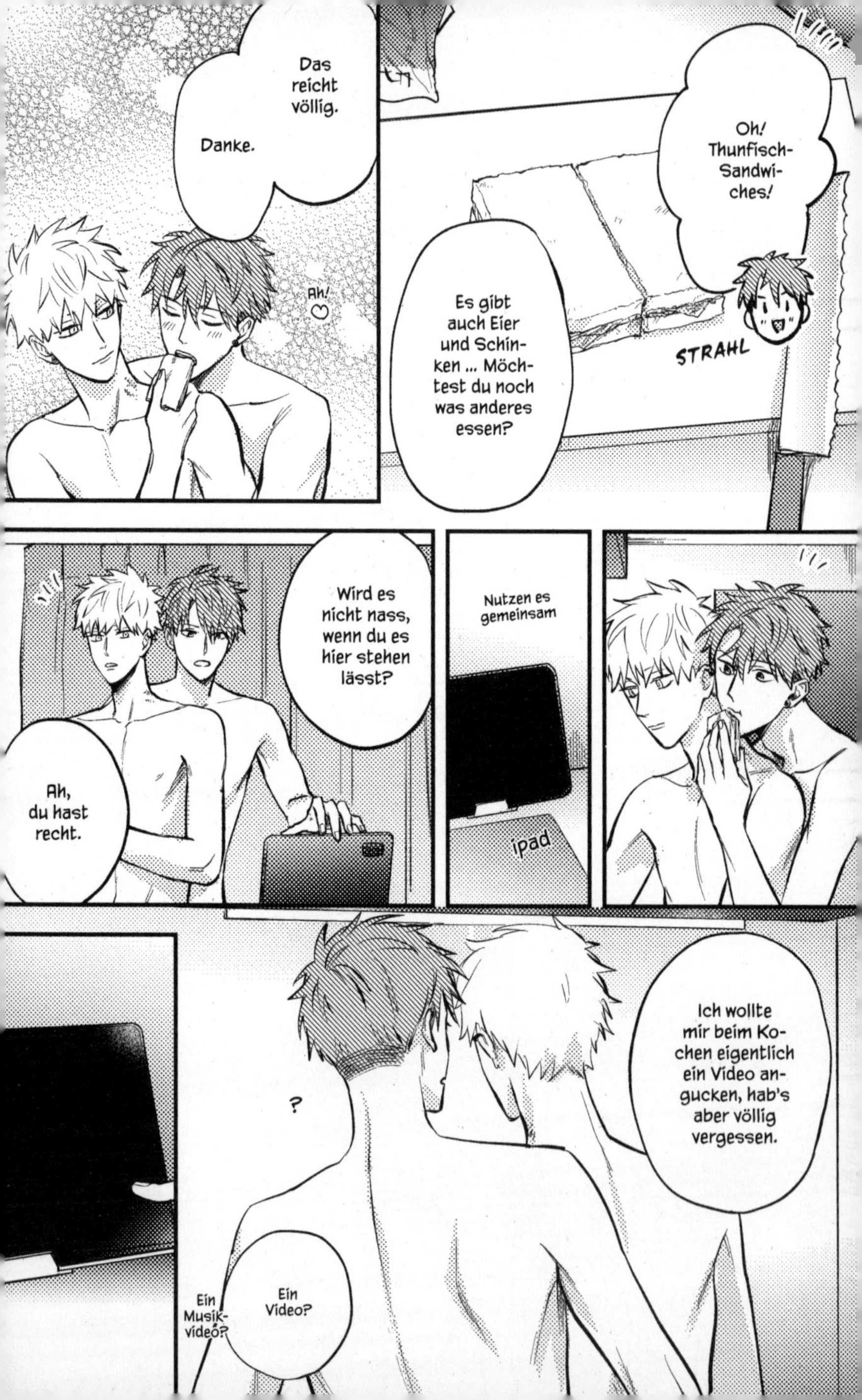
Oh! Thunfisch-Sandwiches!
STRAHL
Es gibt auch Eier und Schinken ... Möchtest du noch was anderes essen?
Das reicht völlig.
Danke.
Ah!
Nutzen es gemeinsam
ipad
Wird es nicht nass, wenn du es hier stehen lässt?
Ah, du hast recht.
Ich wollte mir beim Kochen eigentlich ein Video angucken, hab's aber völlig vergessen.
?
Ein Video?
Ein Musikvideo?

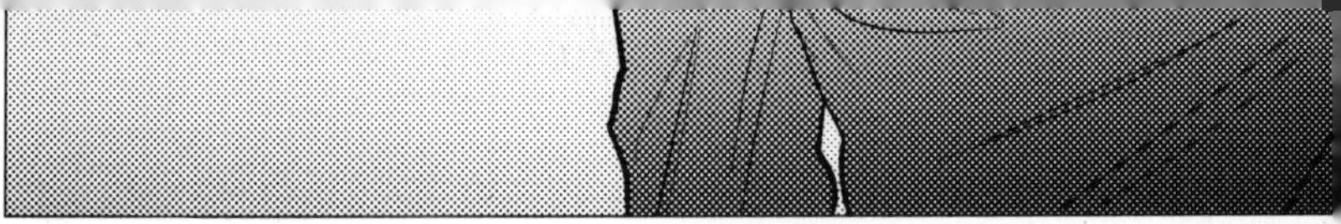

Deinen Spielpartner zu einem perfekten S* oder Dom erziehen

98025

*Sadist

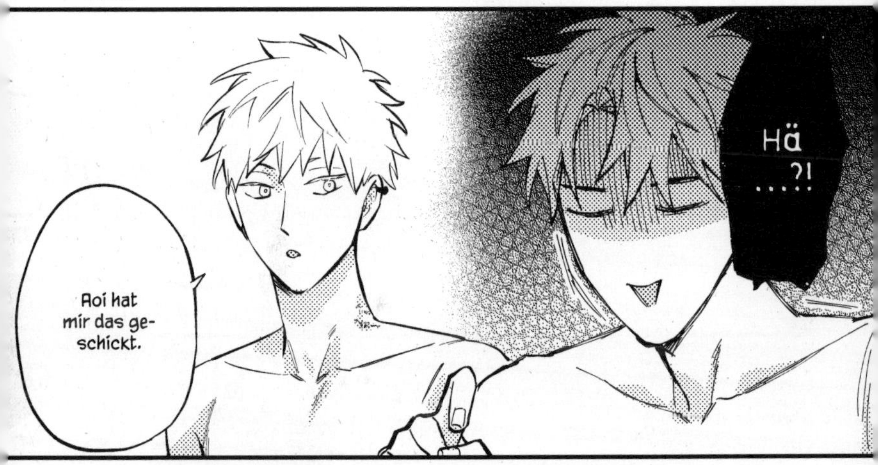

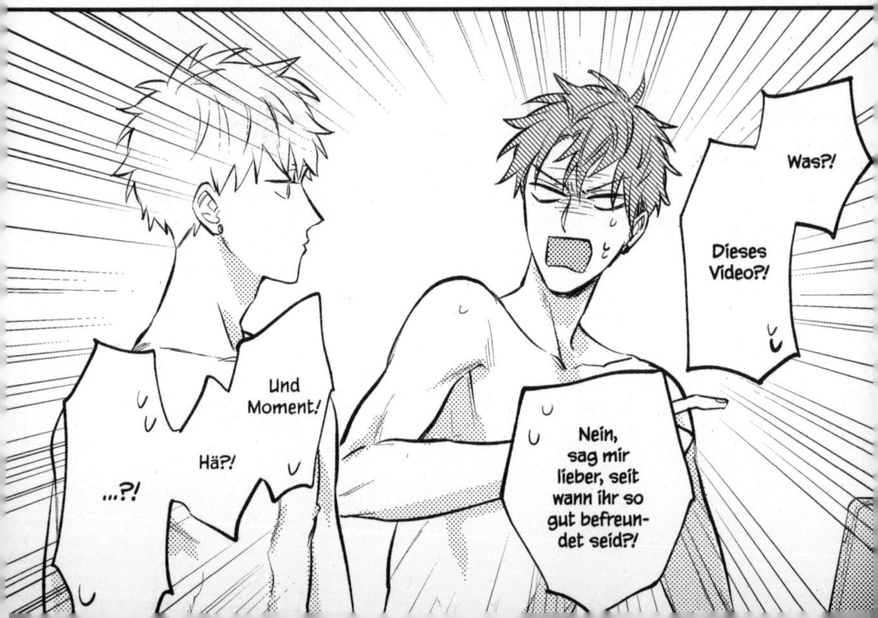

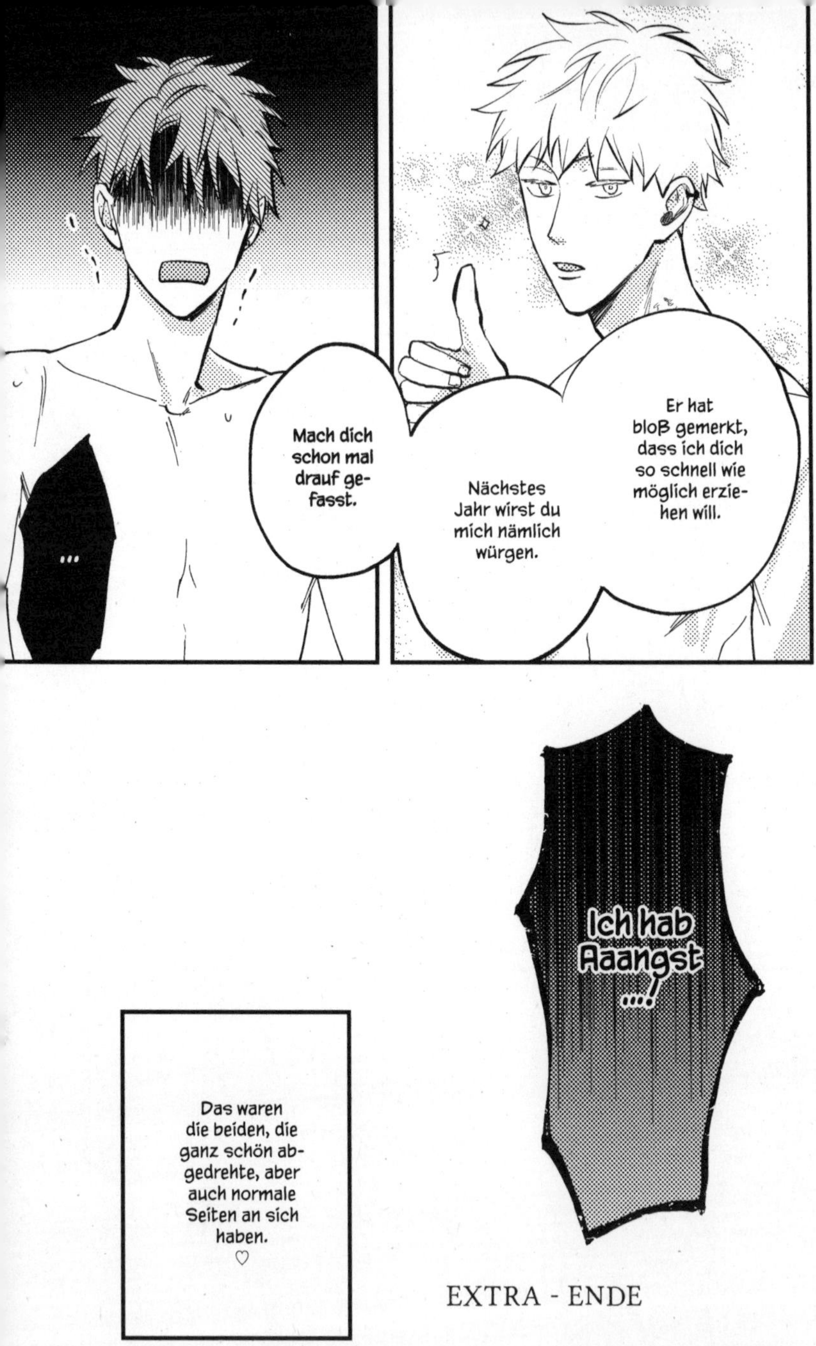
Er hat bloß gemerkt, dass ich dich so schnell wie möglich erziehen will.
Nächstes Jahr wirst du mich nämlich würgen.
Mach dich schon mal drauf gefasst.
...
Ich hab Aaangst ...!
Das waren die beiden, die ganz schön abgedrehte, aber auch normale Seiten an sich haben. ♡
EXTRA - ENDE

NACHWORT

Hallo alle zusammen und falls wir uns noch nicht kennen: Freut mich, euch kennenzulernen.
Ich bin Nanako Semori und für die Story zuständig.
Unglaublich, aber wahr – wir sind beim sechsten Band von *Simplified Pervert Romance* angelangt!
Ich denke, so wie sich die beiden durch ihr neues Leben schlagen, haben sie euch, die ihr diese Serie verfolgt, an vielen Stellen auf Trab gehalten.
Jetzt, wo sie den Wendepunkt der sich langsam entwickelnden Romanze überwunden haben, breitet sich das Leben vor ihnen aus und sie schreiten einen neuen Schritt voran, was mich schwer bewegt.

In diesem Band stand ihr neues Leben im Mittelpunkt. Im nächsten Band würde ich gerne mehr SM-Spielchen und Rumgemache einbringen. ♡
Ich möchte gerne Frau Sekihara, die stets so einen wundervollen Manga zaubert, den Leser*innen, die uns unterstützen, sowie allen Beteiligten meinen größten Dank aussprechen.
Ich würde mich freuen, wenn wir uns auch im nächsten Band wiedersehen!

Semori Nanako

Vielen Dank, dass ihr den sechsten Band von *Simplified Pervert Romance* erworben habt!
Ich bin Neg Sekihara und für die Zeichnungen zuständig.

Dieser Band bestand aus zahlreichen Events. Ich wollte schon immer mal die Geschichten von Sanadas und Kashimas Familien sehen. Vielen hat insbesondere der Teil mit Kaori gefallen, was mich glücklich gemacht hat.

Und so hat plötzlich ihr Zusammenleben begonnen! Ein Leben voller Liebe und Flirts … Nein, ganz so glatt lief es nicht, aber es würde mich freuen, wenn ihr das Leben der beiden, die immer wieder aneinandergeraten, aber umso mehr zusammenwachsen, auch weiterhin verfolgt.

Während der sechsten Runde habe ich mit meiner Erbärmlichkeit den Leser*innen, Frau Semori, meinem Redakteur, der Redaktion und allen Beteiligten Sorgen bereitet, was mir leid tut … Ich habe das reflektiert und möchte es beim nächsten Band besser machen. Feuer und Flamme

Nehmt euch bitte auch in Zukunft SanaKashi und ihrem turbulenten Liebesleben an. ♡

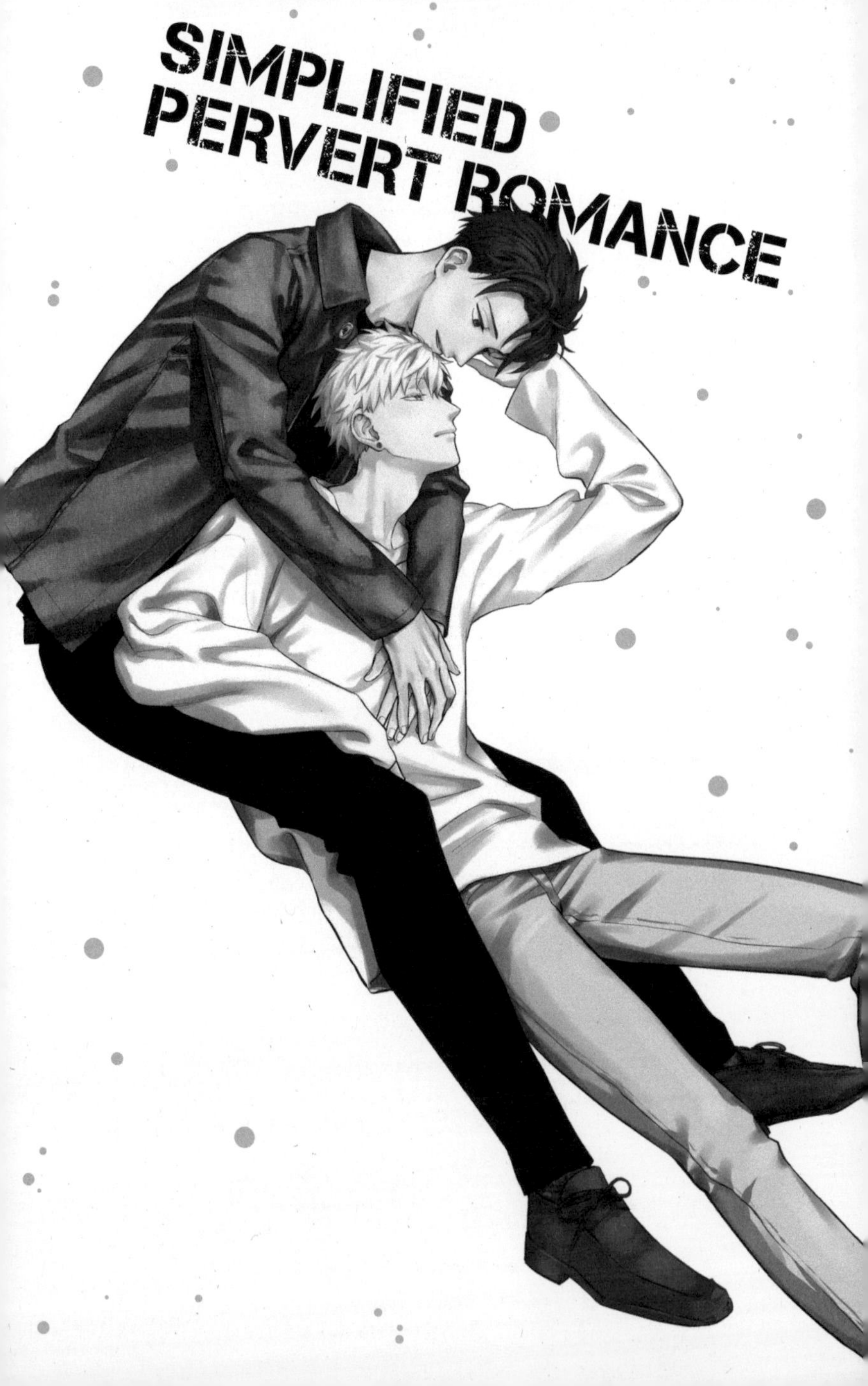
SIMPLIFIED
PERVERT ROMANCE

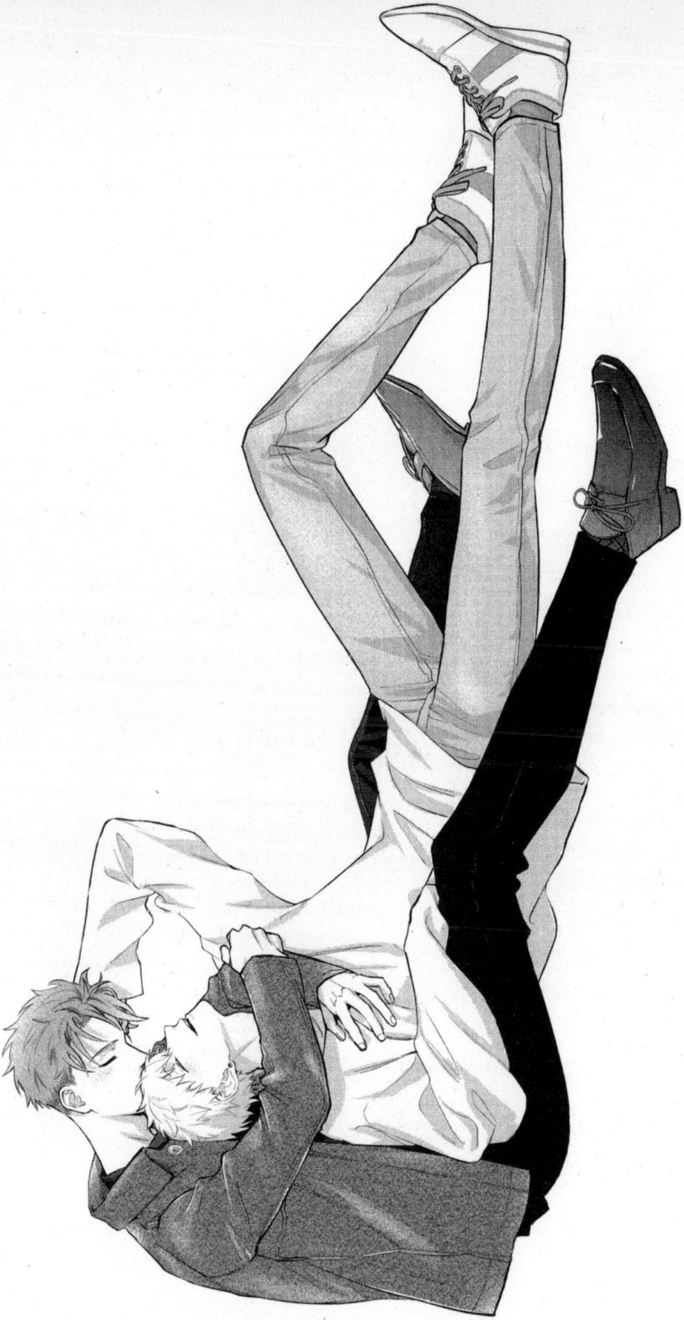

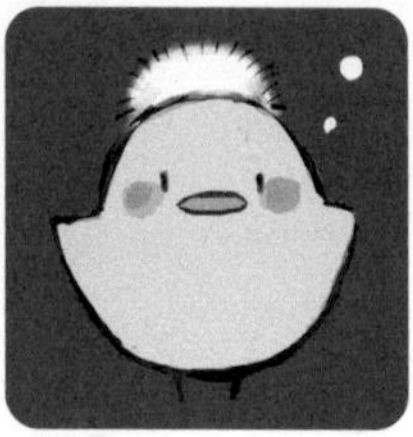

Neg Sekihara

Ihr Zusammenleben verläuft überraschend friedlich ... in diesem Band. Ich bin zutiefst dankbar, dass ich auch Geschichten über ihre Familien zeichnen durfte. Bitte verfolgt die beiden bei ihren Berg- und Talfahrten auch weiterhin!

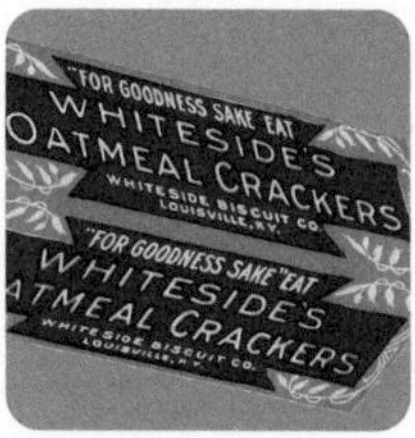

Nanako Semori

Bis Band vier ging es um die Liebesbeziehung zwischen Sanada und Kashima. Seit Band fünf habe ich das Gefühl, dass wir ihr Leben mitverfolgen. Nehmt bitte auch in diesem Band am Leben der beiden teil. ★

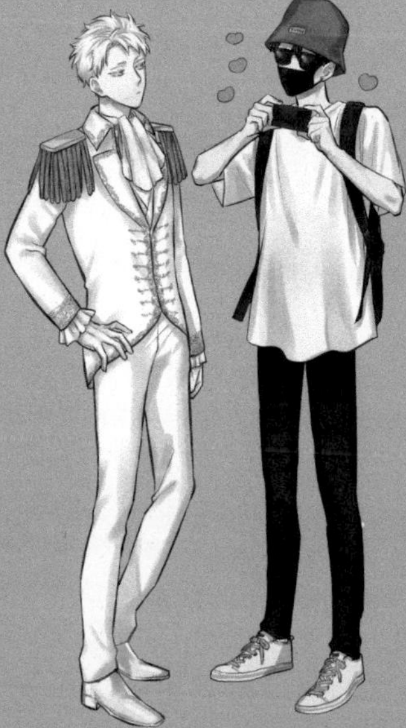

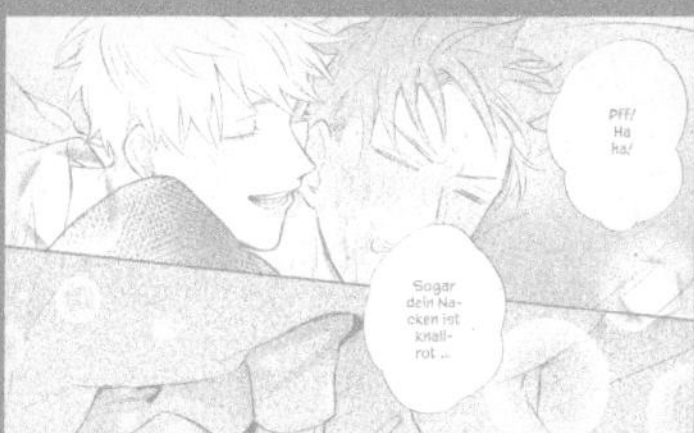
Pff!
Ha
ha!
Sogar
dein Na-
cken ist
knall-
rot …

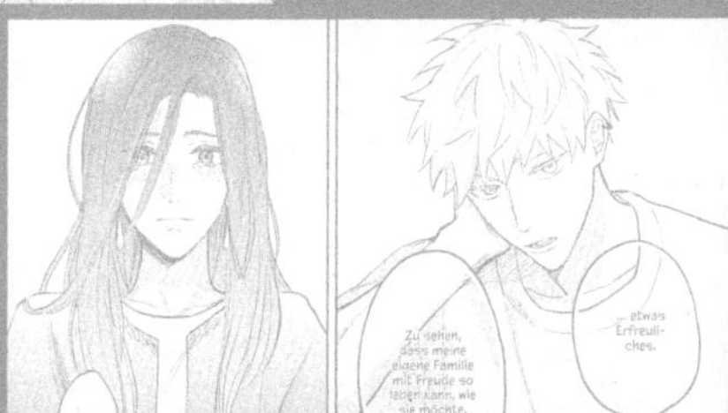
… etwas
Erfreuli-
ches.
Zu sehen,
dass meine
eigene Familie
mit Freude so
leben kann, wie
sie möchte,
meine ich.
…

TOKYOPOP GmbH
Hamburg

TOKYOPOP
1. Auflage, 2024
Deutsche Ausgabe/German Edition

Aus dem Japanischen von Iga Marta Handtke

KAN'ITEKI PERVERT ROMANCE 6

First published in Japan in 2023 by HOME-SHA Inc., Tokyo
German translation rights in Germany, Austria and German-speaking Switzerland arranged by SHUEISHA Inc.
through VME PLB SAS, France.

Redaktion: Caroline Skrabs
Lettering: Vibrant Publishing Studio
Herstellung: Shujun Wong
Druck und buchbinderische Verarbeitung:
CPI–Clausen & Bosse GmbH, Leck
Printed in Germany

MIX Papier FSC FSC® C083411

Wir achten auf die Umwelt.
Dieses Produkt besteht aus FSC®-zertifizierten und anderen kontrollierten Materialien.

ISBN 978-3-7593-0202-1

www.tokyopop.de

SIMPLIFIED
PERVERT ROMANCE

FUCHSROT WIE DIE EIFERSUCHT

Machi Suehiro

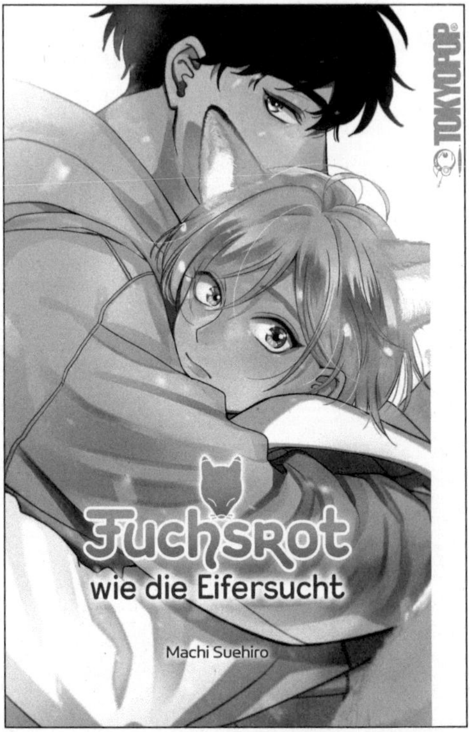

Fuchs, hast du mein Herz gestohlen?

Akihas Familie wird seit Generationen von einem Fuchsgeist heimgesucht – und er selbst bleibt davon ebenfalls nicht verschont. Fühlt sich Akiha unsicher, übernimmt der Fuchs die Kontrolle über seinen Körper und sorgt für peinliche Situationen. In einem Tempel, der von Verwandten geführt wird, versucht der junge Student den Fluch loszuwerden. Doch Yukuri, der Sohn des Tempelvorstehers, scheint es dem frechen Fuchs angetan zu haben, und so denkt dieser gar nicht daran zu verschwinden!

WOLFSGRAU UND GEHEIMNISVOLL

Machi Suehiro

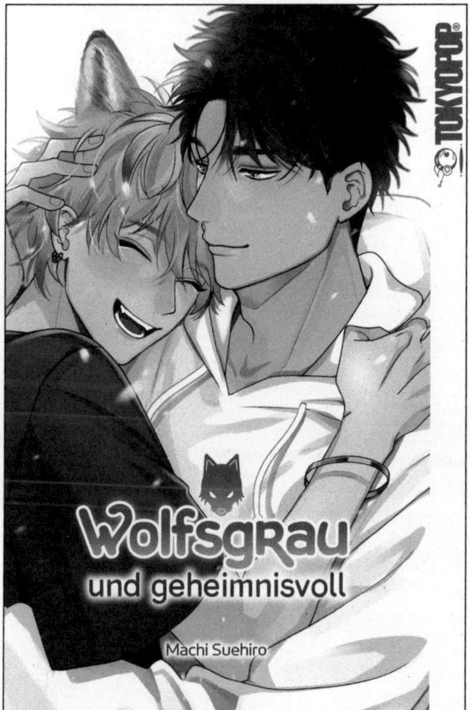

Auch einsame Wölfe kuscheln gern

Wie gern würde sich Doktorand Shiroki nach einem anstrengenden Tag zu Hause entspannen. Wäre da nicht sein Nachbar Hayato, der regelmäßig einen tierischen Radau veranstaltet. Als plötzlich Shirokis Katze ausbüxt und auf den Nachbarbalkon flüchtet, muss er widerwillig bei Hayato klopfen. Da ihm jedoch niemand die Tür öffnet, lässt er sich selbst ein und entdeckt so seinen bewusstlosen Nachbarn – doch warum hat der plötzlich die Ohren und den Schwanz eines Wolfes?!

STOPP!

**Dies ist die letzte Seite des Buches!
Du willst dir doch nicht den Spaß verderben
und das Ende zuerst lesen, oder?**

Um die Geschichte unverfälscht und originalgetreu mitverfolgen zu können, musst du es wie die Japaner machen und von rechts nach links lesen. Deshalb schnell das Buch umdrehen und loslegen!

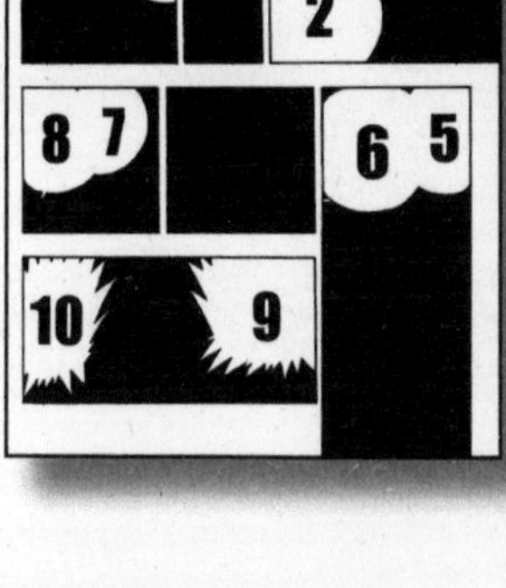

So geht's:

Wenn dies das erste Mal sein sollte, dass du einen Manga in den Händen hältst, kann dir die Grafik helfen, dich zurechtzufinden: Fang einfach oben rechts an zu lesen und arbeite dich nach unten links vor. Viel Spaß dabei wünscht dir TOKYOPOP®!